Wandern und Einkehren

Odenwald

- Herrliche Wanderwege
- Gemütliche Gasthöfe
  Hotels und Pensionen
- Anfahrtsstrecken
- Parkmöglichkeite

nach den Wanderun
Vagabundus
Wanderer zwischen Weg und Wirtschaft

herausgegeben von
Georg Blitz und Emmerich Müller

Ein Wanderführer im
Drei Brunnen Verlag Stuttgart

Einbandgestaltung: Jürgen Reichert

Titelfoto: Rathaus in Michelstadt (TI Michelstadt)

Karten und Skizzen: cartomedia, Karlsruhe

Wanderungen: Karl-Heinz Amos, Horst Beck, Georg Blitz, Hans Braun, Erika Dritter, Joachim Förster, Günter Katzenmayer, Ralf Katzenmayer, Yvonne Reuter, Ulrike Seiler, Klaus-Peter Stein, Christiane Stender, Holger Stender, Rainer Türk, Wolfgang Warweg, Gerhard Zöller

Mitarbeit: Rainer Türk

Bildnachweise:
Gemeinde Grasellenbach (S. 25 o., S. 129 o.), Verkehrsverein Heidelberg (S. 25 u.), Archiv ProRegio Darmstadt (S. 26), Tourist Information Stadt Bensheim (S. 27 o. und u., S. 53 o.), Foto Neher Heppenheim (S. 28), Georg Meyer (S. 53 u.), Günter Langhaus (S.54 o.), Kur- und Touristikservice Lindenfels (S. 54 u.), Helmut Keil (S. 55 o.), Gerd Schwinn (S. 55 u.), Karl-Heinz Flach (S.56), Klaus Johe (S. 129 u.), Sperber (S. 130 o., S. 131 u.), Winfried Hauck (S. 130 u.), Verkehrsamt Hirschhorn a. N. (S. 131 o.), Merges Verlag Heidelberg (S. 132 o.), Hans Kramer (S. 132 u.), Städtisches Verkehrsamt Mosbach (S. 157), Verkehrsamt Walldürn (S. 158 o.), Wolfgang Mackert (S. 158 u.), Krapohl-Verlag Grevenbroich (S. 159 o.), Schafhof Amorbach (S. 159 u.), Tourist-Information Landkreis Miltenberg (S. 160).

Die Deutsche Bibliothek – CIP-Einheitsaufnahme

Odenwald: Naturparks Bergstraße-Odenwald, Neckartal-Odenwald /
Hrsg.: Georg Blitz; Emmerich Müller. – 5., völlig überarb. und erw. Aufl. –
Plüderhausen : Drei-Brunnen-Verl., 2001
(Wandern und Einkehren ; 14)
ISBN 3-7956-0204-1

ISBN 3-7956-0204-1
5., völlig überarbeitete und erweiterte Auflage

www.drei-brunnen-verlag.de · e-Mail: mail@drei-brunnen-verlag.de
Druck: Druckerei Göhring, Seewiesenstr. 27, 71334 Waiblingen.

Inhalt

Wichtige Hinweise

Lieber Wanderfreund,
damit Sie den größtmöglichen Gewinn aus dem Gebrauch dieses Wander- und Gastronomieführers ziehen können, sollten Sie die folgenden Vorbemerkungen beachten:

- **Weg und Zeit** – Bei diesen Angaben ist die *Kilometerangabe* entscheidend. Die *Zeitangabe* bedeutet *reine Gehzeit* bei einer *durchschnittlichen Wegstrecke von 4 km pro Stunde* auf der Ebene oder bei leichten bis mittleren Steigungen. Bei stärkeren Steigungen verringert sich diese Leistung. Bitte beachten Sie das jeweilige *Symbol.*
- **Wegmarkierungen** – Für die Einrichtung und den Erhalt des Markierungsnetzes gebühren dem **Odenwaldklub (OWK)**, den **Naturpark-Vereinen Bergstraße-Odenwald** und **Neckartal-Odenwald** sowie den zuständigen örtlichen Institutionen großer Respekt und höchste Anerkennung. Im Jahr 2000 wurde das gesamte Wegenetz des **OWK** neu geordnet und markiert. Die in Nord-Süd-Richtung verlaufenden Wanderwege **(HW)** sind durch *blaue* und *rote Symbole* wie *Dreieck, Viereck* etc. auf *weißem Spiegel* gekennzeichnet. Abweichend hiervon sind nur der *Blütenweg* an der *Bergstraße [Gelbes B]* und der *Europäische Fernwanderweg Nr. 1 [Weißes Andreaskreuz].* Die Wanderwege von *West* nach *Ost* sind *weiß* oder *gelb* markiert. Die von den **Naturpark-Parkplätzen** ausgehenden **Rundwanderwege** sowie alle **örtlichen Wanderwege** wurden von *Rainer Türk* ebenfalls neu geordnet und in das Wegenetz des **OWK** integriert. Dadurch wurde erstmals ein **einheitliches Markierungssystem** für eine ganze Wanderregion geschaffen. **Verbindungswege (V)** ermöglichen eine optimale Vernetzung der Wanderwege untereinander.
Die Rundwanderwege von den **Naturpark-Parkplätzen** sind mit einer *gelben Ziffer* in einem *gelben Kreis* gekennzeichnet und auf Orientierungstafeln mit Entfernungs- und Zeitangaben dargestellt.
Die örtlichen Wanderwege sind mit einer *weißen Ziffer* in einem *weißen Kreis* und dem *Kennbuchstaben des Ortes* markiert, von dem sie ausgehen und dem sie auch wieder enden. Auch hier findet man am Ausgangspunkt vielfach eine Orientierungstafel.
- **Markierungsangaben** – Die *Marginalien* am Rand dienen der besseren Hervorhebung einer Angabe im Textteil. Sie gelten jeweils bis zum nächsten Randvermerk. Allerdings finden sich bei den Wegbeschreibungen zur besonderen Hervorhebung verschiedentlich auch Wiederholungen der Zeichen lediglich innerhalb des Textes.
- **Die Rundwanderungen** – Durch die Rundwege bzw. die Verbindungswege zwischen den Gasthöfen ergeben sich völlig neue, schöne Routenkombinationen. Natürlich kann eine Wanderung bei *jedem Gasthof* des Rundwegs begonnen und beendet werden.
- **Wegeskizzen** – Sie dienen dazu, Ihnen eine Übersicht zu vermitteln, damit Sie keine groben Fehler machen. Beachten Sie bitte zur Ausrichtung der Skizze den *Nordpfeil*!

● **Geschichte – Kunst – Kultur** – *Vagabundus*, Historiker und Kunsthistoriker, stellt jeweils in knapper Form das geschichtliche, kunstgeschichtliche und kulturelle Umfeld eines Weggebietes vor, um dadurch das Erlebnis einer Wanderung wesentlich vertiefen zu helfen.
● **Hotels – Gasthöfe – Restaurants – Weinstuben – Vesperstuben** – Durch eine glückliche Hand bei der sorgsamen Auswahl, verbunden mit einem großen Engagement profilierter Gastronomen, ist es gelungen, für Wanderer und Wandergruppen, Spaziergänger, Ausflügler oder auch »reine Einkehrer« hervorragend geeignete Betriebe aufzunehmen. *Die hier genannten Einkehrziele zählen zum Empfehlenswertesten, was die Gastronomie dieser Region zu bieten hat.*
Natürlich kann es durch Besitzer- oder Pächterwechsel nach Drucklegung immer wieder einmal zu Veränderungen von Angebot, Qualität, Preis, Öffnungszeiten und Ruhetag kommen.

● Viel Spaß auf Ihren Wanderwegen wünscht Ihnen
Ihr *Vagabundus per pedes*

Vorwort zur 5. Auflage – Alle 90 Wanderwege und Stadtrundgänge dieser erweiterten Neuauflage wurden neu konzipiert und erwandert. Dabei konnten die Wege gleichzeitig dem *neuen Markierungssystem* angepasst werden. Hier gilt der besondere Dank der Herausgeber Herrn *Rainer Türk*, der den Verlag bei der Integration der neuen Kennzeichnungen hervorragend unterstützt hat.
Außerdem wurde das Gebiet auch gaumenmäßig überprüft, wobei es gelungen ist, die wunderschönen Wanderungen mit ebenso vielen herrlichen Oasen zum Einkehren zu verbinden – von der gemütlichen Weinstube bis hin zum verlockenden Odenwaldgasthof oder dem Gourmet-Restaurant.

Wir wünschen auch den Benutzern
der Neuauflage ein genussreiches

Wandern und Einkehren!
Die Herausgeber

»Das heißt leben,
die Seele laben in Wald und Flur,
den Körper wandernd stärken,
dem Herzen Gutes tun in freier Luft.
Das Hochgefühl vertiefen,
voll frohen Sinns und Heiterkeit
bei guter Speis und edlem Trank
im Schoß eines gastlichen Hauses.
So zu leben,
heißt lang zu leben.«

Vagabundus

Darmstadt - Stadt des Jugendstils

Anfahrt - A 5, *Frankfurt - Heidelberg.* - A 3/A 57/A 67 von *Köln.* - A 6/A 67 von *Saarbrücken - Kaiserslautern.* - B 3 von *Heidelberg - Bergstraße* bzw. von *Frankfurt.* - B 26 von *Aschaffenburg.* - B 426/B 449 von *Breuberg - Ober-Ramstadt.* - Mehrere *Bahnhöfe.*
Parken - Gut ausgeschilderte P u. P, u. a. *Grafenstr, Carrée, Luisencenter, Holzstr, Bleichstr, Hügelstr, Neckarstr, Wilhelminencenter.*

● **Darmstadt** - Die »**Großstadt im Walde**« mit einem Stadtgebiet, das fast zur Hälfte aus Wald, Gärten und großzügig angelegten Parks besteht: *Herrngarten (Schlossgarten), Prinz-Emil-Garten, Orangerie, Rosenhöhe, Bürgerpark Nord, Botanischer Garten, Vivarium* u. a. - »**Europastadt**« seit 1975. Der *Europarat* in *Straßburg* verlieh *Darmstadt* den *Europapreis.* - »**Wissenschaftsstadt**« seit dem 13. August 1997. Namhafte internationale Institute sind hier beheimatet, u. a. die *Weltraumorganisationen ESOC* und *EUMETSAT*, die *Gesellschaft für Schwerionen-Forschung GSI*, die *GMD-Forschungszentrum Informationstechnik GmbH* und das *Fraunhofer-Institut für Graphische Datenverarbeitung.* - »**Universitätsstadt**«. Die Technische Hochschule heißt seit 1. Oktober 1997 »Technische Universität«. Sie ist eine der bedeutendsten naturwissenschaftlichen Lehrstätten der Bundesrepublik. - »**Stadt der Wirtschaft**«. Druckereien, Verlage, Software-Unternehmen und international bedeutende Firmen wie *Merck, Röhm, Schenk* oder *Wella* sind hier zu Hause. - »**Stadt der Kunst**«. *Darmstadt* blickt auf eine jahrhundertealte Theatertradition zurück. Bereits als Residenz der hessischen Großherzöge hatte die Stadt kulturell internationale Bedeutung. *Großherzog Ernst Ludwig* gründete auf der *Mathildenhöhe* die erste *Künstlerkolonie.* - Das »**Tor zum Odenwald**«. Vom Stadtrand aus führen Wege in den *Naturpark Bergstraße-Odenwald.* Außerdem ist man schnell am Ausgangspunkt herrlicher Wanderrouten.

● **Aus der Geschichte** - Ursprünglich eine Wasserburgsiedlung am Standort des heutigen Schlosses. - Erste urkundl. Erwähnung im 11. Jh. als *»darmundestat«.* - 1330: Stadtrechte, Beginn des Baus der Stadtmauer. - 1479: Durch Erbschaft an *Landgraf Heinrich III. von Hessen.* - 1567: Residenz und Verwaltungssitz der *Landgrafschaft Hessen* unter *Georg I.* - 1711: Eröffnung des *Operntheaters.* - 1806: *Landgraf Ludwig X.* wird durch *Napoleon* zum *Großherzog Ludewig I.* erhoben. - 1810: *Georg Moller* wird Hofbaudirektor. - 1846: Inbetriebnahme der *Main-Neckar-Bahn.* - 1877: Das *Polytechnikum* wird *»Technische Hochschule«.* - 1888: Eingemeindung *Bessungens.* - 1901: Erste *Jugendstil-Ausstellung »Ein Dokument deutscher Kunst«* auf der *Mathildenhöhe.* - 1901: *Darmstadt* wird *»Gartenstadt«.* - 1912: Einweihung des neuen *Hauptbahnhofs.* - 1923: Erste Verleihung des *Georg-Büchner-Preises.* - 1935: Freigabe der ersten Teilstrecke der *Reichsautobahn* zwischen *Frankfurt* und *Darmstadt.* Im Oktober folgt der Abschnitt *Darmstadt - Heidelberg.* - 1937: Eingemeindung von *Arheilgen* und *Eberstadt.* – 1944: Die Stadt wird durch einen Nachtangriff der *Royal Air Force* in eine Trümmerwüste verwandelt. Über 11 000 Menschen sterben, 66 000 sind obdachlos. – 1949: Gründung der *Deutschen Akademie für Sprache und Dichtung.* – 1950: Erstes *»Darmstädter Gespräch«.* – 1977: Eingemeindung von *Wixhausen.* – 1996/97: Neugestaltung des *Marktplatzes.* – 1997: Eröffnung des neuen *Einkaufszentrums »Carrée«.*

● **Sehenswürdigkeiten** – In komprimierter Form, angelehnt an die bebilderte Broschüre des *Verkehrsvereins Darmstadt e. V.* – **1) Hauptbahnhof**. Erbaut 1910-12 in Formen des ausgehenden Jugendstils, innen z. Zt. (2001) im Umbau. Im modernen Verlängerungstrakt befinden sich Geschäfte und Restaurants. – **2) Orangerie**. Erbaut 1721 von *Rémy de la Fosse* als Winterherberge für die aus *Sizilien* importierten Orangenbäume des *Orangerie-Gartens.* Heute Konzertsaal und Tagungsstätte. – **3) Staatstheater**. Erbaut 1972 von *Rolf Prange. Großes Haus/Oper, Kleines Haus/Schauspiel* und *Werkstattbühne. Theatercasino.* – **4) Sankt-Ludwigs-Kirche**. Erbaut 1827 von *Georg Moller* nach dem Vorbild des *römischen Pantheons.* 28 korinthische Säulen von 15 m Höhe tragen eine Kuppel mit 33 m Durchmesser. In deren Mittelpunkt befindet sich das einzige Fenster der Kirche. – **5) Luisenplatz mit Ludwigsmonument und Kollegiengebäude**. Der *Luisenplatz* mit seiner modernen Pflasterung ist das Zentrum der Stadt. Das 39 m hohe *Ludwigsmonument (»Langer Ludwig«)* wurde 1842-44 nach Plänen von *Georg Moller* errichtet. Im Inneren Wendeltreppe zur Monumentalfigur des *Großherzogs Ludwig I.* von *Ludwig v. Schwanthaler.* An der Nordseite des Platzes befindet sich das *Kollegiengebäude*, erbaut 1781 als Sitz der Ministerien. Gegenüber das *Luisencenter/Neues Rathaus.* – **6) Hessisches Landesmuseum**. Erbaut 1902 von *Alfred Messel.* Themen: Kunst- und Kulturgeschichte, Geologie, Mineralogie, Zoologie. Besonderheiten: mittelalterliche *Altarwerke*, *Glasmalereien*, *Jugendstil-Abteilung* und 300 Werke von *Joseph Beuys.* – **7) Herrngarten/ Schlossgarten**. Angelegt Ende 16. Jh., von der *Großen Landgräfin Karoline* 1766 in einen englischen Landschaftsgarten umgewandelt. Der **Prinz-Georgs-Garten**, eine Rokoko-Anlage von 1764, schließt sich an die Gärten an. – **8) Porzellanmuseum im Prinz-Georgs-Palais (»Porzellanschlösschen«)**. Im *Palais* von 1710 wurde 1907 von *Großherzog Ernst Ludwig* das *Museum* eingerichtet. Seltene Exponate verschiedener Manufakturen aus dem 18. und 19. Jh. – **9) Haus der Geschichte**. Ehemaliges *Hoftheater* mit 2000 Plätzen, erbaut 1819 von *Georg Moller*, zerstört im 2. Weltkrieg. Nach dem Wiederaufbau 1994 als *Hessisches Staatsarchiv* und *Darmstädter Stadtarchiv* eröffnet. – **10) Technische Universität**. 1836 *Höhere Gewerbeschule*, 1877 *Technische Hochschule*, 1997 *Technische Universität.* 21 Fachbereiche, etwa 360 Professoren, ca. 20000 Studenten. Erweiterungsgebäude auf der *Lichtwiese.* – **11) Schloss**. Anstelle der ehemaligen Wasserburg erhebt sich heute das *Altschloss* im Renaissance-Stil mit den beiden barocken Flügeln des *Neuschlosses*, erbaut 1716-27 von *Rémy de la Fosse. Glockenbau* von 1671 mit *Glockenspiel.* – **Schlossmuseum**, gegründet 1924. In 22 Räumen sehenswerte Exponate aus 250 Jahren höfischen Lebens und aus der Landesgeschichte. Glanzstück ist die *»Madonna des Bürgermeisters von Basel«* von *Hans Holbein d. J.* – **12) Marktplatz mit Altem Rathaus**. Als Handelsplatz im 14. Jh. angelegt. *Brunnen* von 1546/1780. *Altes Rathaus* von 1598 mit *»Ratskeller«* und *Standesamt.* – **13) Weißer Turm**. Ehemaliger Eckturm der Stadtmauer, heute *Galerie des Fotoclubs Darmstadt.* – **14) Hinkelsturm**. Alter Wehrturm der Stadtmauer, heute **Altstadtmuseum**. – **15) Stadtkirche**. *Grundmauerreste* von 1330, *gotischer Chor* von 1430, darunter die *Fürstengruft.* 9 m hohes *Alabasterepitaph* von 1587. – **16) Altes Pädagog**. Erbaut 1628 als *Lateinschule.* Wiederaufbau nach dem 2. Weltkrieg. Im Kellergewölbe eine *Weinstube*, darüber Räume der *Volkshochschule* und anderer Schulen. – **17) Mathildenhöhe**. 1899 rief *Hessens Großherzog Ernst Ludwig* sieben Künstler in die Stadt, die sich gemeinsam eine Wohn- und Arbeitswelt schaffen sollten. Die erste Ausstellung der *»Künstlerkolonie«* im Jahr 1901, *»Ein Dokument deutscher Kunst«*, begründete *Darmstadts* Ruf als *Jugendstil- und Kunststadt.* – **Ausstellungsgebäude**. Von *J. M. Olbrich* auf dem höchsten Punkt der Anlage erbaut. Ständig wechselnde Ausstellungen. – **Museum Künstlerkolonie im Ernst-Ludwig-Haus**. Ehemaliges Ateliergebäude der Künstler mit markantem *Omega-Portal* von *Olbrich. »Adam und Eva«* von *L. Habich.* Seit 1990 *Museum.* – **Hochzeitsturm**. Das Hochzeitsgeschenk der Stadt zur Vermählung von *Großherzog Ernst Ludwig* mit *Eleonore.* Erbaut 1908 von *Olbrich*, Höhe 48,5 m, oberes Ende in der Form von fünf Fingern. – **Russische Kapelle**. Der *russische Zar Nikolaus II.* heiratete die *Darmstädter Prinzessin Alexandra* und wollte während seiner Besuche hier nicht auf ein eigenes Gotteshaus verzichten. Die Kapelle wurde 1899 von *Benois* errichtet. Reicher Mosaikschmuck, blattgoldbelegte Zwiebelkuppeln, bunt bemalte Kacheln. Noch heute finden hier orthodoxe Gottesdienste statt. Vor der Kapelle ein *Wasserbecken* von *Albin Müller.* – **Platanenhain**. Angelegt nach 1830, mit *Skulpturen* von *B. Hoetger* (1914). – **Wohnhäuser der Künstler**. – **18) Löwentor**. Von *B. Hoetger* und *A. Müller.* Eingang zur *Rosenhöhe* mit der *neuen Künstlerkolonie*, 1927 von der *Mathildenhöhe* hierher verlegt. – **Rosenhöhe**. Hügel mit schönem Fernblick. Der Park wurde 1810 angelegt. *Altes Mausoleum* (1826) von *Georg Moller. Kleines Mausoleum* (1905/10) von *Karl Hofmann.* Grabstätten des großherzoglichen Hauses. *Rosarium* und *Rosengarten.* – **19) Vivarium**. Tiergarten mit seltenen Arten und Kostbarkeiten. – **20) Freizeitzentrum am Steinbrücker Teich/Oberwaldhaus**. Spiel, Sport, Bootsfahrten u. v. a. Bekannte Gaststätte. – **21) Jagdschloss Kranichstein mit Jagdmuseum** (1578). Sehenswerte Exponate rund um das Thema »Jagd«. – **22) Eisenbahnmuseum Kranichstein**. Ein Muss für Eisenbahn-Fans! – **23) Wixhäuser Dorfmuseum** in einem fränkischen Fachwerkbauernhaus.

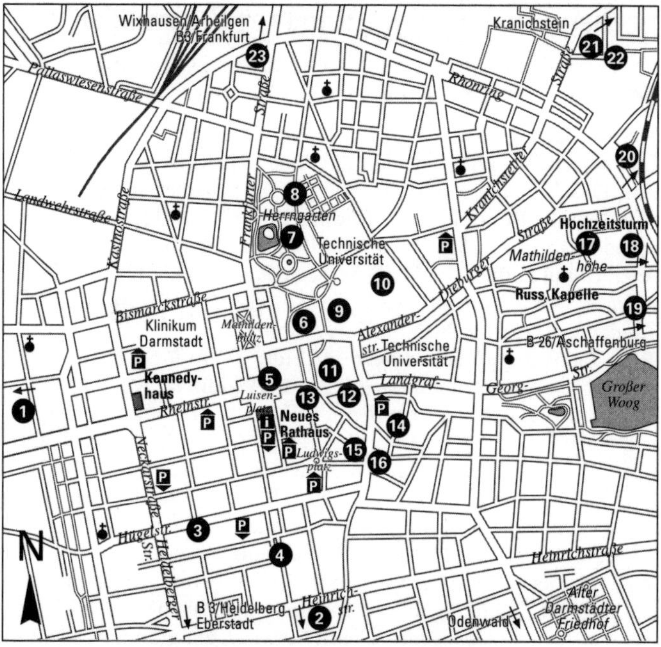
Wixhausen/Arheilgen
B3/Frankfurt
Kranichstein
Pallaswiesenstraße
Rhönring
Straße
Landwehrstraße
Kasinostraße
Frankfurter
Herrngarten
Technische Universität
Kranichsteiner
Hochzeitsturm
Mathildenhöhe
Russ. Kapelle
Dieburger Straße
Bismarckstraße
Klinikum Darmstadt
Mathildenplatz
Alexanderstr.
Technische Universität
B 26/Aschaffenburg
Kennedyhaus
Rheinstr.
Luisenplatz
Neues Rathaus
Landgraf-Georg-Str.
Großer Woog
Ludwigsplatz
Neckarstraße
Hügelstr.
Heidelberger Str.
Heinrichstraße
B 3/Heidelberg Eberstadt
Heinrich-str.
Odenwald
Alter Darmstädter Friedhof
N

Seeheim-Jugenheim - Rundweg Felsenmeer

Weg und Zeit - 12 km - 3½ Stdn - Höhendifferenz ca. 360 m.
Charakteristik - Diese Wanderung bietet Historisches zum Anfassen: Das *Felsenmeer* und die *Römersteine* faszinieren! Außerdem: wundervolle Rundblicke ins *Rheintal* und zu den *Odenwaldhöhen.*
Wanderkarte - *TF 20 - 2 Nördlicher Vorderer Odenwald.*
Anfahrt und Parken - A 5, AS *Seeheim-Jugenheim.* - B 3 von *Darmstadt.* - Von *Jugenheim* durch das *Stettbacher Tal* zum Wander-P *Tannenberg* (½ km nach dem *Hotel Brandhof*).

● P **Tannenberg - Felsenmeer** - 1¾ Stdn - Vom P Str Ri *Stettbach,*
MA re über den *Stettbach* mit *[Gelber 2]* zum Waldrand. An der Schranke ger und auf dem *Forstrat-Bechtel-Weg* zum *ND Schwarzenberg-Ei-*
MW *che.* Nach Linksbogen ger mit *[Gelber 6].* An der Kreuzung li aufw
MW mit *[SJ 2].* Langer, kurviger Waldanstieg zur *Schutzhütte* (432 m). Leicht abw zur *Kuralpe.* Landstr 50 m li, am P 2 re ab, auch *[Roter Strich]* u.a. Mit Blick auf *Melibokus* und *Auerbacher Schloss* steil hoch zum *Felsberg* (514 m) mit *Ohlyturm* und abw zum

● **Felsenmeer** - Der *Felsberg* gehört zu den beim Grabeneinbruch des *Rheintals* stehen gebliebenen und angehobenen Randbergen des westlichen *Odenwaldes.* Das *Felsenmeer,* ein grandioses Naturwunder, ist nicht durch katastrophale Veränderungen der Erdkruste, sondern durch Verwitterung der Granitdecke entstanden. Römische Steinmetze formten aus den mächtigen Blöcken imposante Gebilde wie *»Riesensäule«, »Schiff«, »Sarg«, »Pyramide«, »Altarstein«.* - Rundgang ca. 1 Std.

● **Felsenmeer - P Tannenberg** - 1¾ Stdn - Wie auf dem Hinweg (bequemer mit *[Gelber 5* und *7])* zurück zur *Kuralpe.* Vom P an der
MW Landstr entlang 50 m li, *Hutzelstr* re aufw, *[Roter Strich],* auch *[Weißes Andreaskreuz].* Herrlicher Panoramaweg mit weiten Ausblicken zu den Höhen des *Odenwaldes* und zur *Rheinebene.* Am
MW Waldrand li mit *[Rotem Strich]* und *[OB 2].* Abw und auf der *Ohlystr* durch *Steigerts.* Linksbogen mit Blick auf *Ober-Beerbach.* Mit *[OB 2]*

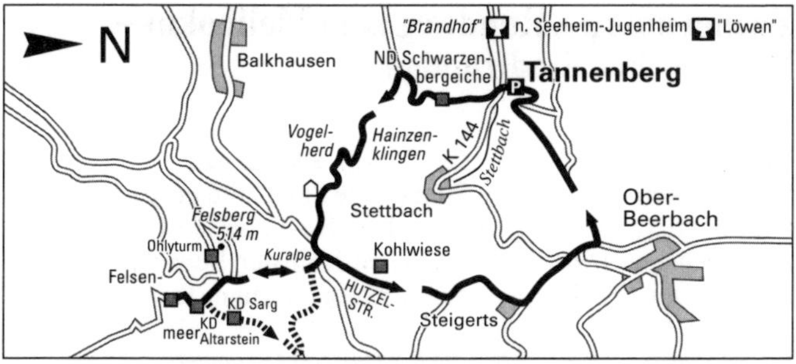

abw zur Schutzhütte *Sonneneck*. Dort Str Ri *Ober-Beerbach* 100 m ger mit *[Rotem Strich]*, dann halb li aufw. An der 1. Abzweigung li mit *[OB 3]*. Schöne Aussicht! Vorbei (**!**) an Linksabzweig der *[Gelben 3]*, im Wald ger zum 2. Linksabzweig der *[Gelben 3]*. Mit ihr abw zu Querweg, re, dann an der Gabelung halb li. Durch eine beeindruckende Erdschluchtenlandschaft zum P *Tannenberg*. *MW* *MW*

Für eine gepflegte Einkehr sind zu empfehlen: der idyllisch gelegene *»Brandhof«* im *Stettbacher Tal* oder das historische *Restaurant »Zum Löwen«* in *Seeheim*, verbunden mit einer Besichtigung des sehenswerten Altstadtkerns (*Fachwerk-Rathaus*, erbaut 1599, *Ev. Pfarrkirche* mit gotischem Turm).

● **Hotel und Restaurant »Brandhof«** – Das geschichtsträchtigste Haus im Stettbacher Tal: Tradition als Mühle seit 1400, als Gasthof seit 1872. Stilvoll-rustikale Gasträume. Herrlicher beheizter Wintergarten. Kultivierte Atmosphäre. Die kreative Küche wird gehobenen Ansprüchen gerecht, bietet aber auch herzhafte regionale Gerichte. Moderne Komfortzimmer. Mittlere und leicht gehobene Preise. – P. – *Kein Ru.*

● **Restaurant »Zum Löwen«** – Inmitten der Altstadt genießt der Gast in rustikalen Räumen oder im Biergarten die warme Atmosphäre des schönen Fachwerkbaus (Ursprung 1714). Die Kreativität der Speisen im regionalen und saisonalen Bereich lässt keine Wünsche offen. Kinder-, Senioren- und vegetarische Karte. Bier vom Fass, umfangreiche Weinkarte. Mittlere Preise. – *Kein Ru.*

Zwingenberg - Rundweg zum Melibokus - Historischer Stadtrundgang

Weg und Zeit - 10 km - 2¾ Stdn (ohne Stadtrundgang).
Charakteristik - Der *klassische* Rundweg zum *Melibokus,* dem *Zwingenberger Hausberg,* mit 517 m höchster Berg des *Vorderen Odenwaldes.* Er bietet einen unvergesslichen Rundblick *(ÖZ Turm:* Sa, So, Fei 11-17 Uhr).
Wanderkarte - *TF 20 – 2 Nördlicher Vorderer Odenwald.*
Anfahrt - B 3 *Frankfurt - Darmstadt - Heidelberg.* - A 5, AS *Zwingenberg.* - A 67, AS *Bensheim* oder *Lorsch.*
Parken - Gäste-🅿 *Hotel zum Löwen.* - Sonst in der *Darmstädter Str,* am *Pass* oder am *Marktplatz.*

● **Zwingenberg** - Älteste Stadt an der *Bergstraße* in anmutiger Lage an den Ausläufern des *Melibokus.* Berühmt durch das milde Klima, die frühe Baumblüte und den ausgezeichneten Wein. - Erste urkundliche Erwähnung 1258, Stadtrechte 1274. Eckpfeiler der *Grafschaft Katzenelnbogen.* - Ausgangsort attraktiver Wanderwege: Zum *Alsbacher* oder *Auerbacher Schloss.* - Zum *Felsenmeer.* - *Blütenweg = Gelbes B,* nicht nur im Frühling einzigartig. - *Burgenweg = Blaues B, Darmstadt - Heppenheim - Heidelberg.* - *Weinlehrpfad,* sehr gut geführt, informativ beschildert, ½ km. Weinlagen *»Alte Burg«* und *»Steingeröll«.* - Jährliches *Weinfest* an Pfingsten. - *Bergsträßer Weinlagenweg = WLW, Alsbach - Zwingenberg - Auerbach - Bensheim - Heppenheim* mit jährlicher *Weinlagenwanderung* am 1. Mai (s. S. 20-23).

● **Zwingenberg - Melibokus** - 1½ Stdn - Vom *»Löwen«* mit
MA *[Weißem Balken], Wetzbach,* nach 120 m Str halb re, Treppe. *Auf dem Berg* li, Turm *Die Aul,* Tor ger. *Brunnenweg* 6 Min aufw bis zum Steinbruch, *Weinlehrpfad* re. Bei *Tafel Betriebswirtschaft* re dem Weg folgen bis zur *Schutzhütte Luciberg.* Weiter durch den Wald bis zur Kreuzung. Ger aufw, immer dem *[Weißen Balken]* folgen. Auf dem steilen Hohlweg breiten Querweg kreuzen, weiter aufw, nach 50 m **(!)** scharf li, breiter Weg. Nach 10 Min scharf re, Weg verschmälert sich. Lichtung **(!)**, Linksbogen, später Rechtsbogen und in weiten Kehren zum Gipfel des *Melibokus* (517 m). Vom Turm hat man eine phantastisch weite Aussicht: *Rheinebene, Haardt, Donnersberg, Hunsrück, Taunus* und natürlich *Odenwald.*

● **Melibokus - Zwingenberg** - 1¼ Stdn - Letztes Wegstück zurück
MW mit *[Gelber 6].* An der Kreuzung scharf li, *Forstkandidatsweg.* Linksbogen, Rechtsbogen, leichter Hohlweg abw zu den hohen Buchen. Breiter Weg re bis Schranke und Fahrstr. Herrliche Aussicht auf das *Auerbacher Schloss*! Versteckter Pfad scharf re, abw
MW mit *[Gelber 4].* An der *Kapelle Not Gottes* re vorbei, an der Gabe-
MW lung mit *[Gelber 1]* nach re bis zum *Blütenweg = [Gelbes B].* Re abbiegen und auf dem *Blütenweg* zurück zum Ort.

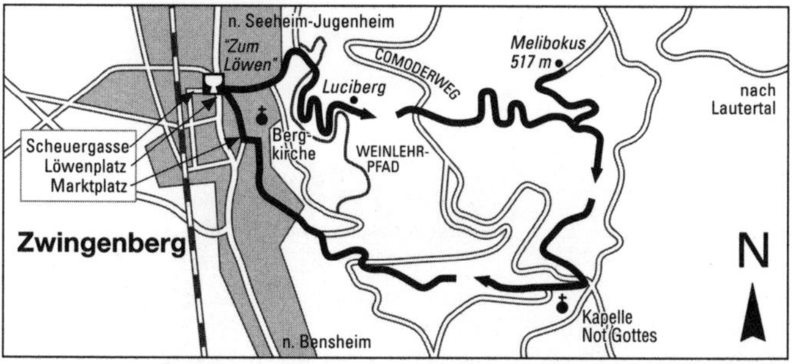

● **Hotel zum Löwen** - Ein Haus mit großer Tradition seit 1595 und damit ältestes Gasthaus an der Bergstraße. Moderne, komfortable Gästezimmer. Gepflegte, angenehme Atmosphäre. Mittleres bis leicht gehobenes Preisniveau. - *Ru = Mo.*

● **Historischer Stadtrundgang** - ca. ½-1 Std - *Marktplatz* aus dem 17. Jh., anstelle der ehemaligen Wasserburg mit *Freihof* und *Großherzoglicher Hofapotheke.* - Aufw zum *Burgsitz derer von Wallbrunn*, 1410-1641. - *Bergkirche.* Erbaut etwa 1258, später folgten Erweiterungen. Evangelisch seit 152. Sehenswerte alte Epitaphe! - Str *Auf dem Berg* re. Nr. 9, *Echter v. Mespelbrunn,* erbaut im 16. Jh., Schulhaus 1652-1751. - Linksbogen! Re Stadttor und runder Eckturm *Die Aul,* erbaut vor 1500. - Linksbogen, Treppe re abw, Str *Wetzbach* li. - *Löwenplatz* mit dem *Bunten Löwen,* erbaut 1595 (heute *Hotel zum Löwen,* s. oben). - Hinüber zur *Scheuergasse* aus dem 18. Jh., einmalig in ihrer Art. - Mit herrlichem Blick zum *Melibokus* zurück. Zum *Schlösschen,* um 1520, heute *Rathaus.* - Längs der *Stadtmauer* durch den *Stadtpark* zum *Marktplatz.* - *Altstadtführungen*, organisiert durch den *Geschichtsverein.* - *Altstadtfeste.* - *Kellertheater* im *Alten Amtsgericht.*

● **Rundweg Alsbacher Schloss** - ca. 2½ Stdn - Mit *[Weißem Strich]* Ri *Melibokus* bis zum *Burgenweg.* Mit *[Blauem B]* li ab zum *Schloss.* Erbaut 1240 als Wehrburg, nach Verfall restauriert. Schöne Aussicht! Abw zur *[Gelben 2]*, mit ihr zum *[Gelben B]* und zurück.

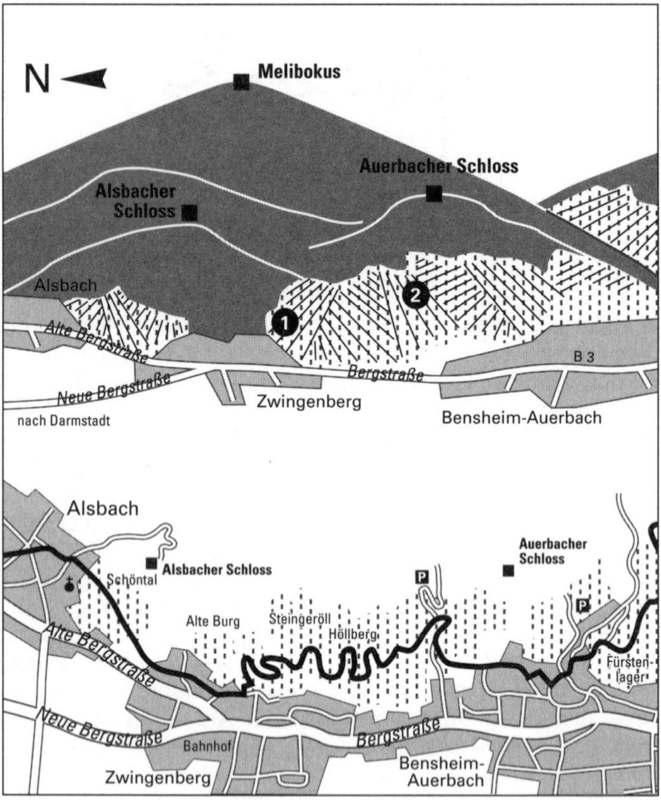

Bergsträßer Weinlagenweg
Alsbach - Zwingenberg - Auerbach - Bensheim - Heppenheim - hess.-bad. Landesgrenze

Weinlagenwanderung
Zwingenberg - Heppenheim

Weg und Zeit - *Weinlagenweg* - 28 km - 7-8 Stdn. - *Weinlagenwanderung* - 20 km - 5-6 Stdn.

Charakteristik - Herrlicher Wanderweg mitten durch das Weinbaugebiet. Die abwechslungsreiche Landschaft bietet großartige Ausblicke zum *Odenwald* und über die *Rheinebene* bis hinüber zum *Wormser Dom* und zum *Pfälzerwald*. Ein echter Genussweg! - Die hervorragende *Ausschilderung [Weißer Römer mit WLW auf Grün]* erlaubt den Einstieg an jedem gewünschten Punkt. - Viele *Infota-*

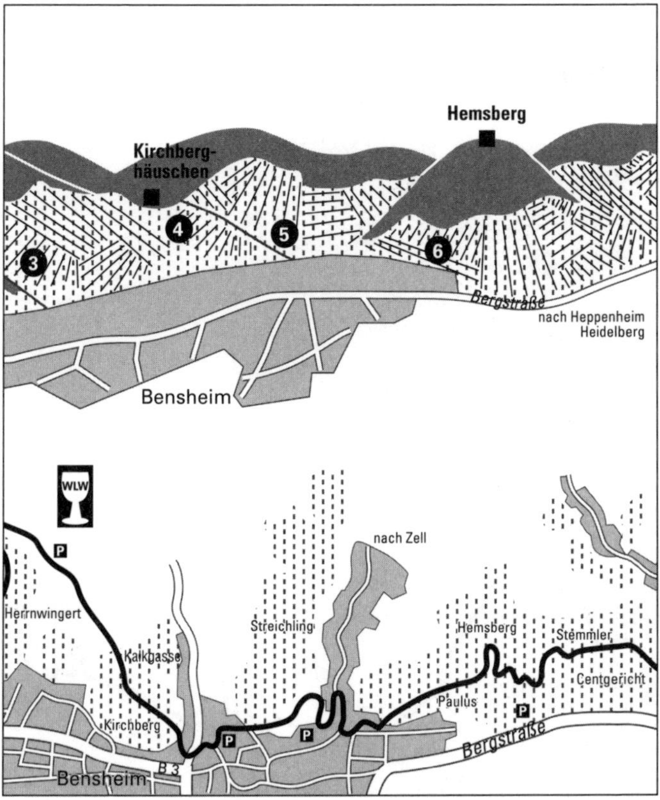

feln unterrichten den Wanderer über die Weinlagen und andere wissenswerte Fakten. Abstecher in die Ortskerne oder zu den nahe liegenden Burgen und Schlössern sind ohne Weiteres möglich. - Ggf. Rückfahrt mit Zug oder Bus.

● **Weinlagenwanderung** - Sie findet jährlich am 1. Mai statt. Wanderstrecke 20 km *(Zwingenberg - Heppenheim).* Auch Teilstrecken sind möglich. An 8 *Probierständen* bieten die *»Bergsträßer Jungwinzer«* die köstlichen Tropfen aus insgesamt *14 Bergsträßer Einzellagen* an. Für Kinder gibt es alkoholfreie Getränke. Ebenso lässt sich mit kleinen Gerichten der Hunger stillen. - An allen Haltestellen der B 3 ist ein *Buspendelverkehr* eingerichtet.

● **Weinbaugebiet Hessische Bergstraße** - Die Römer legten die *»strata montana«* von *Darmstadt* bis *Heidelberg* an und kultivierten die ersten Reben. Urkundlich wird der *Bergsträßer Weinbau* bereits vor 800 im *»Codex Laureshamensis«* des *Klosters Lorsch* erwähnt.

Das heutige *Weinbaugebiet »Hessische Bergstraße«* - eines der kleinsten in Deutschland - entstand 1971, als ein Weingesetz die *»Bergstraße«* in einen *hessischen* und einen *badischen* Teil trennte. Entlang der *Bergstraße* zieht sich von *Alsbach* bis *Heppenheim* der Be-

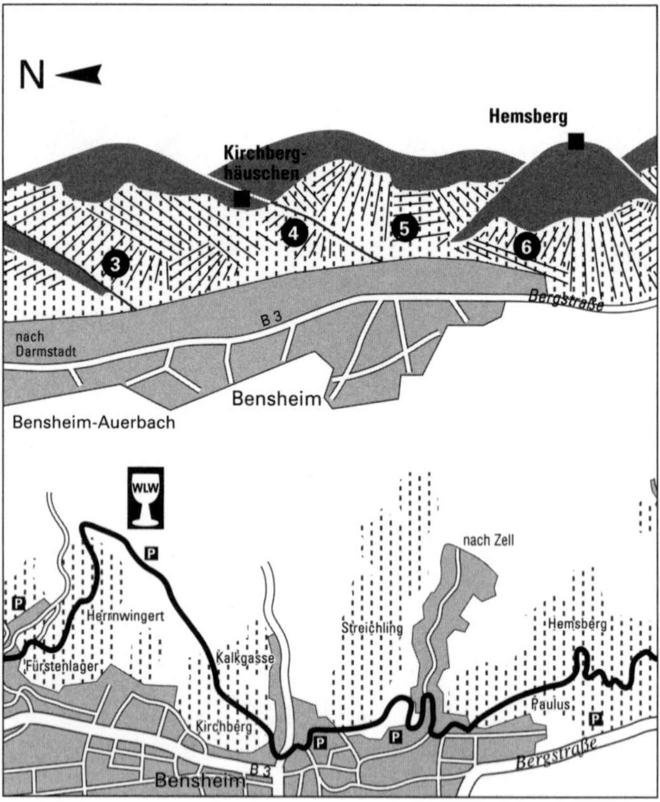

reich *»Starkenburg«,* und hier verläuft auch der *Weinlagenweg.* – Zum Weinbaugebiet gehört außerdem der Bereich *»Umstadt«,* genannt *»Odenwälder Weininsel«.*
Der Wanderweg führt durch *3 Großlagen: Rott, Wolfsmagen, Schlossberg.* Deren *17 Einzellagen* sind in der Wegeskizze angegeben. Der *Riesling* dominiert flächenmäßig mit etwa 57 %, gefolgt vom *Müller-Thurgau* mit etwa 11 %. Den Rest bilden *Ruländer* (7 %), *Silvaner* (6 %), *Blauer Spätburgunder* (6 %), *Kerner, Weißer Burgunder, Ehrenfelser, Scheurebe, Gewürztraminer* und *Dornfelder.* Der Anbau erfolgt durch mehr als 600 Winzerbetriebe.
Die *Bergsträßer Weine* präsentieren sich frisch, fruchtig und würzig. Rasse und Eleganz zeichnen insbesonders den *»König der Rebsorten«,* den *Bergsträßer Riesling* aus.
● **Der Wanderweg** – Wegverlauf in der unteren Hälfte der Skizze. – Die Probierstände der *Weinlagenwanderung* am 1. Mai sind in der oberen Skizze eingezeichnet. – Von **Alsbach** durch die *Lage Schöntal* nach **Zwingenberg** (S. 18). – Dort Beginn der *Weinlagenwanderung.* Aufw zur *Lage Alte Burg (Stand 1).* Herrlicher Ausblick über den malerischen Ort. Durch die *Lage Steingeröll* zum Ortsrand von **Auer-**

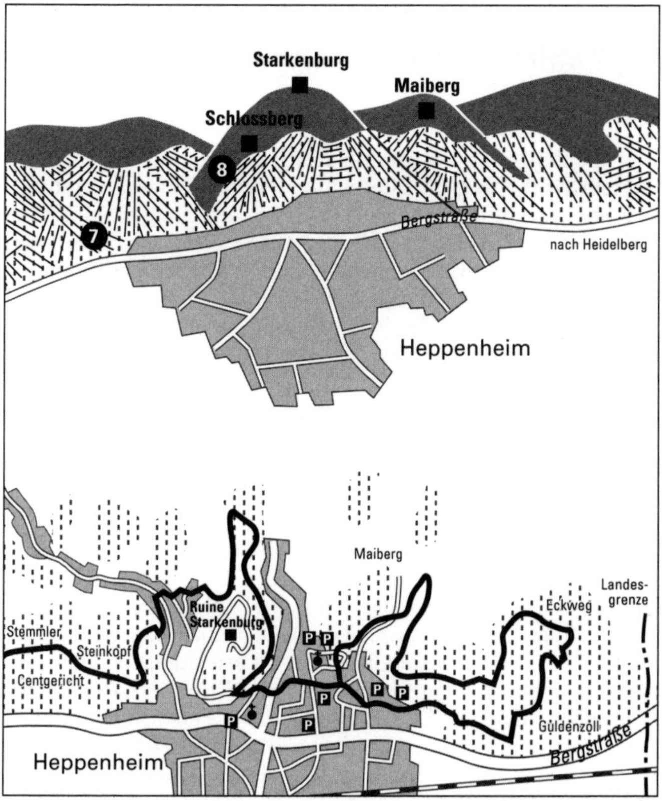

bach und zur *Lage Höllberg (Stand 2).* Weiter zur *Lage Fürstenlager.* In der Nähe des kleinen Aussichtstempels bei *Stand 3* hat man einen schönen Blick in die *Rheinebene.* Mit der *Einzellage Schönberger Herrnwingert* endet die *Großlage Auerbacher Rott.* Durch den Wald in die Gemarkung **Bensheim** mit der renommierten *Lage Kalkgasse.* Bald darauf sind Berg und *Lage Kirchberg (Stand 4)* erreicht. Abstieg nach *Bensheim* (S. 31), kurzer Bummel durch die Stadt und aufw zur *Lage Streichling (Stand 5).* Viele Stufen verkürzen den Weg zu *Stand 6* zwischen den *Lagen Hemsberg* und *Paulus.* Jetzt weiter zur Gemarkung **Heppenheim** mit den *Lagen Stemmler* und *Centgericht.* Im *Centgericht* liegt das schmucke Gutshaus des *ehem. Rebmuttergartens,* heute im Besitz des *Staatsweinguts Bergstraße.* Es geht zum *Stand 7,* Berg und *Lage Steinkopf* (wärmste und steilste Südhanglage der *Bergstraße).* Hinunter ins enge *Hambacher Tal.* Starker Anstieg zum *Heppenheimer Schlossberg,* der dieser *Großlage* auch seinen Namen gab *(Stand 8).* Mit herrlichen Ausblicken Abstieg nach *Heppenheim* (S. 33). Ende der *Weinlagenwanderung.* – Der *Weinlagenweg* selbst führt noch weiter zu den *Lagen Maiberg, Eckweg* und *Guldenzoll* (oder umgekehrt) und kommt zurück nach *Heppenheim.*

Auerbach - Fürstenlager - Hochstädten - Ludwigshöhe - Toter Mann - Staatspark - A.

Weg und Zeit - 9 km - 2½ Stdn - Höhendifferenz ca. 140 m.
Charakteristik - Wie oft wünscht sich der Wanderer einen Rundweg, der nicht allzu lang ist, ohne große Steigungen durch den Wald führt, trotzdem herrliche Ausblicke bietet und geschichtlich Interessantes vermittelt - hier geht dieser Wunsch in Erfüllung!
Wanderkarte - *TF 20 - 5 Bergstraße-Odenwald.*
Anfahrt - *Darmstädter Str* (B 3), Abzweig *Bachgasse, [Ww].*
Parken - Großer P *Fürstenlager.*

● **Bensheim-Auerbach** - *Staatlich anerkannter Luftkurort.* Größter Stadtteil von *Bensheim. Weinanbau*: Großlage *Auerbacher Rott,* Einzellagen *Höllberg, Fürstenlager* (s. auch S. 20-23, 30-32).

● **Das Fürstenlager** - Ein vom Land *Hessen* unterhaltenes *Kulturdenkmal.* - In einem Waldtal bei *Auerbach* wurden 1738 erstmals drei Mineralquellen entdeckt. Der Ruf dieser *Auerbacher Wasser* lockte Heilung Suchende in großen Scharen an. *Landgraf Ludwig VIII. von Hessen-Darmstadt* nahm die Quellen in Nutzung. Durch seinen Enkel, *Großherzog Lud(e)wig I. (»Der lange Ludwig«),* erfolgte der Ausbau des *Fürstenlagers* zum heutigen *Staatspark.* Er machte es zur fürstlichen Sommerresidenz und ließ Gebäude im schlichten Barockstil errichten: *Herrenhaus, Damenbau, Prinzenbau,* daneben *Küchenbau, Stallbau,* Personalwohnungen usw. Außerdem beauftragte er den Darmstädter Hofgärtner *K. L. Geiger* mit der Anlage eines großen Parks mit einheimischen und exotischen Gewächsen. Dieser steht seit 1954 unter Naturschutz. Zwar sind die Quellen z. T. versiegt, aber geblieben ist ein lohnenswerter Park, und geblieben sind die Bauwerke, vor allem das *Herrenhaus (Schlösschen)* und die Rotunde des *Guten Brunnens.*

● **Der Rundweg** - Vom P *Fürstenlager* die *Bachgasse* aufw in den
MA *Staatspark, [Gelbes Quadrat], [Blaues B], [Gelbe 1, 2, 3, 4].* Beim Teich scharf (!) li aufw mit *[Gelber 4].* Im Bogen zum Parkende, an der Gabelung re, *[4],* bis zur Schranke. Leicht aufw auf einem angenehmen, kurvigen Waldweg oberhalb des *Auertals.* Einmün-
OM dung in breiten Weg, *[ohne Markierung]* kurz ger, breiter Querweg li. Vor dem *Marmorwerk* re und ein Stück durch den Wald. Sofort bei Waldaustritt (!) Graspfad (!) halb re bis zur Schranke und zum Wald, an einem schmalen Wasserlauf entlang nach
MA **Hochstädten**. Befestigter *Weiherweg* re mit *[Gelber 4],* zwischen Hs. Nr. 64 und *Wbh* aufw, danach durch eine schöne Weidelandschaft. Im Rechtsbogen aufw mit schöner Aussicht zurück, im
MW Wald Querweg re mit *[Gelbem Quadrat].* Im Verlauf des Weges Blick zum *Auerbacher Schloss* und zum *Melibokus.*

● **Toter Mann**, eine kleine Steinformation aus Kopf und Körper. Sie wurde in den 50er Jahren beim Wegebau beseitigt und 1982

Wandern…
…und Einkehren im Odenwald

Luisenplatz in Darmstadt

oben: *Auerbacher Schloss*

unten: *Das beeindruckende Felsenmeer am Felsberg*

Heppenheim, Starkenburg mit Rundhaus im Vordergrund

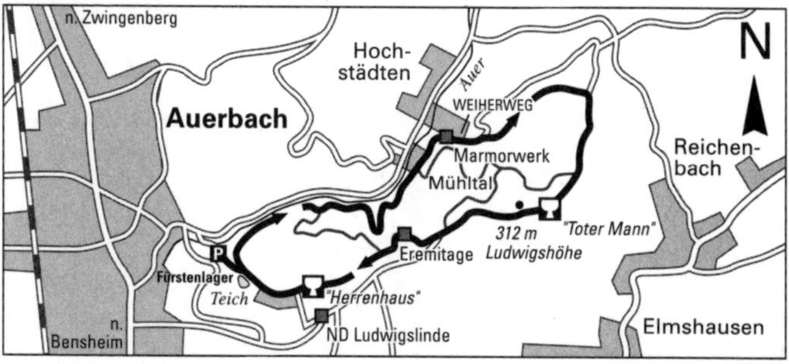

neu erstellt. Ursprung ist eine Sage, deren wahrer Kern die Ermordung des *Nikolaus Glock* aus *Elmshausen* durch seine Frau im Jahre 1555 bildet. - Am »*Toten Mann*«, nach 100 m an der Gabelung halb re aufw zur *Schutzhütte.* Wieder li hinüber und Querweg re. Hohlweg abw, Einmündung in breiten Weg, ger abw mit Blick zur *Starkenburg.* Rechtsbogen, nach 30 m Pfadabzweig scharf **(!)** li abw. Später kommen *[Gelbe 2* und *8]* hinzu. Li vorbei an der *Eremitage*, einer Baumrindenkapelle mit riedgedecktem Dach. Li aufw, Querweg re, auch *[2, 4, 8].* Angenehmer Weg in den **Staatspark** und zur wohltuenden Einkehr im *Parkhotel Herrenhaus* mit schönem Blick auf den Park mit der *Herrenwiese* gegenüber. Als Ausklang führt der Weg zwischen den historischen Bauten zurück zum P.

● **Parkhotel Herrenhaus-Café-Restaurant** - Absolut ruhige Lage mitten im Park. Biedermeier-Gästezimmer. Stilvolle, historische Gasträume. Schöne Gartenterrasse. Exzellente frische Küche. Hessische Spezialitäten, auch Fisch, Wild und Diätkost. »Herzogsmenü«. Kuchen und Torten. Gepflegte Weine, auch ältere Jahrgänge sind im Ausschank. Mittleres und gehobenes Preisniveau. Abends Tischreservierung erbeten. - *Kein Ru.*

● **Parkweg zum ND Ludwigslinde** - Ursprünglich gepflanzt von *Graf Ludwig zu Erbach-Schönberg*, jetzt Neupflanzung. Fantastischer Ausblick!

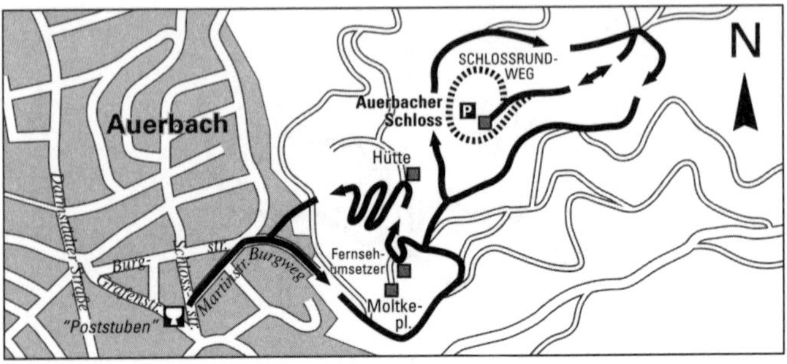

Auerbach - Rundweg Auerbacher Schloss

Weg und Zeit - 6½ km - 2¼ Stdn - Höhendifferenz ca. 210 m.
Anfahrt und Parken - *Darmstädter Str* (B 3), Abzweig *Burgstr* bzw. *Grafenstr*, aufw zum Gäste-P *»Poststuben«*. - **Karte** - s. S. 24.

● **Auerbacher Schloss** - Erb. im 13. Jh. auf dem *Auerberg* (346 m), 1674 z.T. zerstört. Vom Nordturm traumhaft schöner Rundblick.

● **Der Rundweg** - Von den *»Poststuben«* die *Martinstr* aufw, *Burgstr*
MA re mit *[Blauem B]* zum *Ehrenmal*. *Burgweg* re aufw. An der Links-
kehre Abzweigung nach re **(!)**. Am Linksbogen scharf **(!)** li, mit *[B]*
zum *Fernsehumsetzer*. Von dort re aufw, Querweg li, Panoramaweg
OM zum P. Str *[ohne Markierung]* zum *Schloss*. - Wie Hinweg zum P, re
MA abw, *[Gelbe 5]*, Rechtsbogen, später li mit *[B]* wieder zum *Fernseh-*
MW *umsetzer*. Davor re mit *[Gelber 4]*, vor der *Schutzhütte* scharf li mit
MW *[Gelber 2]*. Abw, vorbei am *Hochbehälter* zum *Ehrenmal* und zum

● **Hotel Restaurant Poststuben** - Bekannt für gepflegte Gastlichkeit. Ruhige Lage. Behagliche Komfortzimmer. Stilvolles Restaurant. Herrliche Gartenterrasse. Die kreative, gehobene Küche, geleitet vom Chef als »maître de cuisine«, bietet köstliche Gaumenfreuden. Auch Fisch, Wild, Lamm, Geflügel sowie herzhafte Landesspezialitäten und Vesper. Mittlere Preise. - *Ru* = *Mo*.

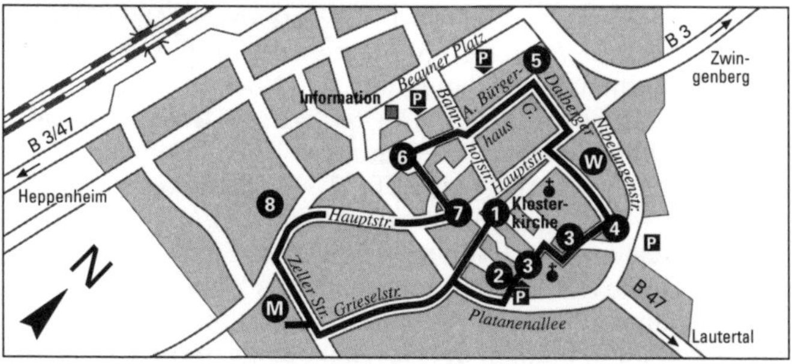

Bensheim a. d. B. – Historischer Stadtrundgang

Dauer – 1-2 Stdn.
Anfahrt und Parken – B3 *Darmstadt - Heidelberg.* – A5, AS *Bensheim.* – A67, AS *Lorsch.* – (P) *Beauner Platz.* – (P) *Platanenallee* u. a.

● **Bensheim an der Bergstraße** – *»Stadt der Blüten und des Weins«*, ein liebenswertes Städtchen, wo sich die Blütenpracht im Frühling so früh entfaltet wie kaum anderswo in Deutschland und wo köstliche Weine gedeihen. *Großlage Bensheimer Wolfsmagen. Einzellagen Kirchberg, Kalkgasse, Streichling, Hemsberg, Paulus* (s. auch S. 20-24). Viele prächtige, detailgetreu sanierte *Fachwerkhäuser* und *Adelshöfe* des 16.-18. Jh.

● **Der Rundgang – 1) Marktplatz**. *Marktbrunnen* (1895) mit Drachentöter *St. Georg*, Kirchen- und Stadtpatron. – *Haus am Markt* (1979), *Marktplatz 1, Hess. Rundfunk, Volkshochschule*, anstelle des kriegszerstörten *Rathauses.* – *Franziskanerkloster* und *Kirche*, Nachkriegsbau am Platz eines alten *Kapuzinerklosters.* – *Marktplatz 16-18* (1681/82), drei Häuser als Hausgruppe erbaut. – *Marktplatz 22* (1615), ehem. *Gasthaus »Zur Armbrust«* mit 22 schönen Himmelbetten und im Erdgeschoss mit Stallungen für 30 Fuhrwerke. Prächtiger zweistöckiger Erker. – *Ehem. Fleischschranne* (um 1500), *Hauptstr 48* (offene Verkaufsstände der

Metzger). – *Marktplatz 2* (17. Jh.). – **2) Platz An der Stadtmühle**. *Figur der »Fraa vun Bensen«.* – **3) Museum der Stadt** (1589), *Marktplatz 13*, beachtenswerte Sammlungen. – Noch zu **3) Kath. Stadtpfarrkirche St. Georg**, erbaut 1826-30 von *Georg Moller*, klassizistische Pseudobasilika mit eindrucksvollem Tonnengewölbe. Brand 1945. Zweiturmfassade 1950/52. – **4) Obergasse**. *Roter Turm* (um 1300). – Institut der *Maria-Ward-Schwestern/Liebfrauenschule.* – **W) Walderdorffer Hof**, um 1475, ältestes Fachwerkhaus *Südhessens*. Heute ein beliebtes und gepflegtes Wein- und Speiselokal mit urgemütlichen rustikalen Gasträumen. Ideenreiche Küche mit ausgewählten Spezialitäten, deftigen regionalen Gerichten und raffinierten Vollwertspeisen. Die umfangreiche Karte wird jedem Gaumen gerecht. Mittlere Preise. – *Kein Ru.* – *Dalberger Gasse.* – **5) Am Bürgerhaus**. *Dalberger Hof* mit *Parktheater* (1968) und *Bürgerhaus* (1976). Im Hof ein *Stadtmauerturm.* – Haus Nr. 8 ist der *Hohenecker Hof* aus dem 18. Jh. – Gegenüber der *Schlinkenkeller* von 1575. – *Schlinkengasse 10*, EG um 1400, 1. OG von 1580. – Durch die *Wambolterhof-Passage.* – **6) Wambolter Hof**, 1732/33. – In der Nähe steht am *Winkelbach* der *Rinnentorturm* aus dem 13. Jh. – **7) Hauptstraße**. *Bürgerwehrplatz* mit *Brunnen.* – *Bäckerei Jost*, Anfang 16. Jh. – *Hauptstr 50*, Ende 16. Jh. – Hs. Nr. 39, *Stadtbibliothek*, ehem. *Domkapitelfaktorei*, ehem. *»Rüdigheimer Hof«*, um 1550. – *Mittelbrücke*, 1773, *Hl. Nepomuk* und *Hl. Xaverius.* – **8) Untere Hauptstraße**. *Lammertsbrunnen*, 1989. – *Sparkasse*, 1670. – *Hospitalbrunnen.* – Dahinter das *Hospital* mit *Kirche St. Josef*, ursprünglich 15. Jh., umgebaut 1872. – *Zeller Str* li, *Grieselstr* re. – **M) Weingut Mohr mit Gutsschänke** – Traditionsweingut in Familienbesitz. Behagliche, rustikale Weinstube und uriger Gewölbekeller, ideal für Weinproben. Ungezwungene Atmosphäre. Stimmungsvolles Ambiente. Herzhafte Vesper, kleine warme Speisen und Odenwälder Spezialitäten. Untere bis mittlere Preise. – *ÖZ: siehe unten.* – *Grieselstr* zurück zum *Marktplatz.*

● **Wanderwege** – Großes Wegenetz mit einer Vielzahl attraktiver Wanderziele. Anschluss an den *Bergsträßer Weinlagenweg* (siehe S. 20-23, hier speziell S. 22, 23).

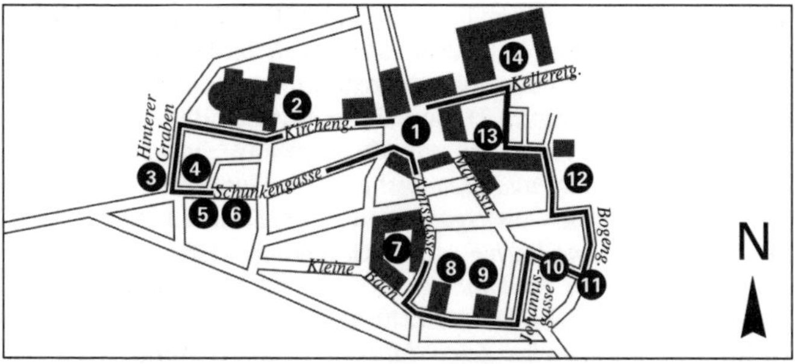

Heppenheim - Historischer Stadtrundgang

Dauer - etwa 1 Std.
Anfahrt - Auf der B 3 *Darmstadt - Heidelberg* und auf der *Siegfriedstraße*/B 460. - A 5, AS *Heppenheim*. - A 67, AS *Lorsch*.
Parken - Ⓟ *Lehrstraße*. Ⓟ *Wilhelmstraße* u. v. a.

● **Heppenheim** - *»Herz der Bergstraße«*. Romantische Kreis-, Wein- und Festspielstadt an der römischen *strata montana. Wein: Großlage Schlossberg,* sechs *Einzellagen* (s. S. 20-23). *Festspiele:* Juli bis Anfang September. - Vorchristliche Besiedlung durch *Kelten, Römer* (Beginn des Weinbaus), *Franken.* 773 Schenkung durch *Karl den Großen* an das *Kloster Lorsch* (Urkunde erhalten). 795 ließ der König die Grenzen der *Mark Heppenheim* festlegen (s. S. 72), wie sie im *Kreis Bergstraße* heute noch bestehen. 1232 Schenkung durch *Kaiser Friedrich II.* an *Kurmainz,* danach Bau des mächtigen *Kurmainzer Amtshofs.* 1461-1650 Verpfändung an die *Kurpfalz.* 1693 Plünderung durch die Franzosen, großer Stadtbrand und Wiederaufbau. 1803 an *Hessen-Darmstadt.*

● **Der Rundgang** - Nach dem bebilderten Faltblatt des *Fremdenverkehrsbüros* ℹ. - **1) Marktplatz**. Geschlossenes mittelalterliches Ensemble als Mittelpunkt der Altstadt. Untergeschosse der Bauten meist aus dem 16. Jh., Erneuerung der Fachwerkobergeschosse nach dem Stadtbrand 1693. - *Rathaus,* Untergeschoss von 1551, Fachwerkaufbau mit Uhrturm und Glockenspiel nach 1693. - *Liebig-Apotheke* (Lehrstätte *Justus v. Liebigs),* Erdgeschoss 1577, Fachwerkaufbau 1708. - Weitere schöne Fachwerkhäuser des 18. Jh. und der *Marienbrunnen* von 1729 vervollständigen die mittelalterlichen Impressionen. - *Kirchengasse.* - *Kreuzigungsgruppe* von 1705. - **2) Kath. Pfarrkirche St. Peter**. Ehemalige Basilika aus dem 8. Jh., nur noch Reste erhalten. *Nordturm,* Unterbau 11. Jh., obere Stockwerke 13. und 18. Jh. Der heutige stattliche Bau - *»Dom der Bergstraße«* genannt - entstand 1900-04. Im Inneren beachtenswerte Altäre und Skulpturen. - Haus Nr. 12, *Feuerwehrmuseum.* - *Kirchengasse* weiter, herrlicher Blick auf die Rebhänge und die *Starkenburg.* Ger bis zum Ende der *Kirchengasse.* Treppe. *Hinterer Graben* li. - **3) Würzburger**

Tor, Standort eines ehemaligen Stadttors, Befestigung um 1360. - **4/5/6) Schunkengasse** li, Häuser aus dem 17./18. Jh., besonders Nr. 16 und 18. Am Fuß der hohen Kirchentreppe vorbei zum *Marktplatz - Amtsgasse* re zum **7) Kurmainzer Amtshof**. Bedeutende Baugruppe, 13.-18. Jh. Heute *Museum für Stadtgeschichte und Volkskunde, Deutsche Kultur- und Heimatstuben, Schönbacher Heimatstube* sowie *Festspielstätte. - Amtsgasse* weiter. - **8) Fachwerkhaus** (Hs. Nr. 8), 1460-80. - *Kleine Bach* li. - **9) Fachwerkhaus** (Ecke *Rodensteiner Gasse 11)*, 1460-80. - *Johannisgasse* li zur **10) Marktstraße**. Häuser 16.-18. Jh., im Hof von Hs. Nr. 8/10 steht der sog. *Mönchsturm,* ein Wohnturm aus *Lorscher Zeit. - Marktstr* re Ri **11) Wormser Tor** mit Barockhaube. Vorher **(!)** *Bogengasse* li, Linksknick, nach Hs. Nr. 4 *Schulgässchen* re, Hausdurchgang zum **12) Faulen Viertel** = *Fautsches Viertel* = *Vogteiliches Viertel* mit schönem *Vorhallenhaus* aus dem 17. Jh. - Gegenüber Hs. Nr. 26 li zur **13) Schloss-Schule**, um 1700. - In deren Mitte gegenüber schmaler **(!)** Durchgang (Schulgässchen) zum **14) Landratsamt**, *ehemalige Amtskellerei,* 16. Jh. - *Kellereigasse* li zum *Marktplatz.*

● **Bergsträßer Winzer eG** - Gegründet 1904. Die Mitglieder (561 Winzerfamilien) bewirtschaften 275 ha Rebfläche. Naturnaher Anbau und ausschließlich Lese von Hand. Schonende Most- und Weinbehandlung. Fast alle Lagen der *Hessischen Bergstraße* werden hier behutsam ausgebaut (s. auch S. 20-23). Viele staatliche Auszeichnungen. Im attraktiven Verkaufsraum sollte man die Köstlichkeiten probieren!

● **Starkenburg -** Um 1065 gegr., 1765 zum Abbruch versteigert. 1924 Sprengung des *Bergfrieds.* Bis 1930 *Turmneubau* (z. T. als Jugendherberge). Wunderbare Aussicht. - Auf dem *Schlossberg* auch die **Starkenburg-Sternwarte** (Reisen zu den Wundern des Weltalls, Führungen, Vorträge, Kurse, Beobachtungen, Tel. 06252/4247).

● **Wanderwege** - *Heppenheim* ist Ausgangspunkt zahlreicher gut markierter Wanderwege: *Burgenweg [Blaues B]* nach *DA-Eberstadt* bzw. *Heidelberg*, Wege zur *Felsgruppe Bügeleisen*, zur *Jägerrast* oder zur *Juhöhe, Bergsträßer Weinlagenweg* (S. 20-23) u. v. a.

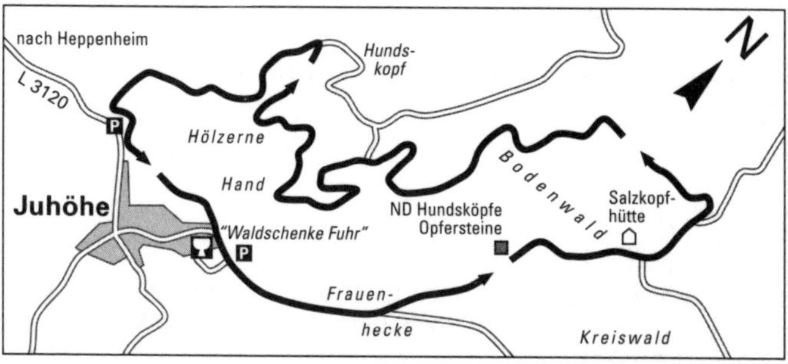

Juhöhe - Rundweg Bodenwald - Hölzerne Hand

Weg und Zeit - 6 km - 1½ Stdn.
Charakteristik - Ein wirklich herrlicher kleiner Rundweg!
Anfahrt und Parken - L 3120 von *Heppenheim* oder von *Mörlenbach*. - P *Frauenhecke*. - Gäste-P *Waldschenke »Fuhr«*. - **Karte**, s. S. 36.

● **Der Rundweg** - Von der *Waldschenke »Fuhr«* re, *[Gelbe 6]*. Schöner Ausblick! Beim *[Stein-Ww]* halb li. Eintritt in den **Bodenwald** und weiter durch eine felsige Region: **ND Opfersteine** (Infotafel). Am Waldrand entlang zur *Salzkopfhütte*, ger weiter. Im Wald li, an der nächsten Gabelung li abw. Vor dem *Güntrum-Platz* (Sitzgruppe) Abzweig nach li mit *[Gelber 6]*. Schöner Hangweg, in Bogen und Kehren leicht aufw oberhalb eines felsdurchsetzten Einschnitts. **ND Hundsköpfe**. Wo der Weg wieder abfällt, halb li **(!)** aufw. Später Querweg scharf li, *[6]*. Aufw bis zur Schranke und zum P **Hölzerne Hand**. Von dort li und auf der *Heppenheimer Str* (Weg) zum *MA*

● **Hotel-Café-Restaurant Waldschenke »Fuhr«** - Repräsentatives Haus in idyllischer Höhenlage mit weiter Aussicht ins *Weschnitztal*. Stilvolle Komfortzimmer. Gemütliche Gasträume. Schöne Terrasse. Freundliche Atmosphäre. Feine Küche mit internationalen und Odenwälder Spezialitäten. Mittlere Preise. - *Ru = Mo, Di.*

Juhöhe - Ober-Liebersbach - Schannenbacher Tal - Oberlaudenbach - Juhöhe

Weg und Zeit - 9 km - 2½ Stdn.
Charakteristik - Sehr schöner Rundweg mit wenigen Steigungen. Durch überwiegend befestigte Wege ist die Wanderung wetterunabhängig.
Wanderkarte - *TF 20 - 8 Bergstraße - Weschnitztal.*
Anfahrt - A 5, AS *Heppenheim*, B 460 nach *Heppenheim*, in der Stadt auf die B 3 nach *Laudenbach*, dort li ab und über *Oberlaudenbach* zur *Juhöhe.* - Weitere Möglichkeiten: L 3120 von *Heppenheim* oder von *Mörlenbach.*
Parken - Großer Gäste-Ⓟ beim *Café-Restaurant Haus Höfle.* - Sonst Ⓟ *Hölzerne Hand* am westlichen Ortseingang.

● **Juhöhe - Ober-Liebersbach - Oberlaudenbach** - Knapp 2 Stdn
MA - Vom *Haus Höfle* mit *[Weißem Andreaskreuz]* ortsauswärts. An den letzten Häusern li halten. Leicht abschüssiger Weg mit großartigem Panorama über die Bergwelt des *Odenwaldes.* Im großen Bogen entlang eines Ackerrains erreicht man eine Landesstr. Diese ger überqueren, ein Stück den Weg aufw, dann mit
MW *[Bo 2]* re abw nach *Ober-Liebersbach*, das mit 1100 Jahren der älteste Ortsteil von *Mörlenbach* ist. (Von hier lohnt sich ein Abstecher ca. 2 km nach *Mörlenbach*, s. S. 52, 57). Der Ortsstr re aufw folgen, vor rotem Fachwerkhof am Kruzifix li aufw. Auf gutem Wirtschaftsweg zu einem kleinen Teich. Li um den Teich herum, im Bogen aufw über Weideland bis zur Anhöhe. Hier re
MW bis Abzweig, *[Roter Strich].* Ger (!) Hohlweg *[ohne Markierung]* abw durch das *Schannenbacher Tal* nach *Oberlaudenbach* (Dorf der 9 Hülben, 795 erstmals erwähnt, 228 m) zur verdienten Rast im

● **Gasthaus-Pension Zum Kaiserwirt** - Familiär-gemütlicher Gasthof mit ansprechender Karte. Von Odenwälder Spezialitäten über Schnitzel-, Steak- und Fischgerichte bis zu interessanten Salaten ist für jeden Geschmack und Geldbeutel etwas dabei. Die schöne Gartenterrasse und ruhige Gästezimmer runden das angenehme Erscheinungsbild ab. - *Ru = Mo, Di.* - Ⓟ, Garagen.

● **Oberlaudenbach - Juhöhe** - Knapp ½ Std - Vom *»Kaiserwirt«*
MW der Dorfstraße aufw (!) folgen. Mit *[Gelber 2* und *3]* bis zum Ⓟ *Wolfslücke. Gedenktafel* für die Freiheitskämpfer *Oberlauden-*
MW *bachs* vom 24. Mai 1849. Vor dem Ⓟ mit *[Gelber 1]* li ab, an der Gabelung re ab und talaufw zur *Juhöhe* und zur wohlverdienten Schlusseinkehr im

● **Café-Restaurant Haus Höfle** - Gepflegtes Haus in schöner Aussichtslage. Geräumige Apartments mit Balkon. Stilvolle

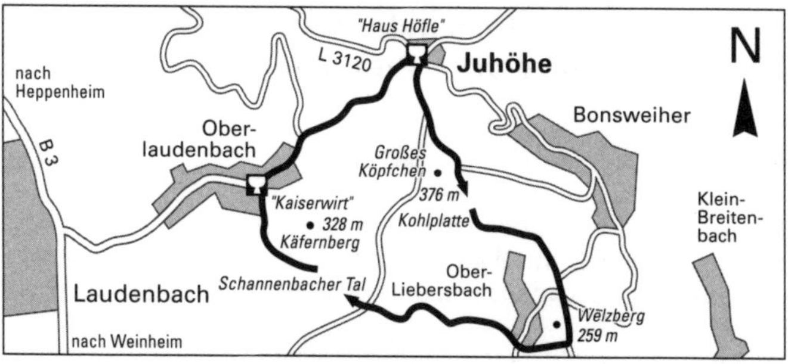

Gaststuben. Herrliche Freiterrasse. Kinderspielplatz. Wohltuende Atmosphäre. Vorzügliche, hoch dekorierte Küche mit regionalen und saisonalen Spezialitäten. Auch Wild, Fisch, Spargel. Hauseigene Backstube. Verlockende Sommer- und Salatkarte. Mittlere Preise. – *Ru = Mo* und *Do, außer an Feiertagen.* – P.

● **Weitere lohnende Wanderziele** – *Laudenbach, Heppenheim, Kreiswald* u. v. a.

● **Wanderweg nach Heppenheim** – Ca. 2 Stdn – Durchgehend mit dem *[Roten Strich]* markiert, vorbei am *KD Hügelgräber*, an der *Arnoldseiche* (mit *Schutzhütte*) und am *ND Essigkamm*.

Birkenau - Friedrichshütte - Wachenburg - Windeck - Tanzplatz - Birkenau

Weg und Zeit - 13 km - 3¼ Stdn.

Charakteristik - Ein bequemer und genussreicher Wanderweg, der überwiegend im Wald verläuft und stark geprägt ist von den prächtigen Rundblicken, die sich von den beiden Burgen aus bieten.

Wanderkarte - *TF 20 - 8 Bergstraße - Weschnitztal.*

Anfahrt - B 38 *Weinheim - Fürth.*

Parken - Öffentliche P oder Gäste-P der Gasthöfe (s. S. 41 und 43)

● **Birkenau** - Staatl. anerkannter *Luftkurort* und *»Dorf der Sonnenuhren«.* - Als kleine klösterliche Niederlassung *»Cella Birkenowa«* 795 erstmals urkundlich genannt und 877 bereits als Dorf (*»villa«*) bezeichnet. 1232 kam der Ort zum Besitz des *Erzbischofs von Mainz.* Später hatten ihn mehrere Rittergeschlechter zum Lehen. 1806 zu *Hessen.* Um 1950 erste *Sonnenuhr* von Regierungsbaumeister a. D. *Otto Seile,* 1973 die 53., heute sind es über 100. - *Fachwerkrathaus* (1552) mit massivem Untergeschoss und prächtigem Fachwerk. - *Schloss der Freiherrn Wambold v. Umstadt* (1763-73). Der *Barockgarten* wurde 1789 in einen *Englischen Park* umgewandelt. - *Ev. Kirche* (1818-20 von *G. Moller*). - *Kath. Kirche* (1817-19).

● **Birkenau - Friedrichshütte - Wachenburg** - 1¼ Stdn - Durch den *Schlosspark.* Eingang: Str *Im Herrngarten,* Ausgang: *Brückenstr.*
MA Li, dem *[Weißen Andreaskreuz]* folgen: über die Bahnlinie, vorbei am *Alten Rathaus* und hoch zum Waldrand. Im Wald zunächst
MW Rechtskehre. In der späteren Linkskehre mit *[Gelber 2* und *3]* ger zur *Friedrichshütte.* Von hier weiter zum Schnittpunkt mit dem
MW *[Weißen Quadrat].* Mit diesem re über den Grenzweg aufw zur

● **Wachenburg** (326 m) - Sie wurde in den Jahren 1907-1928 erbaut als Versammlungsort und jährliche Tagungsstätte des *Weinheimer Senioren-Convents* und seiner aktiven studentischen Corps. Von der Burgterrasse herrlicher Ausblick über *Weinheim,* die *Rheinebene* und den *Odenwald.*

● **Wachenburg - Ruine Windeck - Wachenburg** - ¾ Std - Den zuvor gegangenen Treppenweg ab *Burg* zurück zum *[Weißen Quadrat].* Diesem re abw folgen, anfangs Waldweg mit großem Gefälle, später Fahrweg zur

● **Burgruine Windeck** - Nach 1100 erbaut als Schutzburg für das *Kloster Lorsch.* Später im Besitz der *Kurpfalz.* Beschädigungen im *30-jährigen Krieg.* 1665 Wiederaufbau. Die endgültige Zerstörung erfolgte 1674. Die Burg kann von Dienstag bis Sonntag besichtigt werden. Sehr schöner Rundblick. Auf gleichem Weg zurück.

● **Wachenburg - Tanzplatz - Forstmeister-Burg-Ruhe - Birkenau** - 1¼ Stdn - Mit dem *[Weißen Quadrat]* wieder auf dem Höhenweg zurück. Etwa 50 m vor der *Friedrichshütte* Abzweig scharf li mit

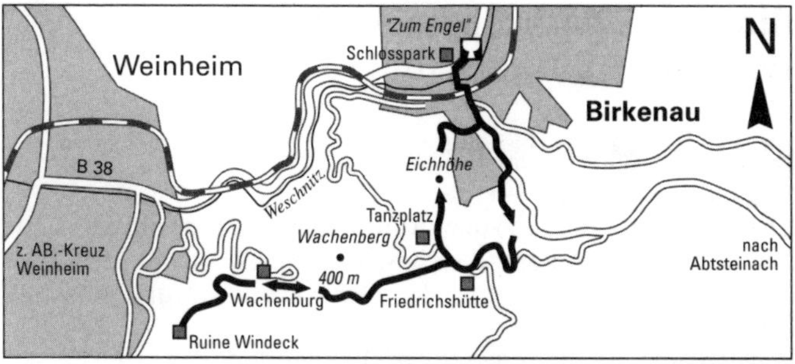

Markierung *[BV]*, *Ww [Birkenau]*. Danach mit *[B 1]* re ab. Ger zur *Forstmeister-Burg-Ruhe,* herrlicher Blick auf *Birkenau* und das *Weschnitztal. Markierung [B 1]* beibehalten bis zum Ort. *Lindenstr* abw, *Obergasse* li, die Bahnlinie überqueren, *Kreuzgasse, Brückenstr* re, über die *Weschnitzbrücke* und zum *Schlosspark.* Nun zur erholsamen Einkehr im *Restaurant »Drei Birken«* (S. 41), im *Gasthof »Zum Engel«* (S. 43) oder im *Hotel-Restaurant »Ratsstuben«* (S. 41). *MW*

● **Wanderweg von Weinheim** – Ca. 1½ Stdn – Von *Weinheim* mit *[Weißem Quadrat]* vorbei an *Ruine Windeck* und *Wachenburg* aufw, dann mit *[Weißem Andreaskreuz], [Gelber 3], [Weißem Quadrat]* nach *Birkenau.*

Birkenau - Buchklingen - Löhrbach - Hornbach - Birkenau

Weg und Zeit - knapp 14 km - 4½ Stdn.
Charakteristik - Ein reizvoller Rundweg, teils durch offene Landschaft, teils am Waldrand, mit sehr schönen Ausblicken. Hier fühlen sich Wanderer wohl, die auch Steigungen und Abstiege lieben.
Wanderkarte - *TF 20 - 8 Bergstraße - Weschnitztal.*
Anfahrt - B 38 *Weinheim - Fürth. - Bus und Bahn*: Interregio bis *Weinheim*, dann Regionalbahn oder Bus bis *Birkenau.*
Parken - Gäste-Ⓟ beim *Restaurant »Drei Birken«* oder *»Ratsstuben«.*

● **Birkenau - Buchklingen** - ca. 4½ km - 1½ Stdn - Vom *Restaurant »Drei Birken«* oder *»Ratsstuben«* über die *Bahnhofstr* zum *Alten Rathaus.* Auf dem *Europäischen Fernwanderweg Nr. 1* mit
MA *[Weißem Andreaskreuz]* die *Obergasse* ger, re in die *Lindenstr*, *Ww [Buchklingen]*, li *Gorxheimer Weg*, li *Leuschner-Str*, re befestigter Weg. An der Wegkreuzung re, *Ww [Buchklingen]*, an der nächsten Kreuzung li, *Ww [Birkenau].* Nach ca. 45 Min Schnittpunkt mit
MW dem alten Grenzweg. Hier li mit *[Weißem Quadrat]*, an der Kreuzung re nach *Buchklingen.*

● **Buchklingen - Löhrbach - Schnorrenbach - Rohrbach** - ca. 4½ km - 1½ Stdn - *Brunnenstr* aufw, durch einen Privatweg (einige Stufen), Str überqueren und *[Weißem Quadrat]* in den Wald folgen, auch *[Weißes Andreaskreuz].* An der Wegespinne mit
MW *[Weißem Quadrat]* li aufw. An der Str mit *[Gelber 7]* re auf asphaltierten Wirtschaftsweg. Auf der Bergkuppe schöner Fernblick! Mit *[Gelber 7]* zweiter Weg li abw nach *Löhrbach. Hauptstr* überqueren und mit *[Gelber 7]* bis nach *Schnorrenbach*, an *Sportplatz* und *Skilift* (Grasski im Sommer) vorbei. Auf der Höhe herrliche Aussicht in das *Weschnitztal*! Beim Bauernhof scharf li und mit *[Gelber 7]* auf befestigtem Weg an zwei Wohnhäusern vorbei in
OM den Wald. Waldaustritt, an der Gabelung re und *[ohne Markierung]* abw nach *Rohrbach.*

● **Rohrbach - Hornbach - Birkenau** - ca. 4½ km - 1½ Stdn - Ab
LM Rohrbach mit *LM [B 7]* li aufw. Auf der Höhe reizvoller Panora-
MW mablick! An der Kreuzung mit *[Gelbem Punkt]* nach li und Links-
LM bogen. Erster Abzweig re und mit *LM [Ho V]* abw nach *Hornbach.*
MW Dort mit *LM [Ho 1] Dorfstr* abw bis zur Dorfmitte und mit *LM [B 7]* li aufw zum *Reiterhof.* Am *Friedhof* vorbei und mit *[B 7]* abw nach *Birkenau* zur Schlusseinkehr in die *»Drei Birken«* oder die *»Ratsstuben«.*

● **Restaurant »Drei Birken«** - Am Ortsrand. Weithin bekannt für gehobene, kreative Küche und regionale Gerichte nach Saison und Marktangebot (Wild, Lamm, Fisch). Behagliche, komfortable Gä-

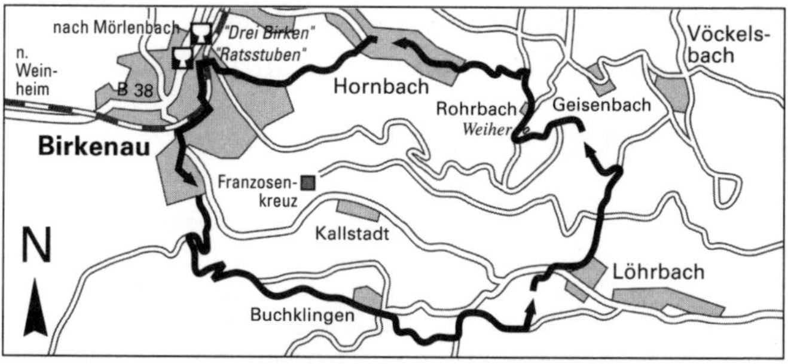

stezimmer und im Landhausstil gestaltete Gasträume. Gartenterrasse und herrliches Gartenrestaurant. Gepflegte, angenehme Atmosphäre. Mittlere Preislage. – *Ru = Mo abends und Di.* – P.

● **Hotel-Restaurant »Ratsstuben«** – Stilvoll eingerichtete, komfortable Gästezimmer. Gemütliche Gasträume im Landhausstil. Herrlicher Innenhof und lauschiges Gartenrestaurant. Wohltuende, behagliche Atmosphäre. Gehobene Küche mit vorwiegend regionalen Einflüssen, aber auch internationalen Spezialitäten. Tageskarte. Wild, Lamm, Fisch. Mittleres bis leicht gehobenes Preisniveau. – *ÖZ: tägl. ab 18 Uhr, So und Fei ab 12 Uhr. Ru = Mo und Di.*

Birkenau - Hornbach - Vöckelsbach - Mackenheim - Götzenstein - Franzosenkreuz - B.

Weg und Zeit - 22 km - 5½ Stdn.
Charakteristik - Ein reizvoller Rundweg, überwiegend durch offene Landschaft, mit unglaublich schönen Ausblicken. Auch der Wanderer, der kleine Steigungen und Abstiege liebt, kommt auf seine Kosten - vor allem aber der Blumenliebhaber, der sich an der Pracht der Orchideen beim *Café Orchidee* erfreuen kann!
Wanderkarte - *TF 20 - 8 Bergstraße - Weschnitztal.*
Anfahrt - B 38 *Weinheim - Fürth.*
Parken - Ⓟ in der Nähe des *Gasthofs zum Engel* (Gäste-Ⓟ nur für Besucher).

● **Birkenau - Hornbach** - ¾ Std - Vom *Gasthof zum Engel* Fußweg re, *Weschnitzbrücke* überqueren, *Kirchgasse* li, *Zimmerstr* re, über
MA die Bahnlinie. Mit *[B7]* am *Friedhof* vorbei zur *Reitanlage.* Nach der *Reitanlage Ww [Hornbach]* folgen. Am Ortseingang der *Klin-*
MW *gerhof,* erbaut 1840. Auf *Ortsstr* re, mit *[Ho 1]* zum *Café Orchidee* zu einer erholsamen Pause.

● **Café Orchidee** - Kaffee, Tee-Spezialitäten, selbstgebackene Kuchen und Torten, Eis, Bier, offene Weine. Spezialität: »Kochkäs« und »Äppelwoi«. Gartenterrasse. Spielwiese und Spielgeräte für Kinder. Grillabende von Mai bis August. Orchideenzucht mit Besichtigung, Beratung und Verkauf.- *Ru = Mo, Di.*

● **Hornbach - Geisenbach - Vöckelsbach - Mackenheim** - 2 Stdn -
MW Vom *Café Orchidee* vor dem Bauernhof li und mit *[Ho V]* bis zum Höhenweg. Am Schnittpunkt *[Gelber Punkt]* li zur Kreuzung mit *[Gelber 3].* Nach re abw, *Lempelstieg.* Der weitere Weg verläuft über *Geisenbach.* Linkskehre, dann Rechtskehre zum Höhen-
MW weg. Re mit *[Blauem Strich],* an der Kreuzung li mit *[Gelber 2]*
MW durch *Vöckelsbach.* Am Schnittpunkt *[A 6]* mit dieser nach li durch den Wald aufw nach *Mackenheim* (s. auch S. 50) bis zur Gabelung vor dem *»Grünen Baum«.*

● **Mackenheim - Götzenstein - Franzosenkreuz - Birkenau** -
MW 2¾ Stdn - An der Gabelung halb re mit *[Gelbem V],* K 18 re aufw Ri *Abtsteinach,* dann re im Wald hoch (Felsregion) bis zum Schnittpunkt *[A 6].* Ger über freies Feld bis zum Schnittpunkt
MW *[Gelber Punkt].* Mit diesem re und mit herrlichen Ausblicken zum *KD Götzenstein,* einer sagenumwobenen keltischen Kultstätte. Gute Gelegenheit zu einer Rast! Weiter ger abw, unten an der Kreuzung li. Der Weg ist mit dem *[Gelben Punkt]* deutlich markiert. Am Waldrand schöne Aussicht! Str K 6 überqueren, aufw, um den *Kisselbusch* zum *Grenzweg.* Nach li abw bis zum
MW Schnittpunkt *[B 7],* damit li abbiegen. Knick re, der Weg verläuft durch den Wald und am Waldrand entlang, z. T. mit traumhaften Fernblicken in das *Kallstädter Tal* und nach *Birkenau.* Der näch-

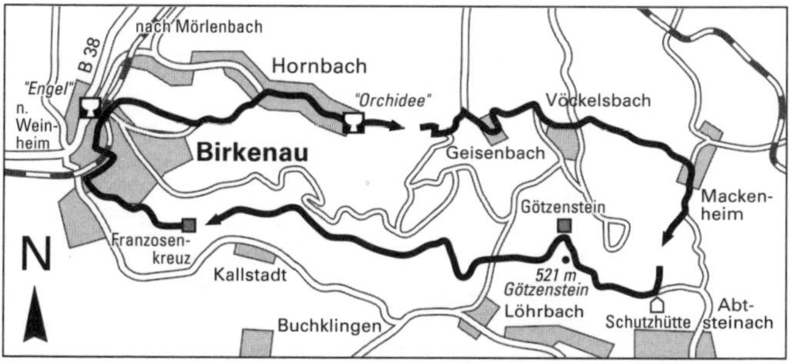

ste markante Punkt ist das *Franzosenkreuz*, die Grabstätte eines französischen Offiziers. Von hier aus mit *[B 7]* zurück nach *Birkenau*. Jetzt kann man sich schon auf den Ausklang im Gasthof freuen! Man steuert *[ohne Markierung]* den Eingang zum Schlosspark an und durchquert ihn zur Einkehr im *OM*

● **Gasthof zum Engel** - Zentrale und trotzdem ruhige Lage. Behagliche Komfortzimmer. In gemütlichen, rustikalen Gasträumen wird eine ideenreiche Küche geboten. Die Auswahl reicht von gutbürgerlichen bis zu gehobenen Gerichten, u. a. Fisch, Wild, Vollwertkost, Vesper. Auch auf der kleinen Karte finden sich interessante Gerichte! Untere und mittlere Preise. - *Ru=Do.*

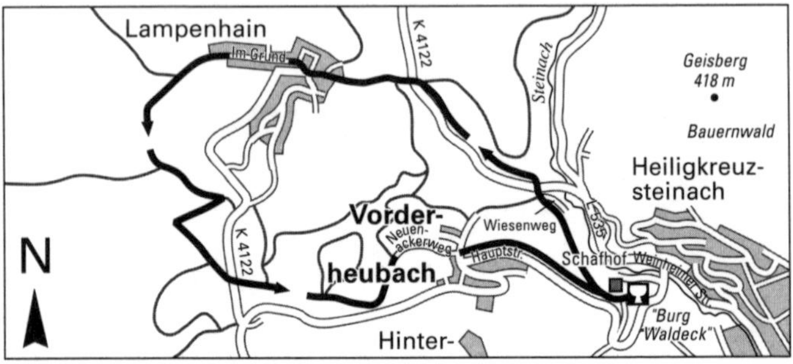

Heiligkreuzsteinach-Vorderheubach – Steinachtal – Lampenhain – Vorderheubach

Weg und Zeit - 8 km - 2 Stdn.
Charakteristik - Natur pur und herrliche, weite Blicke!
Anfahrt und Parken - L535 von *Heiligkreuzsteinach* Ri *Abtsteinach*, K4120 Ri *Vorderheubach*, *Heubacher Str.* Rechtskehre aufw, *OT Schafhof*, *Burgweg* re, *Ww.* - Großer P *Gasthof Burg Waldeck.*

MA ● **Der Rundweg** - *Burgweg* aufw, *[Gelber Doppelstrich]*, *Wiesenweg*
re abw, *Stein-Ww.* Im schönen Wiesental parallel zur *Steinach.* Hin-
ter der K4122 li durch den Wald. Später auf der K4122 nach **Lam-
penhain**. Str *Im Grund* re aufw. Nach dem Ort Linksbogen aufw.
MW Kreuzung mit *Stein-Ww.* Rundsicht! Li ab, *[Weißes Andreaskreuz]*.
Diesem folgen bis *ND Hirtenstein* (Sühnekreuz). Über die K4122,
OM *[ohne Markierung]* abw, Gabel ger (**!**). Linksbogen, oberer Weg (**!**).
MW Kreuzung li, *[H 5]*. **Vorderheubach**. *Neuenackerweg*, *Hauptstr*/K4120
li, vorbei am *Schafhof* und zur schönen Einkehr im

● **Landgasthof Burg Waldeck** (*Burgtafel*) - Exzellente Küche in einem gepflegten Haus, das Genuss und Erholung bietet. Ruhige Lage. Schöne Zimmer. Terrasse. Fisch, Wild, heimische Spezialitäten, Hausmannskost. Mittlere Preise. - *Ru = Do (ganz), Fr (bis 17 Uhr).*

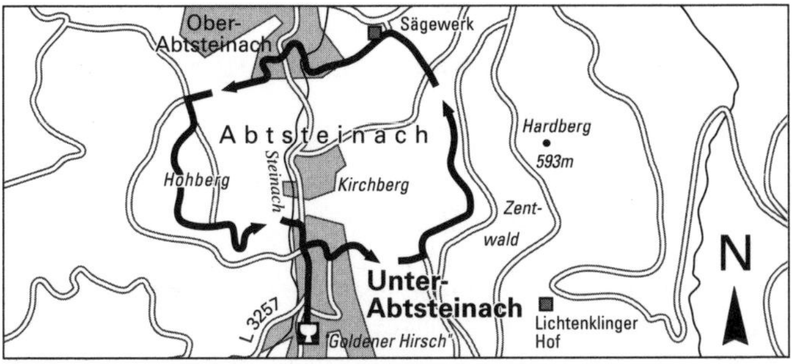

Abtsteinach - Rundweg Zentwald - Hohberg

Weg und Zeit - 7 km - 2 Stdn.
Charakteristik - Attraktiver Weg mit schönen Aussichtspunkten.
Anfahrt und Parken - L 535 von *Neckarsteinach.* - Von *Weinheim.* - Von *Wald-Michelbach.* - Großer P beim *»Goldenen Hirsch«.*

● **Der Rundweg** - Vom *»Goldenen Hirsch«* in **Unter-Abtsteinach** die
Hauptstr nördlicher Richtung, *Ringstr* re, *[A 8],* auch *[Weißes Qua-* *MA*
drat]. Gegenüber Haus Nr. 18 li und wieder li. Kräftig aufw, schöner
Ausblick! Waldeintritt. Li abbiegen mit *[A 8]* und auf schönem Weg
durch den prächtigen **Zentwald**. Danach abw Ri **Ober-Abtsteinach**.
Vor dem *Sägewerk* li, *[A 1]. Hardbergstr,* über die *Steinach, Steinach-* *MW*
str li, *Neckarstr* kreuzen und *Hohbergstr* aufw mit *[A 8],* auch *[A 7].* *MW*
Oben Kreuzung li, *[A 7]* folgen. Schöner Rundblick! Im Wald re,
Hangweg um den **Hohberg** (531 m). Danach Pfad abw, auch *[Weißes
Quadrat].* Fernblick. Wiesenweg, über die *Steinach, Unter-Abt-
steinach, Hauptstr* re, zurück zur wohligen Einkehr im

● **Gasthaus »Zum Goldenen Hirsch«** - Gemütliche Gasträume, Biergarten, Spielplatz. Große Auswahl von Feinschmeckergerichten bis zu einfachen Brotzeiten. Günstiges Tagesessen. Schöne Arrangements für Gruppen und Feste. Mittl. Preise. - *Ru = Mo.*

Wald-Michelbach - Zollstock - Frankel - Ober-Schönmattenwag - Straßburg - Wald-Michelbach

Weg und Zeit - 14 km - 3½ Stdn.
Charakteristik - Nachdem man rasch die Häuser hinter sich gelassen hat, wandert man durch den stillen Wald zur Acht-Wege-Spinne am *Zollstock.* Kurz danach bietet sich dem Auge das schönste Bild dieser Wanderung: der weite Blick ins *Ulfenbachtal.* Durch dieses Tal führt der Weg über *Straßburg* genüsslich zurück nach *Wald-Michelbach.*
Wanderkarte - *TF 20 - 9 Überwald.*
Anfahrt - B 38 *Weinheim - Mörlenbach - Kreidacher Höhe.* - L 3120 *Heppenheim - Juhöhe - Mörlenbach - Kreidacher Höhe.* - B 38 *Reichelsheim - Fürth - Rimbach* - L 3409 *Zotzenbach - Kreidacher Höhe.* - L 3120 - *Beerfelden - Affolterbach* - L 3105. - L 535 *Neckarsteinach - Abtsteinach - Kreidacher Höhe.* - L 3105 *Hirschhorn - Heddesbach.*
Parken - *Naturpark-*Ⓟ *Waldschwimmbad.*

● **Wald-Michelbach** - *Staatlich anerkannter Erholungsort* mit 9 verschiedenen Ortsteilen in einer sympathischen, abwechslungsreichen Mittelgebirgslandschaft. Die Region wird mit *Überwald* bezeichnet und liegt auf der Grenze zwischen dem *Vorderen* und *Hinteren Odenwald.* Sie zählt zu den schönsten Wandergebieten des Landes. - 1238 erstmals urkundlich erwähnt. - *Ev. Kirche,* ehemalige Wehrkirche, Turm 12./16./19. Jh., Langhaus 1752. - *Kath. Kirche* (1739), Turm 19. Jh. - Altes *Fachwerkrathaus* von 1594, Stätte des *Zentgerichts,* heute *Heimatmuseum.* - Geburtsort des Arztes und Heimatdichters *Dr. Adam Karrillon* (1853-1938). - Tradiion hat das *Überwälder Heimatfest,* das am 1. Wochenende im Juli groß gefeiert wird. - Sehenswert ist auch der Stollen der *Grube Ludwig.* - Ein vorbildlich markiertes Wanderwegenetz erschließt die Region *Überwald.* Beim *Verkehrsamt* ist die neue, sehr übersichtliche *Wanderkarte 1:20 000* erhältlich.

MA ● **Der Rundweg** - Vom *Naturpark-*Ⓟ *Waldschwimmbad* mit *[Gelber 5]* Ri *Wald-Michelbach* zur Str *Spechtbach* (hierher auch mit
MW *[W 1]* vom kleinen Ⓟ *Wetzkeil*), dann scharf re und mit *[W 1]* auf
MW der Straße zum *Röth-Stein* (Gedenkstein). Dort mit *[Umgekehrtem blauen Dreieck]* re, im Wald aufw, dann eben am Hang des *Kottenbergs* entlang zum **Zollstock**. Schutzhütte, Wegspinne. Dort li, immer noch mit *[Umgekehrten blauen Dreieck]* bis zur
MW Siedlung **Frankel**. Ab hier mit *[Sw 7]* zur L 3105. Auf dieser li, vorbei am Ⓟ **Ober-Schönmattenwag** (im Dialekt *»Schimmeldewog«,*
MW auch *»Schimmeldewuppdich«*). Mit *[Sw 1]* li, an der Gabelung re
MW (altes Backhaus), danach bei Gabelung mit *[Sw 2]* li zum Kreu-

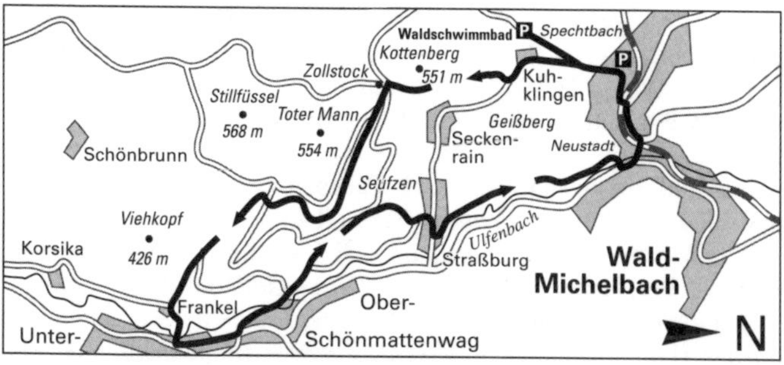

zungspunkt *[Sw 2]/[W 2]*. Dort re weiter mit *[W 2]* durch das alte Bergbaugebiet *Seufzen* (Manganerzabbau) nach **Straßburg**. Beim *Gasthof »Schöne Aussicht«* li und mit *[W 2]* das *Ulfenbachtal* aufw und zurück nach **Wald-Michelbach**. *Neckarstr* ortseinwärts. *Pfalzgasse* li, über den *Ulfenbach*, *Neckarstr* li, nach Hs. Nr. 142 li über die Bahngleise. Str *Wetzkeil [ohne Markierung]* aufw zu Straßendreieck. (Hier re der P *Wetzkeil*). Mit *[W 1], [W 2]* li, später mit *[Gelber 5]* ger und zurück zum *Naturpark*-P. *MW*

● **Weitere Wanderwege – Rundwanderwege**, alle mit Start und Ziel beim *Neuen Rathaus*. – **W 1** – 7½ km – Rund um den *Kottenberg*. – **W 2** – 14 km – *Zollstock – Wald-Michelbacher Buch – Straßburg*. – **W 3** – 6½ km – *Steinkreuznest* (5 Steinkreuze) – *Kreidacher Höhe* –

Ritterstein - Gadern. - **W 4** - 7 km - *Gadern - Tromm-Höhenweg - Gaderner Bild - Am Bildstock.* - **W 5** - 11½ km - Panoramaweg zur *Tromm.* - **W 8** - 14,6 km - Forsthaus *Dürr-Ellenbach - »Kölsch Ruhe«.* - **W 9** - 11 km - *»Kölsch Ruhe«* - rund um den *Lannertskopf-Ulfenbachtal.*

Rundwanderwege von Naturpark-Parkplätzen - Ⓟ **Waldschwimmbad - R 3** - 4,6 km - *Kottenberg-Weg.* - **R 4** - 6½ km - *Boschwaldweg* - Wanderung ins *Krötenbachtal.* - **R 5** - 3,1 km - *Galgenhöhenweg.* - Ⓟ **Kreidacher Höhe - R 3** - 7,2 km - *Gaderner Weg* - Höhenweg nach *Gadern* und über *Wald-Michelbach.* - **R 4** - 6 km - *Kreidacher Weg - Kreidach - Mörlenbachtal - Galgenberg.* - Ⓟ **Am Bannholz**, *Gadern.* - **R 1** - 2½ km - *Strieth-Weg.* - **R 2** - 2,3 km - *Katzensteg-Weg.* - **R 3** - 6 km - *Tromm-Weg.*

Wald-Michelbach/Aschbach - Forsthaus und Tal Dürr-Ellenbach - Altenberg - Aschbach

Weg und Zeit - 13½ km - 3½ Stdn.

Charakteristik - Von *Aschbach* hinüber in eines der idyllischsten Bachtäler des *Odenwaldes* und über den *Altenberg* mit seiner herrlichen Aussicht zurück - eine erholsame Wanderung durch ein wunderschönes Stück Natur. - **Karte**, s. S. 46.

Anfahrt - Wie S. 46 nach *Wald-Michelbach.* Dort L 3105 Ri *Affolterbach*, in *Aschbach* gleich halb re aufw, *Ww [Vetters Hof].*

● **Aschbach** - Ortsteil der Großgemeinde *Wald-Michelbach*, einem *staatlich anerkannten Erholungsort* im *Überwald.* Erste urkundliche Erwähnung als *»Aspach«* im Jahre 1369. *Aschbach* ist Ausgangspunkt zahlreicher attraktiver Wanderwege.

OM ● **Der Rundweg** - Ab *»Vetters Hof« Waldstr [ohne Markierung].*
MA Bei Kreuzung mit *[Gelbem Punkt]* li aufw. Am Waldrand mit dem *[Gelben Punkt]* weiter aufw auf die Höhe und gemächlich abw nach **Dürr-Ellenbach**. *Hessische Revierförsterei*, früher *»Kurfürstengut«* mit 5 Häusern und 52 Einwohnern, die jedoch alle nach Amerika auswanderten. Am 1. April 1939 wurde *Dürr-Ellenbach* zu *Aschbach* eingegliedert und war die kleinste Gemeinde *Deutschlands*; sie bestand aus dem Förster, seinem Sohn und einer Haushälterin. Nun mit *[Gelbem Punkt]* re, Rechtskehre. An der Wegkreuzung mit *[Gelbem Punkt]* und mit LM *[Ab 4]* talabw. Das **Dürr-Ellenbach-Tal** gilt als eines der schönsten und romantischsten Täler des *Odenwaldes*. Am Waldrand re (*1. Waldlehrpfad Deutschlands*, angelegt 1958 von Lehrer *Rupprecht Bayer*, auch
MW »Vater des Waldlehrpfades« genannt). Mit *[Ab 4]* die Talseite wechseln. Nach ca. 800 m re, breiter Forstweg aufw, Rechtskehre,

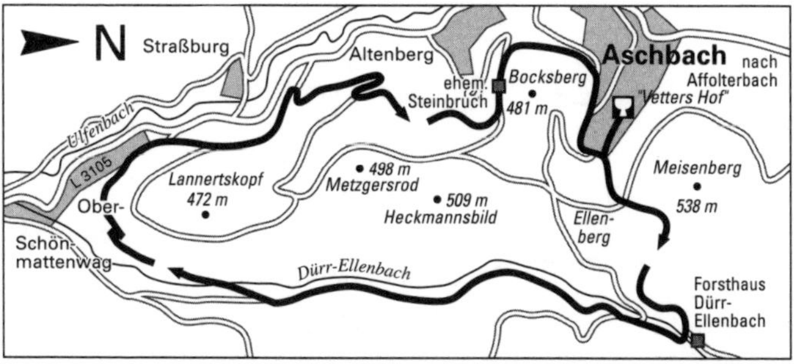

mit *[Ab 4]* li. Am Waldrand grandiose Aussicht! Weiter mit *[Ab 4]* zum **Altenberg** mit schöner Aussicht auf *Wald-Michelbach.* Rechtskehre, Linkskehre, Waldweg halb re. Später li ab, vorbei an ehemaligem *Steinbruch* (inzwischen zugeschüttet). Danach re und mit *[Ab 4]* weiter. Bei der Kreuzung mit *[Gelbem Punkt]* *MW*
Forststr aufw. Erster Abzweig li bis zur *Dorfstr.* Dieser abw zur willkommenen Einkehr im

● **Restaurant Vetters Hof** – Die zum hellen Speiseraum im gediegenen Landhausstil ausgebaute ehemalige Terrasse bietet eine schöne Aussicht. Die reichhaltige Karte wird auch gehobenen Ansprüche gerecht: vom einfachen Menü bis zum Sieben-Gänge-Feinschmecker-Menü. Spezialitäten sind feine Geflügel- und Fischgerichte. Außerdem gibt es Aktionswochen mit Fisch, Hummer und Wild. Das Wild ist frisch aus den Wäldern der nahen Umgebung. Weinkarte mit gepflegten Tropfen verschiedener Herkunft. Auch die gemütliche Zirbelstube bietet dem Wanderer mit kleinen Gerichten einen erholsamen Aufenthalt. Mittleres bis leicht gehobenes Preisniveau. – *ÖZ: 11.30 – 14.00 und 17.30-21.30. Ru = Mo.*

● **Weitere Wanderwege** – Rundwege vom *Naturpark-P Lochbrunnen* in der *Hammerstr* mit der Markierung *[Ab].* – **Ab 1** = 5,5 km. – **Ab 2** = 4 km. – **Ab 3** = 5,3 km. – **Ab 4** = 13,3 km. – **Ab 5** = 10 km.

● **Weitere Wanderziele** – *Taubenberg, Fichtelberg, Raubach, Olfener Steinbruch, Affolterbach* u. v. a.

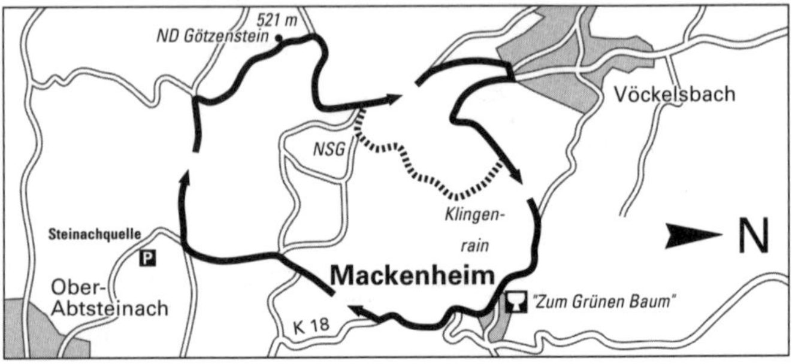

Mackenheim/Abtsteinach - Rundweg Götzenstein

Weg und Zeit - 6½ km - 2 Stdn - Höhendifferenz ca. 150 m.
Charakteristik - Sehr attraktiv, nicht nur historisch gesehen!
Anfahrt und Parken - An der K 18 von *Ober-Abtsteinach* bzw. von der L 3120 zwischen *Weiher* und *Kreidach*. - P *» Grüner Baum«.*

● **Der Rundweg** - Vom »*Grünen Baum*« 150 m aufw, befestigter Weg
MA scharf (!) li, *[AV]*. Schöne Aussicht! K 18 aufw, Wegabzweig re, durch romantische Felsregion steil aufw. Oben prächtige Granitfel-
MW sen! Weg nach li, Querweg li aufw, *[A 6]*. Waldaustritt. Querweg re, auch *[Blauer Strich]* u. *[Gelber Punkt]*. Nach 100 m re auf Panoramaweg, Blick bis zur *Rheinebene*. An Waldecke re zum **ND Götzenstein** (522 m). Ehem. kelt. Kult- u. Thingstätte mit mächtigen Granitblöcken, ein sagenumrankter Ort. Abw, *[Blauer Strich]*, Querweg re,
MW *[Gelbe 4]* unten li. Jetzt bis zum Ziel wieder *[A 6]*. Vor *Vöckelsbach* am Bolzplatz re, im Wald aufw zur Höhe und Panoramaweg zum

● **Gasthof Zum Grünen Baum** - Ein Haus zum Wohlfühlen, auch für Kinder. Behagliche Zimmer und Ferienwohnungen. Stilvolle Gasträume. Terrasse. Kulinarische Raffinessen, regionale Köstlichkeiten. Kinderteller. Produkte aus eigener Haltung u. Schlachtung. Mittlere Preise. - *Ru = Mo, Di.*

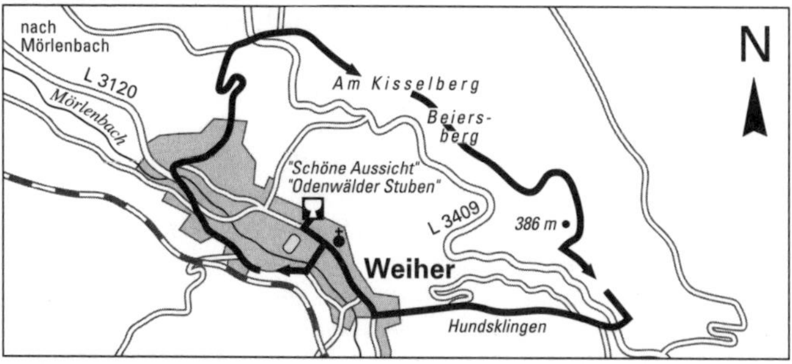

Weiher/Mörlenbach - Rund um Weiher

Weg und Zeit - 8 km - 2½ Stdn - Höhendifferenz ca. 200 m.
Charakteristik - Tolle Ausblicke zur *Bergstraße* u. ins *Weschnitztal.*
Anfahrt und Parken - An der L 3120 von *Mörlenbach* bzw. *Wald-Michelbach.* - P *»Schöne Aussicht«/«Odenwälder Stuben«.*

● **Der Rundweg** - Von der *»Schönen Aussicht« Hauptstr* südöstlich, bei der *Kirche Herz Jesu* re, schöne *Brunnenanlage*, großer P. *Mörlenbachbrücke*, Treppe, *Bahnhofstr* re. Ab hier ständig LM *[We 3]* *MA* folgen. Str aufw, später auch *[Blauer Strich].* Tolle Aussicht! Abw, unten Linksbogen, re über *Hauptstr* und *Mörlenbach.* Str *Am hohen Rain* aufw, Landwirtschaftsweg ger **(!)**, S-Bogen aufw. L 3409 120 m re, Abzweig li, *Am Kisselberg* aufw. Wunderschöner Panoramaweg mit herrlichen Ausblicken. Nach einer Ruhebank re aufw, Waldecke abschneiden, Waldrand. Vor *Steinsäule* re abw, über die L 3409, steil abw, *Hundsklingen, Weiher. Hauptstr* re zum

● **Gasthaus Zur schönen Aussicht - Odenwälder Stuben** - Traditionsreiches Haus seit 1825. Gepflegte Gastlichkeit in urgemütlichen Stuben. Gartenterrasse. Feine gehobene, regionale und internationale Küche. Exzellente Salatvariationen. Mittlere Preise. Geschenkeladen mit Töpfereiwaren und Kunstgewerbe. - *Ru = Mo.*

Erholungsort Mörlenbach – Wanderwege

Anfahrt – A 5, AK *Weinheim* – B 38 – *Saukopftunnel* (Länge: über 2,7 km, längster Tunnel nördlich der *Alpen*). – A 5, AS *Heppenheim* – L 3120 über *Juhöhe.* – Beide Straßen zweigen auch von der B 3 *Darmstadt – Heidelberg* ab. – *Bahntriebwagen* von *Weinheim.*
Parken – Am *Weschnitztal-Stadion.* – Gäste-🅿 *Zur Krone.*

● **Mörlenbach** – *Staatlich anerkannter Erholungsort* im reizvollen *Weschnitztal* mit den Ortsteilen *Bensweiher/Juhöhe* (S. 35-37), *Ober-Liebersbach* (S. 36), *Ober-Mumbach* (s. u.), *Vöckelsbach* (S. 50) und *Weiher* (S. 51). Erste urkundliche Erwähnung bereits 795. Heute bietet sich dem Besucher eine sympathische Ortschaft mit einem attraktiven Zentrum, dem **Rathausplatz** – eine gelungene Symbiose aus Alt und Neu! In der Mitte ein *Brunnen*, flankiert vom *Alten Rathaus* (Fachwerkbau von 1554), dem *Neuen Rathaus* von 1978, einem Stück *Stadtmauer* von 1450, der *Kath. Pfarrkirche St. Bartholomäus* (12./13./19. Jh.) sowie Bank- und Geschäftshäusern mit Arkadengängen und Erkern. Kultureller Mittelpunkt ist das *Bürgerhaus* von 1994. Besonders berühmt unter den Festen sind der *Krämermarkt* auf dem *Rathausplatz* und das *Kräuterfest* rund um das *Bürgerhaus.* – Viele attraktive Wege bieten abwechslungsreiche Wanderungen.

● **Wanderwege** – *[M 1]*, *[M 2]*, *[M 3]*, Start und Ziel beim *Weschnitztal-Stadion.* – *[M 1]* über *Bettenbach*, 6,2 km. – *[M 2]* über *Groß-Breitenbach*, 6,7 km. – **Karte** – *TF 20 – 8 Bergstraße – Weschnitztal.*

MA ● **Rundweg M 3** – 11½ km – 3½ Stdn – Vom 🅿 mit *[M 3]* über die *Weschnitz* und die Bahnlinie. Über den *Rathausplatz*, *Kirchgasse*, *Bonsweiherer Str*, *Weinheimer Str* re über den *Mörlenbach* – re das *Gasthaus »Zur Krone«*. *Panoramastr* li, *Reisener Weg.* Hinter dem Bahn-übergang Fuß- und Radweg li durch die hübsche Bachlandschaft der *Weschnitz.* Später Blick auf *Schloss Wachenheim*! In **Reisen** über den Bahnübergang, *Schimbacherstr* mit *[M 3]*. K 209 durch eine schöne Wiesenlandschaft nach **Schimbach**. Bei der letzten Häusergruppe halb li und aufw. Schöner Ausblick! Am Waldrand re, am nächsten Waldrand li, im Wald abw. Unten am Waldrand mit herr-

oben: *Marktplatz in Bensheim a. d. Bergstraße*
unten: *Birkenau*

oben: *Niedernhausen mit Schloss Lichtenberg*

unten: *Blick von der Burg auf Lindenfels*

oben: *Burgruine Rodenstein bei Fränkisch-Crumbach*
unten: *Reichelsheim*

Schloss Erbach mit Bergfried und Turmhelm

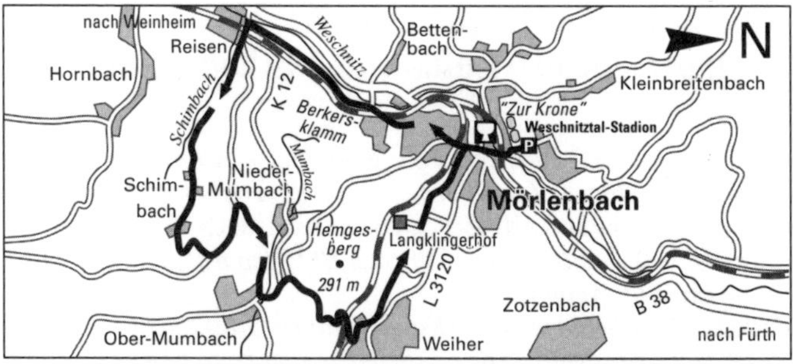

licher Aussicht re und hinüber nach **Ober-Mumbach**. *Bangertsbuckel* abw, *Mumbacher Talstr* li, *Mörlenbacher Str* re, *Im Hirtengraben* re, am Ortsende aufw. Über den Sattel und abw nach **Weiher**. *Bahnhofstr* li abw, unten li bis Ortsende. Ger, vorbei an *Staudamm-Anlage des Mörlenbachs*, im Ort *Wehrstr* am Bach entlang zur Brücke. Nun wie auf dem Hinweg zurück oder zur Einkehr in das

● **Gasthaus zur Krone** – Traditionsreiches Haus (1840), seit Generationen in Familienbesitz. Stilvolles Interieur mit Holzarbeiten. Gartenterrasse. Kreative Küche mit Wild aus der Region, Fisch, Geflügel (auch Wildgeflügel), Lamm. Feine Pasteten, auch zum Mitnehmen. Mittlere Preise. – *ÖZ: 11.30-14 Uhr, ab 17.30. Ru = Di ganztags, Mi bis 17.30.*

Nibelungendorf Grasellenbach
Kneipp-Heilbad - Luftkurort - Erholungsort

Anfahrt - A 5, AS *Heppenheim* - B 460 bis *Weschnitz* (dort re ab nach *Hammelbach, Litzelbach, Scharbach-Tromm* oder *Wahlen*) oder weiter bis zur *»Wegscheide«* (dort re nach *Gras-Ellenbach* und *Wahlen*). - *Bus:* Linie 5570 vom *Bhf. Heppenheim* oder Linie 5580 vom *Bhf. Weinheim.*
Parken - P *Nibelungenhalle/Kurverwaltung Gras-Ellenbach.* - Gäste-P *Hotel Marienhof, Gras-Ellenbach*, s. auch S. 60-66.

● **Gras-Ellenbach** (450-550 m) - *Staatlich anerkanntes Kneipp-Heilbad im grünen Herzen des Odenwaldes.* Der Ort liegt klimatisch begünstigt inmitten von Wiesen und Wäldern und bietet zu jeder Jahreszeit eindrucksvolle Naturerlebnisse in einer noch ursprünglichen Landschaft. Ein 120 km langes, gut markiertes Wegenetz, von dem auch im Winter über 20 km geräumt sind, führt zu schönen Wanderzielen und lohnenden Sehenswürdigkeiten. Die hübschen Täler und die Höhen mit herrlichen Ausblicken sowie der Wechsel zwischen Wald und freier Landschaft ergeben ein geradezu klassisches Tourengebiet (s. auch S. 60, 61). - *Wandertage.* - *Wandernadel.*
Gras-Ellenbach ist durch den sagenumwobenen *Siegfriedbrunnen*, an dem *Hagen Siegfried* getötet haben soll, weithin bekannt. - Erste urkundliche Erwähnung 1423.
Zur unterschiedlichen Schreibweise des Namens: *Gras-Ellenbach* ist der Ortsteil, *Grasellenbach* die Großgemeinde.

● **Ferienhotel Marienhof** - Sehr gepflegtes Haus für Urlaub und Fitness in ruhiger Lage am Waldrand. Behagliche Komfortzimmer und Appartements mit Balkon. Geschmackvoll eingerichtete Gasträume. Rustikales Hallenbad. Verschiedene Fitness-Einrichtungen. Liegegarten. Wohltuende Atmosphäre. Exzellente Küche. Auch Fisch, Wild, Vollwertkost, Vesper. Galamenü-Abende. Frühstücksbüffet. Mittleres Preisniveau. - *Kein Ru.*

● **Rundwanderweg um den Kirchberg** - 5,9 km - 1¾ Stdn - *Markierung [G 6].* Der Hausweg für den *Marienhof.* Er führt u. a. am *Hirtenhäuschen* (1770) vorbei, dem ältesten und kleinsten Haus des Ortes. Heute *Heimatmuseum.*

● **Hammelbach** (440 m) - *Staatlich anerkannter Luftkurort.* Historischer Zentort (1200 Jahre) und größter Ortsteil von *Grasellenbach* auf der geologischen Grenze zwischen dem *Granit-Odenwald* und dem *Buntsandstein-Odenwald.* Vielgestaltiges Landschaftspanorama mit romantischen Tälern und Höhen mit herrlichen Ausblicken. Wasserscheide zwischen *Rhein, Main* und *Neckar.* Mildes Reizklima, reine Luft, fast nebelfreie Lage. Herrliches Urlaubs- und Wandergebiet zusammen mit dem kleinen *Erholungsort Litzelbach.* - Gotische *Kapellenruine* (13. Jh.) auf dem *Friedhof.*

● **Wanderwege Hammelbach** - Siehe Seiten 70-75.

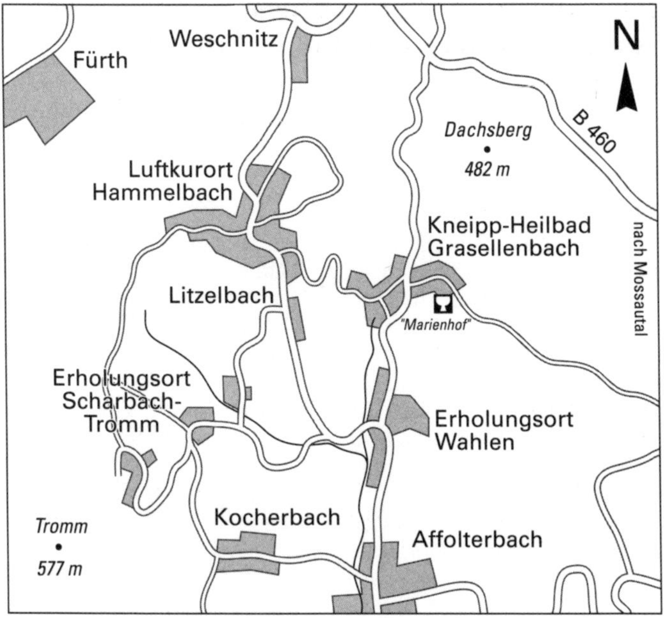
Weschnitz
Fürth
N
B 460
Dachsberg
482 m
Luftkurort
Hammelbach
Kneipp-Heilbad
Grasellenbach
nach Mossautal
Litzelbach
"Marienhof"
Erholungsort
Scharbach-
Tromm
Erholungsort
Wahlen
Tromm
577 m
Kocherbach
Affolterbach

Gras-Ellenbach - Eichert-Hütte - Walburgis-Kapelle - vor Hammelbach - Gras-Ellenbach

Weg und Zeit - 12 km - 3 Stdn.
Charakteristik - Abwechslungsreicher, bequemer Rundweg, ohne stärkere Steigungen. Schöne Waldwege zum genüsslichen Wandern. Prächtiger Ausblick von der *Walburgis-Kapelle.*
Wanderkarte - *TF 20 - 9 Der Überwald.*
Anfahrt - Wie S. 58. Im Ort *Hammelbacher Str* Ri Wald.
Parken - Gäste-Ⓟ *Hotel Gassbachtal* und *Hotel Waldeck.*

● **Gras-Ellenbach - Eichert-Hütte - Krumme Tanne - Walburgis-Kapelle** - 1½ Stdn - Vom *Hotel Waldeck* bzw. *Hotel Gassbachtal Ham-*
MA *bacher Str* ortseinwärts. *Siegfriedstraße* li, *[Rotes Kreuz], Amselweg* li
OM mit *LM [G 5]*, am *Friedhof* re, Waldrandweg, *[ohne Markierung]*, bei
der Kreuzung li, leicht ansteigend, breiter Forstweg re zum Kreuzungspunkt *Eicherthütte* und weiter zum *ND Krumme Tanne. - Infotafel: Kiefer Überhälter aus einem vor dem Jahr 1700 gegründeten Be-*
MW *stand.* - Den bisherigen Weg weiter, jedoch mit *[H 9]*. Nach Linksbogen breite Schneise re aufw. An Forstschranke ger **(!)**, Querweg
MW li, *[H 6], Ww [Kapelle],* bei mächtiger *alter Buche* li. An der Wegespinne *Kahlbergstein (476 m)* halb li (!). Mit *[H 6]* und *[F 3]* auf bisherigem Weg weiter. Nach 300 m *AP Walburgis-Kapelle*, s. S. 73.

● **Walburgis-Kapelle - Metzendorf-Hütte - vor Hammelbach - Gaßbachtal - Gras-Ellenbach** - 1½ Stdn - Das letzte Wegstück zurück zur *Metzendorf-Hütte*, benannt nach einem Heimatforscher und Betreuer der Kapelle. 100 m vor dem *Kahlbergstein* Abzweig re, *[H 6]* und *Ww [Hammelbach]*. Querweg li abw, *Ww [Hammelbach]*. Waldweg, *[H 6],* bis vor *Hammelbach*. Forststraße
MW scharf **(!)** li. Ab hier *LM [G 1]*. An der Kreuzung ger **(!)**, nur noch *[G 1]*. Waldaustritt hoch über dem *Gaßbachtal*! Waldeintritt,
MW *[G 1]*, längsseits des Hangs, am Waldrand li, *LM [Wa 1]* und *[G 4]*. Erster Abzweig re durch das schöne *Gaßbachtal [Wa 1, G 4],* bzw. *Waldlehrpfad*. Bei Tafel *[Wald und Lebewesen]* entweder auf dem Weg bleiben und ger abw durch den Wald weiter, oder halb li zum
MW Wiesenrand, dort re vorbei an der *Kneipp-Anlage, LM [H 7],* später an einem *Schwanenteich* entlang nach *Gras-Ellenbach.*

● **Hotel-Café Waldeck** - Sehr ruhige Lage am Waldrand. Eingang zum *Gaßbachtal*. Behagliche Komfortzimmer. Stilvolle, gemütliche Gasträume. Prächtiger Café-Garten. Familiäre Atmosphäre. Gelobte regionale Küche. Kleine Nachmittagskarte. Hefekuchen nach altem Hausrezept. Frühstücksbüffet. Pensionsessen. Untere und mittlere Preise. - *Ru = Di.*

● **Hotel Gassbachtal - Nibelungen-Café** - Sehr ruhige Lage am schönen *Naturpark Gaßbachtal*. Großzügige Komfortzimmer. Ter-

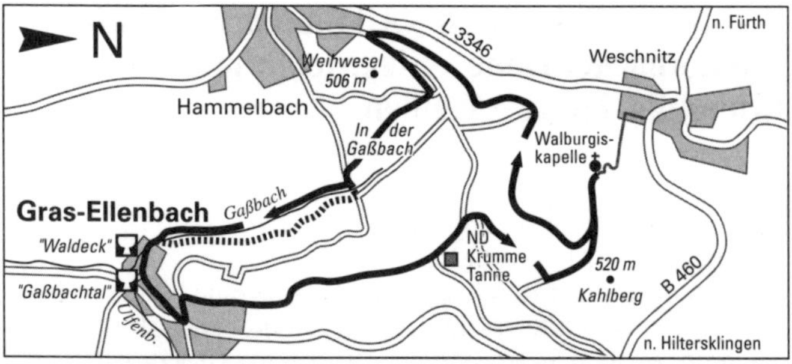

rasse. Stilvoll-elegantes Nibelungen-Café. Eigene Konditorei-Confiserie mit Köstlichkeiten aus Meisterhand. Viele leckere Torten. Auch Diabetiker-Kuchen. 5 eigene Brotsorten. Topfen- u. Apfelstrudel. Angenehme Atmosphäre. Mittlere Preise. - *Ru = Mo.*

● **Weitere Wanderwege** - Drei Hauswege für obige Hotels: *[G 3]* - 4,7 km - Abwechslungsreiche Waldwanderwege in südlicher Richtung über den *Hammelberg* (491 m). - *[G 4]* - 5½ km - Zum *Sportplatz* von *Hammelbach* und durch das *Gaßbachtal* zurück. - *[G 5]* - 5,2 km - Durch das *Gaßbachtal* und über die *Hardt* zurück.

Wahlen - Affolterbach - Affolterbacher Hütte - Affolterbacher Höhe - Siegfriedbrunnen - Kriemhild-Hütte - Wahlen

Weg und Zeit - 12 km - 4 Stdn.

Charakteristik - Der Rundweg bietet anfangs eine Fülle von Fernsichten und eine interessante Aufstiegsroute. Danach dominiert der Wald. Ab dem *Siegfriedbrunnen* wechseln sich genüssliche und steile Partien ab. - **Wanderkarte** - *TF 20 - 9 Der Überwald.*

Anfahrt - Von *Gras-Ellenbach, Wald-Michelbach, Beerfelden.* - *Bahn:* Verbindung von *Wald-Michelbach.*

Parken - Gäste-P bei den Hotels. - Sonst großer P in der Nähe.

● **Wahlen** - *Staatlich anerkannter Erholungsort* inmitten einer Landschaft von wohltuender Ruhe und einmaligem Reiz.

● **Wahlen - Affolterbach - Affolterbacher Hütte** - 1¾ Stdn - Vom P
MA die *Nibelungenstr* Ri Ampel, re abbiegen Ri Tankstelle. *LM [Wa 3]* folgen, Str gemächlich aufw, ab *Naturpark-P Spessartskopf* auch mit *[Gelber 5].* An der Gabelung am Waldrand re, vorbei an *Freizeitanlage* mit schönem Blick auf *Wahlen.* Bis zum Ortsrand von *Affolterbach* Waldrandweg mit schönem Blick in das *Ulfenbachtal.*
OM Am *Seniorenheim Affolterbach* (!) *[ohne Markierung]* ger, danach
MW mit *[Af 1]* abw. *Beerfelder Str* re, an der nächsten Kreuzung *Am Hof-*
MW *acker* li mit *[Af 2].* L 3120 überqueren Ri *Holzschnitzerei Ader.* Am
MW Schnittpunkt mit *[Weißem Dreieck]* li abbiegen und diesem folgen. Waldweg erst eben, dann leicht ansteigend. Auf der Höhe 100 m re die *Affolterbacher Hütte* (geräumige Schutzhütte mit zahlreichen Sitzgruppen).

● **Affolterbacher Hütte - Affolterbacher Höhe - Siegfriedbrunnen** -
MW 1½ Stdn - An der Kreuzung li und *[Rotem Kreuz]* folgen auf altem Grenzweg mit historischen Grenzsteinen (*Erbacher 3-Sterne-Wappen, Pfälzer Rauten, Mainzer Rad.* Der Schriftzug »Abgelöst 1650« erinnert an die Verpfändung der *Mark Heppenheim* an die *Pfalz* und deren Wiedereinlösung 1650). 7-Wege-Kreuzung mit »Verbotsstein« (historisches Verkehrszeichen). In der Waldlichtung prächtiger Fernblick! Mit *[Rotem Kreuz]* auf abwechslungsreichen Waldwegen zum *Siegfriedbrunnen.* Der Sage nach wurde *Siegfried* hier aus der Quelle trinkend von *Hagen von Tronje* ermordet. Gotisches Steinkreuz von 1851.

● **Siegfriedbrunnen - Kriemhild-Hütte - Helm-Hütte - Wahlen** - ½ Std - Vom *Siegfriedbrunnen* zurück zum Hauptweg. Li abbiegen
MW und ger bis zur *Kriemhild-Hütte.* Ab hier li mit *[Gelber 6]*, vorbei an der *Adam-Helm-Ruh (Schutzhütte).* Abwechslungsreicher Waldweg abw zum *Naturpark-P Spessartskopf* am Ortsrand von *Wahlen.* Str re und wie auf dem Hinweg abw zur wohlverdienten Einkehr im *Café Sattler* oder im *Gasthof »Weißes Roß«.*

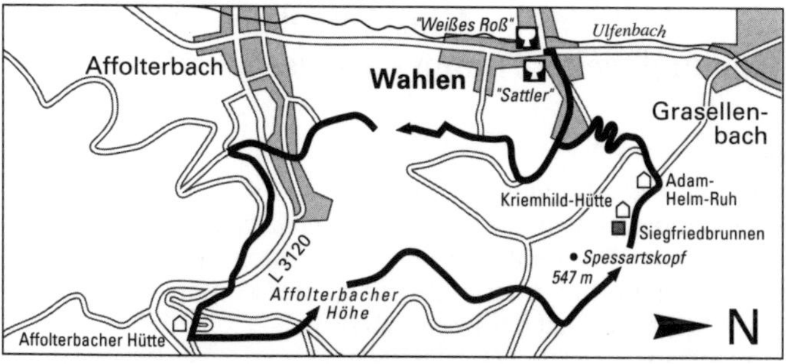

● **Café Sattler - Bäckerei - Pension** - Günstige Lage. Eigene Parkanlage. Gästehaus »Waldblick«. Behagliche, familiäre Atmosphäre. Modernes Tagescafé mit zwei Räumen. Bewirtschaftete Freiterrasse. Kuchen und Eisspezialitäten, von Meisterhand hergestellt. - *Ru = Mo (Nachmittag).*

● **Gasthof-Pension »Weißes Roß«** - Ruhig gelegenes, schönes Fachwerkhaus. Komfortzimmer. Angenehme Atmosphäre in gemütlich-rustikalen Gasträumen. Regionale und gehobene Küche nach Saison und Marktangebot, u. a. Fisch, Wild, Vollwertkost, Vesper, Odenwälder Spezialitäten. Untere und mittlere Preise. - *Ru = Mo.*

Unter-Scharbach - Gras-Ellenbach - Hammelbach - Tromm - Unter-Scharbach

Weg und Zeit - 14 km - 3¾ Stdn.
Charakteristik - Vom romantischen *Gaßbachtal* durch das malerische *Hammelbach* auf den lang gestreckten Höhenrücken der *Tromm* - die Wanderung erschließt in ihrer Kombination die vielgestaltige Schönheit des *Odenwaldes.*
Wanderkarte - *TF 20 - 9 Der Überwald.*
Anfahrt - A 5, AS *Heppenheim*, dann B 460 über *Fürth* bis *Weschnitz*, dort über *Hammelbach* Ri *Wahlen.* Vor *Wahlen* Ri *Scharbach.*
Parken - Gäste-P beim *Hotel Kühler Grund.*

● **Unter-Scharbach - Gras-Ellenbach - Hammelbach - Tromm -**
MA 3¼ Stdn - Vom *Hotel Kühler Grund* geht es mit *LM [Wa 2]* und *[Wa*
3] auf der K 27 in Ri *Wahlen.* Li in die Str *Am Schmelzenrain* ein-
MW biegen, jetzt mit dem Zeichen *[Blaues Dreieck].* Dem Weg am
Waldrand bis *Gras-Ellenbach* folgen und dort li mit dem *[Blauen*
Dreieck] in die *Hammelbacher Str* einbiegen. An der folgenden
MW Weggabelung li, jetzt mit der *LM [G 4].* Am Waldrand *[G 4]* durch
das malerische *Gaßbachtal* nach re folgen. Nach Verlassen des
MW Waldes an der Gabelung erst re und dann li dem *[Blauen Dreieck]*
MW folgen. Am Waldrand an der *Peter-Rensch-Ruhe* mit *LM [H 7]*
nach li Ri *Hammelbach.* Der Überlieferung nach wurde der Wil-
derer *Peter Rensch* von einem Förster an dieser Stelle beim Wil-
dern ertappt. Das malerische *Hammelbach* besticht durch seine
Lage zwischen Hügeln. Auf der *Weschnitzer Str* ger in den Ort,
MW hinter dem *Rathaus* dann mit *LM [H 4]* re abbiegen. Vorbei an go-
tischer *Kapellenruine* aus dem 14. Jh. auf dem *Hammelbacher*
Friedhof. Darunter ehem. Zentgefängnis. Am Ortsende den
OM Fahrweg verlassen und *[ohne Markierung]* li aufw Ri *Langklinger-*
hof. Auf dem Bergrücken *LM [H 4]* nach re Ri *Schardhof* folgen.
Auf der Fahrstr nach li auf dem *Trommer Höhenweg* bis *Schardhof*,
MW ab *Schardhof* dem *[Roten Viereck]* folgen. Vorbei am *Naturfreun-*
dehaus und am *ND Lindenstein* geht es zum

● **Gasthaus-Café-Pension »Zur Schönen Aussicht«** - Das traditionsreiche Haus in ruhiger Aussichtslage, bekannt durch den früheren Oberamtsrichter *Rudi Wünzer* aus *Wald-Michelbach*, auch *»Trommvater«* genannt, besticht durch seine modernen Komfortzimmer, die behaglichen, rustikalen Gasträume und die schöne Gartenterrasse. Für Kinder gibt es einen Spielplatz. Die gutbürgerliche bis gehobene Küche bietet Odenwälder Spezialitäten sowie Fisch und Wild. Kinder- und Seniorenteller. Mittlere Preise. - *Ru = Mo.*

● **Tromm - Unter-Scharbach** - ½ Std - Von der *»Schönen Aussicht«*
dem Weg weiter bis zum *Gasthaus »Trommer Hof«* folgen, dort
MW mit *LM [G 2]* li in den *Birkenweg.* Der Weg überquert zweimal die

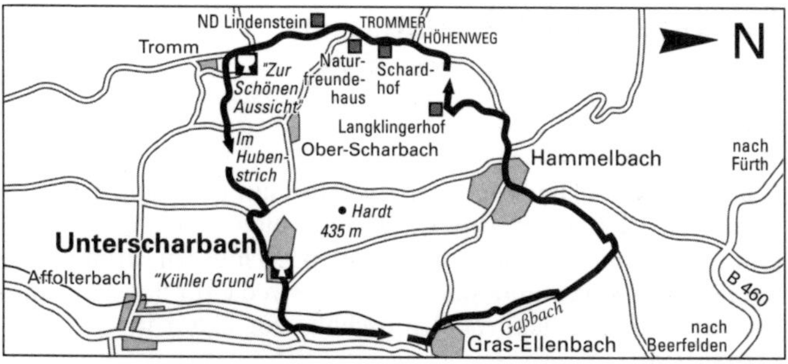

K 27 und führt dann mit *LM [Wa 2]* über den *Kirchweg* durch das Waldstück *Im Hubenstrich.* Nach Erreichen der Fahrstr geht es re zurück zur verdienten Einkehr im *MW*

● **Landhotel Kühler Grund** – Das ruhig gelegene Familienhotel am Fuße der Tromm verfügt über komfortable Gästezimmer, stilvolle, ländliche Gasträume und eine Gartenterrasse. Die gemütliche Atmosphäre garantiert schöne Urlaubstage. Die Küche verwöhnt mit bodenständigen Spezialitäten, Vollwertkost sowie leichten Fisch- und Fleischgerichten, alles zu mittleren Preisen. – *Ru = Di.*

Rundweg auf der Tromm

Weg und Zeit - gut 9 km - 2½ Stdn.
Charakteristik - Die Wanderung verläuft auf dem lang gestreckten Höhenrücken der *Tromm.* Deshalb bieten sich, ohne dabei große Höhenunterschiede überwinden zu müssen, immer wieder phantastische Rund- und Fernblicke in die für den *Odenwald* charakteristische, liebliche Landschaft, vor allem in das weite *Weschnitztal.*
Wanderkarte - *TF 20 – 9 Der Überwald.*
Anfahrt - A 5, AS *Heppenheim,* dann B 460 über *Fürth* bis *Weschnitz,* dort Ri *Hammelbach.* Nach *Hammelbach* re Ri *Tromm.*
Parken - Gäste-🅿 beim *»Trommer Hof«.*

● **Tromm** - Die *Tromm* (von kelt. *drom* = Berg, Bergrücken) gehört mit 577 m zu den höchsten Erhebungen des *Odenwaldes.* Das Hochplateau begrenzt das *Weschnitztal* und reicht südöstlich von *Fürth* bis *Wald-Michelbach.* Wegen ihrer bevorzugten Lage ist die *Tromm* ein beliebtes Wander- und Feriengebiet mit langer Tradition: Schon 1890 errichtete der *Odenwaldklub* zu Ehren der Schwester des letzten hessischen Großherzogs, *Irene von Hessen-Darmstadt,* den *Ireneturm.* Im Winter ist hier Skilift-Betrieb.

MA ● **Der Rundweg** – Vom *»Trommer Hof«* mit der *Markierung [Rotes Quadrat]* li auf anfangs geteerter Fahrstr bis zum **ND Lindenstein,** dessen rundliche Felsblöcke charakteristisch für den Granit im *Vorderen Odenwald* sind. Auf dem gleichen Weg ca. 200 m zurück
MW und re in den mit der *[Gelben 1]* markierten, schmalen Pfad. Beim *AP Rimbacher Blick* eröffnet sich eine schöne Aussicht ins *Weschnitztal.* An der Weggabelung nahe dem Sendeturm weiter ger,
MW jetzt mit der *[Gelben 2].* Bis zu einem Querweg, hier 30 m li und re auf den breiten Kiesweg, jetzt wieder mit dem *[Roten Quadrat].* Dieser Markierung bis zum **Ireneturm** folgen (falls geschlossen, dem *[Weißen Kreis]* zum Haus des Turmwärters folgen). Vom Turm geht es auf dem schönen, leicht abfallenden Kammweg bis zum Waldrand, *[Rotes Quadrat].* Zu beiden Seiten bieten sich dabei immer wieder herrliche Fernblicke. Am Waldrand re, durch Felder und vorbei am *Rastplatz »Gaderner Hütte«* bis zur *»Hans-*
MW *Hölzing-Eiche«.* Dort mit der *[Gelben 3]* li abw Ri **Gadern.** Im Ort am *Friedhof* vorbei bis zur *Gaderner Str* (K 29). Hier li mit *LM*
MW *[W 4]* leicht ansteigend bis zum Ortsrand. In der scharfen Rechts-
MW kurve geht es mit der *[Gelben 2]* ger auf den aufsteigenden Waldweg. An schönem Wiesenbach entlang, vorbei am Campingplatz,
MW bis zum *Odenwald-Institut.* Dort mit der *[Gelben 3]* auf dem Teerweg zur verdienten Einkehr im

● **Restaurant-Café-Hotel Trommer Hof** - Das Haus liegt in traumhaft schöner Aussichtslage mitten im Grünen. Die modernen Gästezimmer und die neu gestalteten Restauranträume ver-

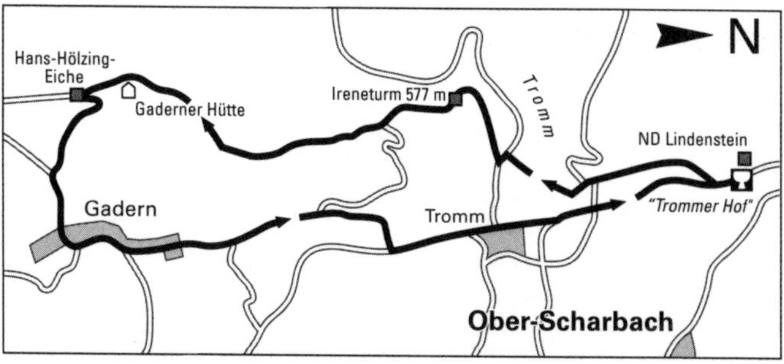

binden Rustikales mit Elegantem. Im Sommer lädt die große Sonnenterrasse mit ihrer weiten Aussicht zur Rast ein. Die ideenreiche Küche, basierend auf Produkten der Region, bietet sowohl deftige Odenwälder Spezialitäten als auch leichte, internationale Gerichte. Die eigene Konditorei verwöhnt mit einer großen Auswahl an Kuchen und Torten. Der modern ausgestattete Seminarraum mit Platz für 40 Teilnehmer ist ideal für konzentriertes Arbeiten. Auf der ruhigen, sonnigen Liegewiese kann man sich anschließend erholen. Mittlere Preislage. – *Kein Ru.*

Fürth und seine Wanderwege

Anfahrt - *Fürth* liegt am gemeinsamen Abschnitt der B 38 *Weinheim - Reichelsheim - Reinheim* und der B 460 *Heppenheim - Marbach (Siegfriedstr).* - A 5, AS *Heppenheim* oder *Weinheim.* - A 67, AS *Lorsch* oder *Viernheimer Kreuz* (A 659 nach *Weinheim*).

Parken - Mehrere ausgeschilderte P. Empfehlenswert sind P am Ortsrand oder Wander-P.

● **Fürth/Odenwald** - *Staatlich anerkannter Erholungsort* mit 11 Ortsteilen. - 795 urkundlich genannt, 1356 Marktrechte, nach 1668 Jahrmarkt zu *St. Johannes.* Heute *Fürther Johannismarkt*, der noch immer Ende Juni zum viertägigen Volksfest einlädt. - *Fürth* ist wirtschaftlicher Mittelpunkt des vorderen *Odenwaldes.* Großes Freizeitangebot. Leistungsfähige Gastronomie. - Höhenlage zwischen 200 und 500 m. Rund 450 km gut markierte Wanderwege durch hübsche, grüne Täler und weite Mischwälder zu Aussichtspunkten, die mit ihren großartigen Fernblicken faszinieren.

● **Das neu markierte Wanderwegenetz** - *Neue Wanderkarte 1:20 000* (2000) *der Gemeinde, Verkehrsamt, Hauptstr. 19. - Markierung: Weißer Kreis und »F«.*

Wanderkarte - *TF 20 - 9 Der Überwald.*

● **F 1 - Galgenberg** - 8,4 km - Rathaus - Hauptstr - Inselstr - Stausee - Schlierbach - Ellenbach - Galgenberg - Schutzhütte - Saubachtal - Krumbach - Rathaus.

Variante Lindenfels - 2,5 km mehr - Schutzhütte - *[Rotes Quadrat]* - Lindenfels (S. 78, 80) - Nibelungenstr re - *[Gelbes V im gelben Kreis = Verbindungsweg]* - vor Krumbach - *[F 1]* - Fürth/Rathaus.

● **F 2 - Rund ums Große Köpfchen** - 5,6 km - Krumbach/Gasthaus »Zur Rosenhöhe« - Friedhof - Waldrand (Schutzhütte in der Nähe) - F 2 tangiert *[Weiße Raute]* - Wegkehre - Krumbachtal - Krumbach.

Variante Lindenfels - 2 km mehr - *[Gelbes V im gelben Kreis]* - Gumpener Kreuz - Lindenfels - *[Gelbes V]* - Krumbach.

● **F 3 - Weschnitz - Walburgiskapelle** - 15,4 km - Fürth-Kröckelbach (S. 74) - Brombach - Krehberg - Weschnitz - Walburgiskapelle (S. 72) - Kahlbergstein - Weschnitztal - Altlechtern (S. 72) - Fürth.

Variante - ½ km mehr - Altlechtern - *[Gelbe 4] - [F 3]* - Fürth.

● **F 4 - Rund um Weschnitz** - 3,8 km - »Erbacher Hof« (S. 73) - Bildstock - Eiche ND - Waldfriedhof - Kneippanlage - Wäschwiese - zweimal über die Weschnitz - »Erbacher Hof«.

● **F 5 - Zwischen Eselstein und Krehberg** - 4,5 km - Ausgangs- und Endpunkt: »Erbacher Hof« in Weschnitz.

Variante Brombachtal - 5 km mehr - Vor dem Krehberg mit *[F 3]* weiter - Brombach - vor Kröckelbach li - *[Gelbe 6]* - Brombachtal - *[F 3] - [H 5] - [ohne Markierung] - [F 5]* - Weschnitz.

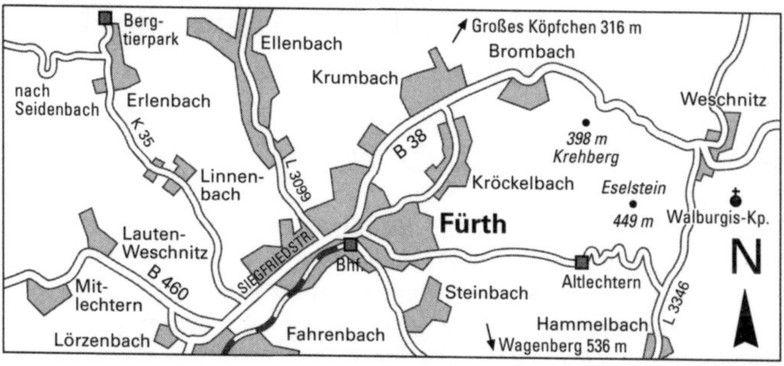

- **F 6 - Wagenberg** - 11,5 km - Rathaus - Scheppel - Steinschlössel - Wagenberg (536 m) - Schutzhütte am Waldrand - Steinbach - Erholungsanlage - Rathaus.
- **F 7 - Fahrenbach** - 8,2 km - Rathaus - Scheppel - Waldrand oberhalb Steinbach (S. 70) - Schutzhütte (Rückkehrmöglichkeiten mit *F 6*) - Fahrenbach - Fürth.
- **F 8** - 6,6 km - Fürth - Ellenbach - Linnenbach - Fürth.
- **F 9 - Bergtierpark** - 4,8 km - Rathaus - Erlenbach (S. 80) - Tierpark (Bergtiere aus 5 Erdteilen. Sehenswert!).
- **F 10 - Ellenbach** - 3,7 km - Rundweg über Erlenbach.

Fürth

Fürth ist ein staatlich anerkannter Erholungsort und liegt mit seinen 11 Ortsteilen im oberen Weschnitztal an der Siegfried-Straße. Ausgedehnte Mischwälder, durchzogen von einem weiten Wanderwegenetz (ca. 450 km markierte Wanderwege) laden ein, die Schönheit der Natur in gesunder und reiner Luft im Naturpark Bergstraße-Odenwald kennen und lieben zu lernen.
Sehenswert sind schöne Fachwerkhäuser und Kirchen sowie der Berg-Tierpark im Ortsteil Erlenbach und die Walburgis-Kapelle (Wallfahrtskirche), Ortsteil Weschnitz.
Das Aktiv-Angebot umfasst das moderne Freibad mit großer Wasserrutsche, Saunen und Massageinstitute, Tennisplätze, Tennishalle, Waldlehr- und Waldsportpfad, Erholungs- und Wassertretanlagen. Abwechslung bieten Lichtbildvorträge, Platzkonzerte, Heimatabende, geführte Wanderungen, Tanzabende. Außerdem sind Gäste zu Sport- und Kulturveranstaltungen der 88 Fürther Vereine herzlich eingeladen. Ferien-Einrichtungen:
- Campingplatz
- Feriendorf-Kröckelbach

- Johannismarkt (Ende Juni)
- Adventsmarkt, OT Erlenbach (1. Advent)
- Weihnachtsmarkt 2./3. Adventswochenende

INFORMATIONEN:
Verkehrsverein Fürth
Hauptstraße 19
64658 Fürth
Telefon 0 62 53 / 20 01 - 16

Fürth-Steinbach - Altlechtern - Hammelbach - Brandschneiderkreuz - Steinbach

Weg und Zeit - 12½ km - 3¼ Stdn.
Charakteristik - Der optimale Rundweg zwischen *Steinbach* und *Hammelbach* bzw. zwischen *»Rebstock«* und *»Ochsen«* mit viel Wald, freiem Feld und traumhaft schönen Ausblicken. Die Steigungen sind zwar relativ lang, jedoch nicht sehr anstrengend.
Wanderkarte - *TF 20 - 9 Der Überwald.*
Anfahrt - Wie S. 68. In *Fürth-Mitte* bei der *Kath. Kirche* Abzweig *[Ww]. Ortsstr* in *Steinbach* bis zum Ende.
Parken - Gäste-Ⓟ *»Zum Rebstock«.* Sonst 100 m weiter.

● **Steinbach - Altlechtern - Hammelbach** - 1½ Stdn - Vom *»Reb-*
MA *stock«* die *Ortsstr* ortsauswärts. An der Gabelung li, *[Gelbe 2, 3],* Str
aufw, befestigter Querweg re. Wunderbare Aussicht auf *Fürth* und
MW das *Weschnitztal*! Ⓟ *Auf dem Scheppel.* Ger mit *[Gelber 4], [Gelbes*
umgekehrtes T] überqueren. Am Waldrand re mit *[Gelber 4, 7].*
Rechtsbogen, danach mit *[Gelber 4]* **(!)** re ab **(!)** und weiter bis zum
MW *Gasthaus »Alt-Lechtern«* (s. S. 73). Mit *[F 3]* li um das Gasthaus herum aufw. Am Waldrand re, schöner Blick auf *»Alt-Lechtern«*! Abzweig li und S-Bogen bis Waldaustritt. Am Kreuzungspunkt *[H 5]*
re. Auf dem Höhenweg entlang - sehr schöner Weg über dem
MW *Weschnitztal* mit Blick auf *Hammelbach* - bis Kreuzungspunkt *[G 2].*
Damit li ab zur *Weschnitzquelle* und auf dem *Weschnitzquellenweg* nach *Hammelbach. Weschnitzer Str* / L 3346 re, *Marktplatz, Rathaus* mit ⓘ, *Schulstr* re zum

● **Hotel-Restaurant-Metzgerei »Zum Ochsen«** - Traditionsreiches Haus seit 1845. Ruhiges, modernes Gästehaus. Behagliche Zimmer. Rustikale Gasträume. Gelobte, regionale Küche, auch Wild und herzhafte Vesper. Spezialitäten aus eigener Metzgerei. Grillfeste. Mittlere Preise. - *ÖZ: 8-14, 17-22 Uhr. Ru = Mo.*

● **Hammelbach** (440 m) - *Staatl. anerk. Luftkurort*, s. S. 58.

● **Hammelbach - Brandschneiderkreuz - Steinbach** - 1¾ Stdn -
MW Vom *»Ochsen«* die *Schulstr* mit *[H 8]* ortsauswärts. *Ev. Kirche, Aicher Cent,* daneben die *got. Kapellenruine*, 14. Jh., mit Krüppelkiefer, in Straßenhöhe das ehem. *Gefängnis.* Mit *[H 8]* aufw bis zur
OM *Schutzhütte am Wagenberg.* Hier *[ohne Markierung]* ger weiter bis
MW zum Kreuzungspunkt *[Rotes Quadrat].* Mit diesem re ab und aufw
zum *Brandschneiderkreuz* (anno 1500). Ger, abw, flacher Hohlweg, dann grasiger Weg, Verbreiterung, Weg beibehalten. An Linksbogen grasiger **(!)** Weg ger abw **(!)**. Riesiger Baum, *ND Steinbuche.* Abw, breiter Weg, Linksbogen abw, an Kreuzung re, *Ww [Fürth].* In Bogen weiter über ein Bächlein, Schranke. Stufen re aufw. *Schutzhütte.* Phantastischer Ausblick. Re ab und Forstweg leicht aufw mit
MW *[Gelber 3].* Später Rechtsbogen, li abw, *Wbh (1960).* 300 m danach
Kreuzung, li abw *[Gelbe 3]*, Waldrand (schöner Blick!), abw zum

● **Land- und Gastwirtschaftsbetrieb »Zum Rebstock«** - Weithin bekanntes und beliebtes Haus in ruhiger Lage. Gemütliche, rustikale Gasträume. Schöne Gartenterrasse. Kinderspielplatz. Feine Odenwälder Spezialitäten aus eigener Landwirtschaft und Schlachtung. Hausmacher Vesper. Köstliche Bratwurst. Selbst gebackenes Brot. Kochkäse, Äppelwoi. Kleine warme Gerichte. Mittlere Preise. - *Ru = Mi, Do.*

● **Weitere Wanderwege** - Vom *»Rebstock«*: Mit *[Gelber 3]* zum Waldrand, mit *[F 6]* rund um den *Wagenberg* und wie oben zurück. - Vom *»Ochsen«*: Rundwege *[H 1]*, *[H 2]*, *[H 3]*, *[H 4]*, jeweils ¾-1½ Stdn.

Weschnitz/Fürth – Altlechtern – Hammelbach – Kahlbergstein – Walburgiskapelle – Weschnitz

Weg und Zeit – 12 km – 3 Stdn.

Charakteristik – Im *staatlich anerkannten Erholungsort Weschnitz* beginnt dieser Rundweg, der pure Freude macht: keine steilen Anstiege, schöne Wege, viel Wald sowie freie Partien mit herrlicher Aussicht – besonders eindrucksvoll von der *Walburgiskapelle.*

Wanderkarte – *TF 20 – 9 Der Überwald.*

Anfahrt – B 460/*Siegfriedstraße* von *Heppenheim – Fürth* bzw. von *Marbach.* – Von *Hammelbach.* – Von *Reichelsheim.*

Parken – Großer P beim *Hotel-Restaurant-Café Erbacher Hof.*

● **Weschnitz – Altlechtern** – 1 Std – Vom *»Erbacher Hof«* L 3346 Ri
MA *Hammelbach* mit *[F 3, 4, 5].* Nach Hs. Nr. 23 re, über die *Weschnitz,* befestigter Weg aufw. Rechtskehre, *[F 3, 5]*, nach wenigen Min
OM scharf **(!)** li, *[ohne Markierung], Ww [Altlechtern].* Auf Pfad aufw,
MW dann breiter Querweg li und Waldaustritt, *[H 5].* Linksbogen über freies Feld mit Blick zurück auf *Lindenfels, Winterkasten* und die *Neunkircher Höhe.* Vorbei an Waldstück, dahinter scharf **(!)** re, *Ww,* auch *[F 3].* In Kehren abw, schöner Blick über *Altlechtern* ins *Weschnitztal.* Linksbogen, Querweg li mit *[H 5], [F 3]* abw zur

● **Waldgaststätte »Alt Lechtern«** – Schön gelegenes Haus. Rustikale Gasträume. Freiterrasse. Zünftige Atmosphäre. Gutbürgerliche, regionale Küche. Eigene Landprodukte. Herzhafte Vesper. Spezialitäten: Kochkäse und »Äppelwoi«. Untere Preise. – *Ru = Mo, Di.*

● **Altlechtern – Hammelbach** – ¾ Std – Quer über den Hof mit *[H 5],* auch *[Umgekehrtes gelbes T]*, im Tal aufw und ger **(!)**. Rechtskehre, mit *[H 5]* im Wald aufw. Am Waldaustritt Linkskehre. Am Waldrand entlang, Rechtsbogen durch die Felder, leicht ansteigend bis auf die Höhe. Abw (nach 150 m Rückkehrmöglichkeit zum *Erbacher Hof, Ww*). An der Gabelung halb li, vorbei am *Friedhof* nach *Hammelbach.* Beim *»Ochsen« Schulstr* li zum *Rathaus.*

● **Hammelbach – Kahlbergstein – Walburgiskapelle – Weschnitz** –
MW 1¼ Std – Auf der *Weschnitzer Str* ortsauswärts mit *[G 1], [H 6, 7, 9]. Wasserscheide Rhein-Neckar*, 438 m. *Hiltersklinger Weg* halb re. Sofort nach Ortsende **(!)** verwachsener Abzweig halb li **(!)**, *[H 6].* Ebener Weg an der Längsseite des Hanges. Einmündung in breiten Weg, ger, später im Linksbogen etwas abw. Breiter Querweg re aufw, auch *[F 3].* Im Rechtsbogen ger, *[H 6], [F 3]*, Weg fast 20 Min beibehalten. Linksbogen, an Wegspinne halb re aufw zum *Kahlbergstein* (476 m). Hier ließ *Karl der Große* 795 die Grenze der *Mark Heppenheim* festlegen, die im *Kreis Bergstraße* noch heute gilt (Tafel). Li, auch *[Blaues Dreieck]. Lehrer-Metzendorf-Hütte.*

● **Walburgiskapelle** (471 m) – Ehem. keltische Kultstätte, im 8. Jh. christianisiert. Heutiges Gebäude von 1815. Einziger Odenwaldberg mit Kapelle. Tolle Aussicht. Schlüssel im *Erbacher Hof* erhältlich.

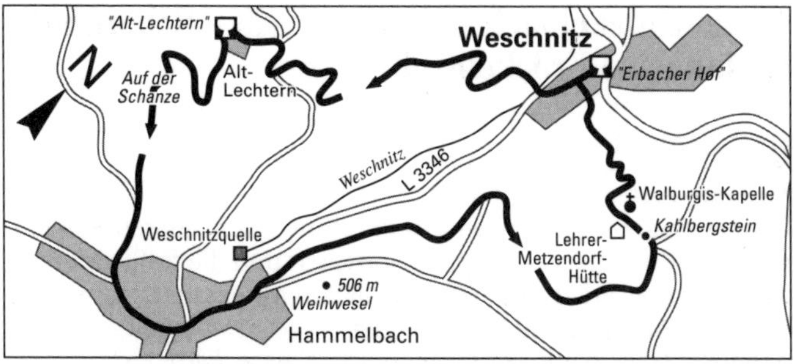

● **Der weitere Weg** - Treppe und Serpentinen abw mit *[F 3]* und *MW*
[Blauem Dreieck]. Vor dem *Friedhof* li, *[F 3]*, dahinter re. Schöner Blick zum *Otzberg*! Weiter nach *Weschnitz*. Hinter dem P li, *Schulweg, Weschnitzer Str* re zum

● **Hotel Erbacher Hof - Hotel-Restaurant-Café** - Behagliches, komfortables Landhotel mit gewachsener Tradition und angenehmer familiärer Atmosphäre. Schöne Gasträume unterschiedlichen Stils. Kreative Küche mit regionalen und saisonalen Schwerpunkten. Abwechslungsreiches kulinarisches Angebot, auch Fisch, Wild, Vollwertkost, Vesper. Exzellente internationale Spezialitäten. Mittlere Preise. - *Kein Ru.*

Fürth-Kröckelbach - Hammelbach - Schardhof - Steinbach - Kröckelbach

Weg und Zeit - 11 km - 3 Stdn.
Charakteristik - Eine Erlebniswanderung mit mittleren Steigungen. Die Ruhe der prächtigen Landschaft und die Stille der herrlichen Mischwälder lassen die Hektik des Alltags rasch vergessen.
Wanderkarte - *TF 20 – 9 Der Überwald.*
Anfahrt - Über die B 38, B 460 oder B 47 nach *Fürth i. O., Ortsteil Kröckelbach.*
Parken - Ⓟ beim *Gasthaus »Zur Waldeslust«.*

● **Fürth-Kröckelbach - Hammelbach - Schardhof** - 1½ Stdn - Vom
Gasthaus »Zur Waldeslust« auf der Ortsdurchfahrtsstr re am *Wan-*
MA *der-*Ⓟ vorbei. Am Ortsende beim Marterl mit *[Gelber 7]* und *Ww*
[Steinbach] li aufw. Bald bietet sich ein herrlicher Blick auf
Kröckelbach und *Fürth.* Auf halber Höhe einen Sandweg ger in
den Wald. Am nächsten Asphaltsträßchen ger bis Ortsrand. Hier
MW scharf li abw, *Markierungen [F 6, F 7].* Sehr aufschlussreicher *Bie-*
nen-Lehrpfad am Waldrand. Der gut markierte Weg führt nun
OM stets bergauf, parallel zum Bach. Am Wegkreuz *[OM]* ger mit *Ww*
[Hammelbach]. Nach dem Waldaustritt Übergang in eine liebli-
che Feld- und Wiesenlandschaft. Auf der Höhe lädt eine Bank zur
Beschaulichkeit und zum Verweilen ein. Weit geht der Blick über
die Höhen des *Odenwaldes* und auf das Örtchen *Hammelbach.*
MA Mit *[H 5]* ger, kurz hinter der Eiche re ab und mit *[G 2]* zum *Wa-*
genberg, dem *Brandschneiderkreuz* und zum *»Schardhof«.*

● **Zum Schardhof** - Die gemütliche Gaststube mit rustikaler Laube und Gartenterrasse liegt mitten im Wald. Ausflüge mit dem Pferdewagen können arrangiert werden. Im Winter steht eine Loipe zur Verfügung. Die ideenreiche Speisekarte mit saisonalen Tagesgerichten enthält auch ein umfangreiches Vesperangebot. Fassbier und offene Weine. Mittlere Preise. - *Ru = Do.*

● **Schardhof - Steinbach - Fürth-Kröckelbach** - 1½ Stdn - Den
MW Weg ca. 300 m zurück und li abbiegen mit *[Rotem Quadrat].* Auf
der Höhe Fernblick in die *Rheinebene. Brandschneiders Kreuz an-*
no 1500. Der deutlich markierte Weg, *[Rotes Quadrat],* geht abw
durch schönen Mischwald. Etwas später wird ein Bach überquert,
und re führt die *Markierung* ein paar Stufen hinauf zu einer
MW *Schutzhütte.* An der Hütte re, mit *[Gelber 3]* und *[F 7]* ger aufw.
Der Weg verläuft auf halber Höhe oberhalb von *Steinbach.* Am
MW nächsten Wegkreuz der *Markierung [Gelbe 2], [F 7]* folgen. Ein
kurzer Abstieg endet in einer Gabelung, hier li abzweigen. Der
folgende Wegverlauf ist bereits vom Hinweg bekannt. An den er-
MW sten Häusern von *Steinbach* Abzweig re. Mit *[1, 4]* und später mit
[7] gekennzeichnet, führt die Route zurück nach *Kröckelbach,* di-
rekt zur fröhlichen Einkehr in das

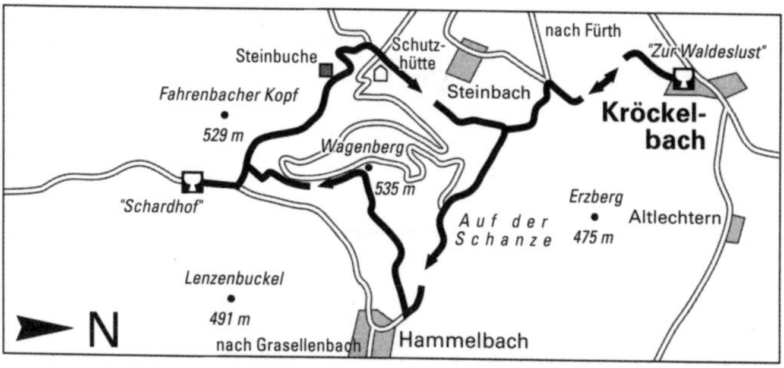

● **Gasthaus »Zur Waldeslust«** - Das bekannte Familiengasthaus mit Tradition in ruhiger Lage bietet regionale Küche und Odenwälder Spezialitäten. Kuchen und Torten aus eigener Produktion. Auserlesene Weine. Bier vom Fass. Die ländlich-stilvollen Räume mit Gartenterrasse verbreiten eine behagliche Atmosphäre. Alle Gästezimmer mit Dusche und WC. Untere bis mittlere Preise. – *Ru = Di ganztags, Fr ab 14 Uhr geschlossen.*

● **Weitere Wanderwege** - Von *F.-Kröckelbach* mit *[F 3]* zur Walburgiskapelle (s. S. 68 u. 72). – Vom *»Schardhof«* mit dem *[Roten Quadrat]* zur *Tromm* und dem *Ireneturm* (s. S. 66), ca. 1 Std.

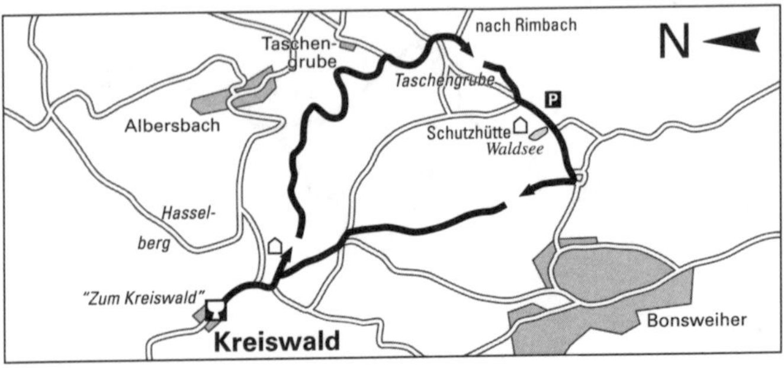

Kreiswald/Rimbach - Rundweg Taschengrube

Weg und Zeit - 6 km - 1½ Stdn.
Charakteristik - Ein herrlicher kleiner Rundweg!
Anfahrt und Parken - B 38 von *Rimbach* über *Albersbach.* - Großer P vor dem *Landgasthaus »Zum Kreiswald«.*

● **Der Rundweg** - Vom *Landgasthaus* Sträßchen Ri *Albersbach* mit
MA *[Gelber 8* und *10]* und gleich re über die Wiese, vorbei an Teich und
MW am P *Kreiswald.* Dahinter li mit *[Gelber 4],* unterhalb des Waldwe-
ges ein Seitenbach der *Weschnitz,* li *Albersbach.* In Bogen abw. Schö-
ne Aussicht! Leicht aufw bis zu Schranke und Waldrand. Einmali-
MW ger Blick über das *Weschnitztal*! Unterhalb der Sitzgruppe mit *[R 1]*
MW am Waldrand entlang. Weiter mit *[Gelber 5],* dann mit *[Gelber 3]*
zum **Waldsee**. Danach aufw zum Waldrand, re ab bis zur Kreuzung
MW mit der *[Gelben 4].* Mit ihr li zum P *Kreiswald* und zurück zum

● **Landgasthaus Zum Kreiswald** - Ein Platz zum Genießen in wohltuender Atmosphäre. Mit hochwertigen Hölzern eingerichtete Gasträume. Große Freiterrasse. Weithin gelobte Küche, auch Fisch, Wild, Geflügel. Eigene Schlachtung. Empfehlenswert: »Brenner Menü«! Die eigene Brennerei erzeugt seit 1866 köstliche Edelbrände. Mittlere Preise. - *Ru = Do, Fr.*

Der Odenwald

Zwischen der *Rheinebene* im Westen, der *Mainebene* im Norden, dem *Spessart* und dem *Bauland* im Osten sowie dem *Neckartal* und dem *Kraichgau* im Süden gelegen, ist der *Odenwald* Erholungsraum für die *Ballungszentren Rhein-Neckar* und *Rhein-Main* sowie für das *Aschaffenburger Gebiet* – und eine beliebte Ferienregion!
In der waldreichen Mittelgebirgslandschaft findet man lang gestreckte, breite Bergrücken, schroffe Kuppen- und Kegelberge, bizarre Felsformationen und sanfte Hügel. Dass im *Odenwald* einst Vulkane aktiv waren, beweist entsprechendes Gestein. Von geologischen Entwicklungen zeugen auch Naturdenkmäler wie die Felsenmeere und wildromantische Flusstäler wie die *Wolfsschlucht.*
Die Region wird von einem gesunden Reizklima verwöhnt. Der westliche *Odenwald* entlang der *Bergstraße* ist eines der wärmsten deutschen Gebiete. Im Osten dagegen gab es schon die tiefsten Wintertemperaturen Südwestdeutschlands! Im Kontrast zum Reizklima der Höhen stehen die milderen Täler, z. B. das *Neckartal.*
Am Wegesrand erzählen Bildstöcke und Steinkreuze ebenso aus der Vergangenheit wie Schauplätze der Nibelungensage, Reste des römischen *Limes* und der keltischen Besiedlung, wie z. B. der Ringwall bei *Bürgstadt.* Auf den Höhen imponieren geschichtsträchtige Burgen und Schlösser wie das *Auerbacher Schloss.* Mittelalterliches Fachwerk prägt Städte wie *Bensheim* und *Amorbach*, die neben *Heidelberg* und *Darmstadt* viele Besucher anlocken. Berge wie die *Neunkircher Höhe* bieten über all das herrliche Ausblicke.

Der Odenwaldklub (OWK)

Am 8. Januar 1882 wurde der Odenwaldklub e.V. in Zipfen bei Lengfeld mit dem Ziel gegründet, »den Einheimischen wie den Fremden mit den Vorzügen des Odenwaldes vertraut zu machen«. Bereits 1889 begann die systematische Anlage und Markierung von Wanderwegen.
Bis heute hat sich das Wanderwegenetz des OWK auf 4 414 km erweitert, dazu kommen 2 338 km Rundwanderwege des NP Bergstraße-Odenwald und 1 200 km Radwanderwege der Landkreise Darmstadt-Dieburg und Offenbach. Dieses Wegenetz wird von zur Zeit 190 ehrenamtlichen Wegewarten betreut.
Der OWK ist mit ca. 18 000 Mitgliedern in Hessen, Baden-Württemberg, Bayern und Rheinland-Pfalz in 123 Ortsgruppen organisiert und damit weit über den Odenwald hinaus vertreten.
Zentrale Anliegen des OWK sind das Wandern als Naturerfahrung zu pflegen und durch Anlage, Unterhaltung und Markierung von Wanderwegen für jeden zu erleichtern, für den Erhalt unserer Umwelt durch das Engagement im Landschafts- und Naturschutz einzutreten, sowie regionales Brauchtum zu fördern.

Lindenfels - Historischer Stadtrundgang

Dauer - 1-1½ Stdn.
Anfahrt - A 5, AS *Bensheim* oder A 67, AS *Lorsch* - B 47/*Nibelungenstraße*. - B 38/B 47 von *Weinheim*. - *Bahnbus* ab *Bensheim*.
Parken - Gäste-Ⓟ *Landgasthof Waldschlößchen*. - Sonst u. a. Ⓟ *Nibelungenstr*, Ⓟ *Kappstr*.

● **Lindenfels** (350-500 m) - *Heilklimatischer Kurort*, genannt *»Perle des Odenwaldes«*. Ein schmuckes Burgstädtchen voller Romantik, inmitten einer bezaubernden Landschaft. Sie verlockt zu herrlichen Wanderungen im Gebiet des *Schenkenbergs*, zur *Ludwigshöhe*, zur *Bismarck-Warte* (452 m) oder hinüber nach *Schlierbach*, *Eulsbach*, *Seidenbuch* und zum *Bergtierpark*. Zur anschließenden Regeneration ist das *Kurmittelhaus* am *Kurgarten* bestens eingerichtet. - *Lindenfels* war seit 773 im Besitz des *Klosters Lorsch*. 1123 erste urkundliche Nennung. 1277 zur *Kurpfalz*. Im 14. Jh. Stadt- und Marktrechte. 1802 zu *Hessen*. 1969 *»Heilklimatischer Kurort«*. 1971/72 Zusammenschluss mit *Eulsbach*, *Glattbach*, *Kolmbach*, *Schlierbach*, *Seidenbuch*, *Winkel* und *Winterkasten* zur Großgemeinde *Stadt Lindenfels*.

● **Historischer Stadtrundgang** - 1990 geschaffen, geschmackvoll beschildert. Kurzbeschreibung anhand der offiziellen Nummerierung. - **1) Löwenbrunnen** auf dem ehemaligen *Marktplatz* in der *Burgstr*. - Str *In der Stadt* - vor dem *Haus des Gastes* - li. - **2) Haus Baur de Betaz** (*Haus Bauerneck*), 1727, ev. Pfarrhaus bis 1874, danach Wohnsitz der Familien *Baur/Baur de Betaz*. - **3) Betzenkammer**, 16. Jh., ehem. Verließ im *Inneren Fürther Tor*. - **4) Zwinger** mit **Innerem Fürther Tor** (Gusserker/Pechnase, »Neidköpfe«, »Schlüsselscharten« (Schießscharten) und **Äußerem Fürther Tor**, ältester Teil der Stadtbefestigung aus dem späten 14. Jh. - **5) Geburtshaus von Wilhelm Baur**, geb. 1806, später Hofprediger in *Berlin*. - *Wilhelm-Baur-Str* li. - **6) Haus Bethesda**, *Ev. Schwesternstation*, heute Wohnhaus. - Treppe li aufw. - **7) Bürgerturm**, imposanter Teil der Stadtbefestigung, 14. Jh., Höhe 19 m, Durchmesser 8 m, Mauerstärke 2 m. 1986 Einbau einer Treppenanlage. Großartige Rundsicht. - **8) Ev. Kirche**, erb. 1825 von *Georg Moller*. - Vorbei am *Löwenbrunnen* wieder in die *Burgstr*. - **9) Kurpfälzisches Amtshaus**, erb. 1723, ehem. Kreisamt, später Bürgermeisterei, bis 1997 Kurmittelhaus. - **10) Rathaus**, erb. Mitte 18. Jh., Barockstil. - **11) Frucht- oder Zehntspeicher**, erb. 1781-84 aus Material der aufgegebenen Burg. Seit 1979 *Lindenfelser Museum*. Leitmotiv: »Vom Oberamtsstädtchen der Kurpfalz zum Heilklimatischen Kurort«. Schwerpunkte: Stadtgeschichte, Landwirtschaft, Volkskunde, Handwerk. - *Burgstr* ortsauswärts. - **12) Kath. Pfarrhaus**, erb. 1750-52. - **13) Kath. Kirche St. Peter und Paul**, 1728-52, Orgel 1757. - **14) Burg Lindenfels** auf dem *Schlossberg* (404 m), gegr. um 1080, im 15. Jh. festungsartig verstärkt, nach Verfall 1779

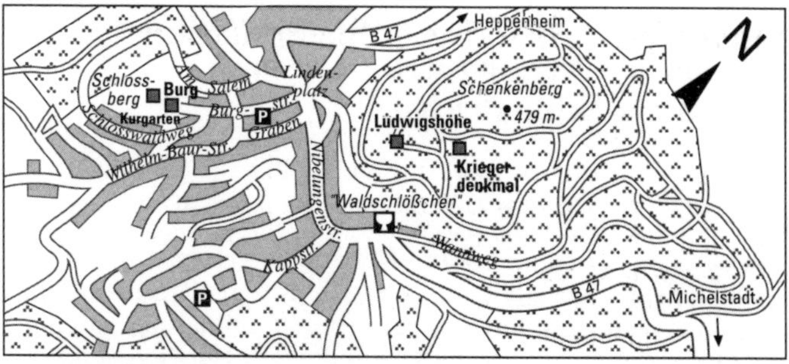

zum Abbruch freigegeben. Um 1880 Beginn der Restaurierungsarbeiten. Prächtige Ausblicke! *Burgfest.* - *Burgstr* zurück. - **15) Altes Rauch'sches Haus**, eines der ältesten Gasthäuser. - Str *Am Salem* li. - **16) Bollwerk**, 14. Jh., Teil der Stadtbefestigung.

● **Landgasthof Waldschlößchen** - Direkt am Wald. Behagliche Komfortzimmer. Stilvolle, romantisch-rustikale Gasträume. Herrliche Sonnenterrasse. Wohltuende Atmosphäre. Kreative, feine Küche. Der Chef kocht selbst und lässt Feinschmeckern das Herz höher schlagen. Auch Diätessen, Schonkost und herzhafte Vesper. Eigene Konditorei. Mittlere bis leicht gehobene Preise. - *Ru (Rest.) = Mo.*

Lindenfels-Schlierbach - vor Seidenbuch - Erlenbach - Bergtierpark - Eulsbach - Lindenfels-Schlierbach

Weg und Zeit - 11 km - 3¼ Stdn - Höhendifferenz ca. 250 m.
Charakteristik - Der steile Anstieg zu Beginn sollte nicht entmutigen, die Wanderung fortzusetzen. Ist erst einmal die Höhe erklommen, bieten sich herrliche Rundblicke. Ein Bergtiergarten lädt zum Verweilen ein, und die gemütlichen Gasthöfe setzen weitere Höhepunkte.
Wanderkarte - *TF 20-5 Bergstraße-Odenwald.*
Anfahrt - A 5, AS *Weinheim,* B 38 von *Weinheim* oder B 460 von *Heppenheim* nach *Fürth*, über *Ellenbach* nach *Schlierbach.*
Parken - Beim *Landgasthof »Zum Römischen Kaiser«.*

● **Li-Schlierbach - Seidenbuch - Erlenbach** - 2¼ Stdn - Am *»Römi-*
MA *schen Kaiser«* die *Waldstr* li, mit *[Weißer Raute]* und *Ww [Seiden-*
MW *buch]* halb re und wieder li. Nach ca. 100 m Abzweig *[S 1]* nach re (die *Raute* geht ger weiter) bis zum *Friedhof*, einer der bemerkenswertesten *Ruhestätten* des *Odenwaldes*, mit den hier früher üblichen »Grabstickel«, weißen, einheitlich bemalten, hölzernen Grab-Brettern. - Hier am *Kirchhof*-Ⓟ li in den Wiesenpfad hinein mit *Ww [Seidenbuch]* und *[S 1]*. Ein Bach wird überquert, und es geht steil aufwärts. An der *Kneipp-Anlage* ger. Bei der *Schutzhütte* ist die Hälfte des Anstiegs geschafft! Zeit für eine Verschnaufpause. - Weiter auf einem schmalen Pfad kräftig bergan mit *[S 1]*. Dieser Markierung weiter folgen - rechter Hand *Seidenbuch* - bis zur befestigten Str. Diese zweimal li ab zum Gemarkungspunkt *Auf*
MW *dem Eck.* Jetzt mit *[Blauem Strich]* ger. In Kurven abw nach *Erlen-*
MW *bach.* Im Ort mit *[F 9]* re Ri *Bergtierpark*, dann li zur *Steinbruchstr* und zur empfehlenswerten Einkehr im

● **Restaurant-Café-Pension »Schorsch«** - Nicht nur die Uhrensammlung (über 800 Stück) macht die Einkehr zum Erlebnis, sondern auch die behagliche Atmosphäre in den Gasträumen mit Freiterrasse. Die originelle Speisegaststätte ist bekannt für ihre Wildspezialitäten und für Gerichte aus eigener Schlachtung. Durchgehend warme Küche. Bier vom Fass und offene Weine. Untere bis mittlere Preise. - *Ru = Di.*

Nachdem Hunger und Durst gestillt sind, lohnt sich ein Abstecher - mit *[F 9]* - zum

● **Bergtierpark Fürth-Erlenbach/Odw.** - Deutschlands schönstgelegener *Bergtierpark* mit über 250 Gebirgstieren aus fünf Erdteilen. Der Besucher erlebt die Tiere in landschaftlich schönen Gehegen inmitten ihrer nahezu natürlichen Umgebung.

● **Erlenbach - Eulsbach - Schlierbach** - 1 Std - Vom *»Schorsch«* re
MW die *Tierparkstr* abw, Querstr li *Denkmalstr*, *[Blauer Strich]*. Am

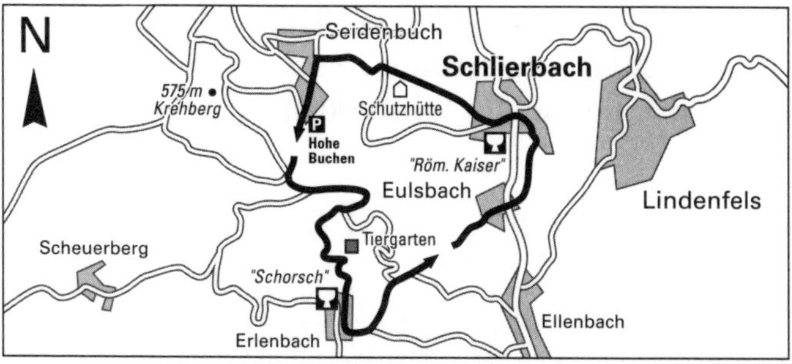

Friedhof li. Bei Linksabzweig *[Blauer Strich]* ca. 100 m mit *[F 10]* ger, danach *[ohne Markierung]* befestigte Str ger, *Ww*, Ri *Eulsbach*. Vor Ort mit *[S 1]* nach *Eulsbach* hinein und auf dem *»Gerichtspfädchen«* zurück nach *Schlierbach* und zur wohltuenden Einkehr im *Landgasthof »Zum Römischen Kaiser«*. *MW* *OM* *MW*

● **Zum Römischen Kaiser – Landgasthof** – Hier wird nicht nur eigener Apfelwein gekeltert, sondern auch ein Museum für dieses erfrischende Getränk geführt. Spezialitäten sind kleine Gerichte und Vesper aus eigener Schlachtung. Komfortable Zimmer im Gästehaus. Gartenterrasse. Sieger im Gaststättenwettbewerb. Untere (bis mittlere) Preislage. – *ÖZ: ab 14 Uhr. – Ru = Mo.*

Winterkasten - Neunkircher Höhe/Kaiserturm - Neunkirchen - Burgruine Rodenstein - Freiheit Laudenau - Winterkasten

Weg und Zeit - 11 km - 3½ Stdn.
Charakteristik - Ein Rundweg voller Höhepunkte: Die *Neunkircher Höhe*, höchster Berg des *hessischen Odenwaldes. Neunkirchen*, dessen höchstes Dorf. Die sagenumwobene *Burg Rodenstein.* Die geschichtsträchtige *Laudenauer Freiheit.* Die herzliche Gastfreundschaft im *Gasthof Raupenstein.*
Wanderkarte - *TF 20 - 5 Bergstraße-Odenwald.*
Anfahrt - Von der B 47 von *Bensheim, Lindenfels* und *Michelstadt.* - Aus dem *Modau-* und *Fischbachtal.* - Von *Reichelsheim.*
Parken - Gegenüber dem *Gasthof Raupenstein.*

● **Winterkasten - Neunkircher Höhe/Kaiserturm - Neunkirchen** -
MA Gut 1 Std - Vom *»Raupenstein«* zur *Hauptstr.* Li mit *[Rotem Quadrat]* bis zur *Neunkircher Höhe* mit dem *Kaiserturm. Schleichweg* li, befestigter Wirtschaftsweg aufw. Im Bergsattel re, zum Waldrand und im Wald aufw zur *Neunkircher Höhe* (605 m) mit dem *Kaiserturm* (*ÖZ: Mai-Okt.: Di-Do 13-17 Uhr. Ganzjährig: Sa, So, Fei 10-17 Uhr. Wochentags bei Regen geschlossen. Vereine und Schulklassen nach Vereinbarung, Tel. 06254/415 o. 7145*). Großartiger Rundblick bis zum *Donnersberg*, dem *Taunus* und dem *Spessart.* Mit *[Rotem Quadrat]* weiter zum *Seibertstein* (*Ludwig Seibert*, Schöpfer der Wegbezeichnung des *OWK*), einer bizarren Felsformation. Weiter zum Grenzweg, auch *LM [N 2]*: alte Grenzsteine mit *Erbacher* Wappen (3 Sterne), *AR* (*Amt Reichenberg*) und *AS* (*Amt Schönberg*). *Gersprenz- (Mergbach-) Quelle.* An der Kreuzung ger mit
MW *[N 2]*, vorbei an großer Flugsicherungsanlage. Ger abw, auch *Lehrpfad [L]*, vorbei an Schutzhütte. Abw, Waldaustritt, abw mit wunderbarem Blick, ger nach

● **Neunkirchen** (517 m) - Erholungs- und Wintersportort. Benannt nach der *neuen Kirche*, einer romanisch-gotischen Wallfahrtskirche. Die heutige *Ev. Kirche* wurde 1742/43 von *J. K. Lichtenberg* erbaut (siehe auch S. 90).

● **Neunkirchen - Daumenstein - Burgruine Rodenstein** - Gut 1 Std - An der *Kirche* vorbei, am *Marktplatz* mit dem *Ohly-Denk-*
MW *mal* re, *[Weißer Strich]*. Dieser Markierung folgen bis zur *Burg Rodenstein.* Auf befestigtem Weg abw in den Wald, vor Waldaustritt re. 2 Bächlein, aufw. zum *ND Daumenstein*, einem mächtigen Felsrücken. An der Gabelung li, ger, an der 2. Kreuzung re. Nach 5 Min Waldpfad re abw zur

● **Burgruine Rodenstein** - Erbaut um 1240 von den *Rittern von Crumbach.* Danach Namenswechsel in *von Rodenstein.* Erweitert im 14./15. Jh. Nach 1648 verfiel die Burg und wurde ab 1887 auf

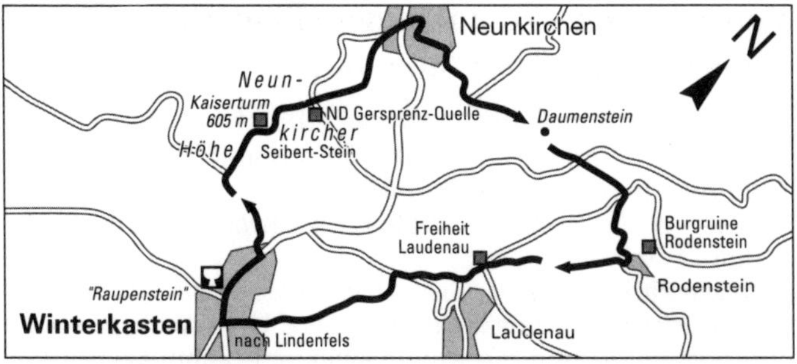

Initiative des OWK restauriert. - Fast rechteckige Wehranlage mit Kernburg, Halsgraben, Schildmauer, wieder aufgebautem Burgtor, Flankentürmen (darunter der gut erhaltene Mühlturm) sowie einem weiterem Zwinger und einer Geschützbastion zur Talseite. - S. auch S. 86.

● **Burgruine Rodenstein - Freiheit Laudenau - Winterkasten** -
4 km - 1¼ Stdn - Zurück zum Hauptweg und mit *LM [FC 3]* li ab. *MW*
Im Frühjahr und nach starken Regenfällen ist das *ND Fallender Bach* ein imposanter Wasserfall. Mit *[FC 3]* ger bis P *Freiheit.* Auf der *Laudenauer Freiheit* hatten Flüchtende einst 3 Tage Asylrecht.
Mit *[Gelbem Quadrat]* ger durch den Weiler. Am Ortsausgang re *MW*
und mit *LM [V]* gleich wieder li. Durch Wiesen aufw zur K 77. An *MW*
der Straße re, nächste Abzweigung li in Feldweg. Zweimal an der
Gabelung re und dann *LM [WK 2]* zurück nach *Winterkasten* fol- *MW*
gen. *Hauptstr* re, dann li zur fröhlichen Einkehr im

● **Gasthof Raupenstein** - Ein Haus mit echter Odenwälder Atmosphäre. Behagliche Komfortzimmer. Große Freiterrasse. Abwechslungsreiche, gutbürgerliche Küche, auch Wildgerichte und herzhafte Vesper. Kuchen aus eigener Herstellung. Sehr freundlicher Service. Mittlere Preise. - *Ru = Mo.*

● **Weitere Wanderwege** - Schöner Rundweg nach *Lindenfels* mit *LM [Li 1].* - Mit *[Gelbem Dreieck]* nach *Klein-Gumpen* und auf dem *[R 9]* nach *Reichelsheim* (s. S. 84/85), ca. 1¼ Std.

Reichelsheim - Wanderwege - Erzbach

Anfahrt - Am gemeinsamen Abschnitt der B 38 *Weinheim - Reinheim* und der *Nibelungenstraße*/B 47 *Bensheim - Michelstadt.* - *Siegfriedstraße*/B 460 *Heppenheim - Fürth* - B 38.

Parken - Ⓟ *Regionalmuseum* zwischen *»Schwanen«* und *Kirche.* Stellplatz für Wohnmobile.

● **Reichelsheim** - *Staatlich anerkannter Erholungsort.* Mittelpunkt von 13 Ortsteilen. - Fränkische Gründung. Um 1200 im Besitz der *Schenken zu Erbach.* 1303 erste urkundliche Erwähnung. Seit 1307 unter pfälzischer Lehenshoheit, Sitz eines Zentgerichts. - *Ev.-Luth. Michaelskirche,* 1716-18 Umbau zur barocken Hallenkirche. Patronatskirche der *Grafen Erbach-Reichenberg.* - Davor *Ev. Zweites Pfarrhaus* (1781). - Neben dem *»Schwanen«: Ev. Erstes Pfarrhaus* (seit der Reformationszeit), im Kern gotisches Steinhaus. - *Ehemaliges Zehnt- u. Rathaus,* erb. 1554 als Markt- und Gerichtsgebäude. Umbau 1870. 1954-75 Rathaus, danach *Heimatmuseum.* - *Heutiges Rathaus,* erb. 1904 als *Großherzoglich-Hessisches Amtsgericht.*

● **Regionalmuseum im Alten Rathaus** - Sehr intensive Behandlung der Themen *Eisenbahn, Handwerk, Schule, Bergbau* und interessante Exponate. - *ÖZ: So 15-17 Uhr (wenige Ausnahmen).* - Führungen nach Vereinbarung, Tel. 0 61 46 / 5 08 26.

● **Burg (Schloss) Reichenberg** - Weithin sichtbar auf einem steilen Hügel hoch über *Reichelsheim* und dem *Gersprenztal* gelegen. Zwischen 1230 und 1240 als *Höhenburg* von den *Schenken zu Erbach* erbaut. Landesfeste gegen die *Herren von Crumbach/Rodenstein.* 1370 wurde die *Vorburg* errichtet. Von *Kern-* und *Vorburg* blieben nur noch Ruinen. Besonders malerisch ist die Ruine der spätgotischen *Burgkapelle,* 15. Jh. Unzerstört erhalten ist das *ehemalige Amtshaus* aus dem 18. Jh. (Privatbesitz, keine Besichtigung).

● **Wanderwege** - Ein vorbildliches, gut markiertes Wegenetz überspannt das *Reichelsheimer Wandergebiet.* Viele Rundwege beginnen in *Reichelsheim, Beerfurth, Gersprenz, Bockenrod, Unter-Ostern, Rohrbach, Erzbach, Ober-Ostern, Gumpen, Laudenau* und *Ober-Kainsbach.* - **Wanderkarte** - *TF 20 - 4 Rodensteiner Land (beim Verkehrsamt).*

● **Reichelsheim/Erzbach** - *Anfahrt/Parken*: *Siegfriedstr*/ B 460, Abzweig *Wegscheide.* - Von *Reichelsheim.* - Ⓟ *Hotel Berghof.*

● **Rundweg Erzbach - Roter Kandel** - 6 km - 1½ Stdn - Vom *»Berg-*
MA *hof«* zur *Forststr*/ L 3105. Li ab, *[Ez 1]*, re über die Brücke, dahinter li,
Ww [Rohrbach]. Im Bogen aufw zum Ortsende. Befestigten Weg
MW weiter zur *Schutzhütte*, dahinter mit *[Gelber 6]* re und über die freie
Hochfläche. Herrlicher Rundblick! An der Waldecke ger mit *[Gelber*
MW *6]* zum **Forsthaus Roter Kandel**. Re mit *[Gelber 2]*. Schöne Aussicht
vom Waldrand aus! Waldeintritt, Weg beibehalten. Über die L 3105
OM zum **Gebrannten Brünnchen** (gefasst 1978). *[Ohne Markierung]* ger
weiter, *Ww [Berghof]*. Ger **(!)** über die Wiese zur Waldzunge. Guter

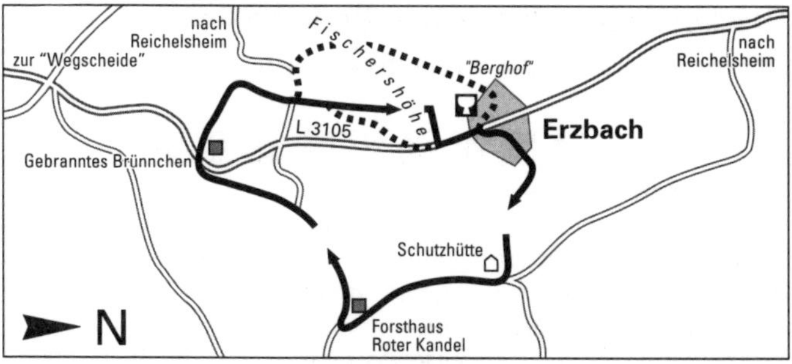

Blick auf *Schloss Reichenberg*! Waldzunge queren, *[Gelbe 2]*. Am *MW*
Waldrand re, Feldweg abw zu Querweg. Querweg li, *[Weiße Raute]*, *MW*
dann mit *[Ez 1]* über die *Fischershöhe* zurück (Wegalternativen: in *MW*
der Skizze gestrichelt). Ger **(!)** nach **Erzbach** und zurück zum

● **Berghof - Hotel - Restaurant - Café** - Weithin bekanntes Haus in prächtiger Lage. Behagliche Komfortzimmer und Appartements. Stilvoll-rustikale Gasträume. Zirbelstube. Kaminzimmer. Nichtraucher-Gaststube. Terrasse. Liegewiese. Hallenbad. Gepflegte Atmosphäre. Traditionelle und neue Odenwälder Küche. Herzhafte Vesper. Eigene Schlachtung. Selbstgemachte Backwaren. Frühstücksbüffet. Mittlere Preise. - *Ru=Mo.*

Reichelsheim - Burgruine Rodenstein - Freiheit Laudenau - Reichelsheim

Weg und Zeit - 10 km - 3 Stdn.
Charakteristik - Der »Klassiker« unter den Wanderwegen von *Reichelsheim.* Ein herrlicher Rundweg, der über die sagenumwobene *Burg Rodenstein* zur *Freiheit Laudenau* und auf dem *Panoramaweg* zurück nach *Reichelsheim* führt.
Wanderkarte - *TF 20 - 4 Rodensteiner Land.*
Anfahrt und Parken - Wie S. 84.

● **Reichelsheim - Burgruine Rodenstein** - 1 Std - Vom P *Regionalmuseum* über *Rathausplatz* bis zur *Ruine Rodenstein* immer der *LM*
MA *[R 1]* folgen. *Bismarckstr* ger, *Rodensteiner Str* re, Ri *Schwimmbad* und an Gabel re abw. *In der Aue* li. Ab Ortsende befestigtem Weg ca. ½ Std folgen, dann re. Fahrstr li und an der nächsten Gabel li zum

● **Hofgut Rodenstein** - In herrlicher Waldlage an der *Burgruine.* Alle Zimmer im Bauernstil mit Du/WC. Rustikale Gasträume. Schöne Gartenterrasse. Abwechslungsreiche, marktfrische Küche, u. a. Fisch, Wild, Lamm, Vollwertkost, Odenwälder Vesper. Reichhaltiges Frühstücksbuffet. Wochenend-Spezialitäten. Günstige Wanderwochenenden. Untere bis mittlere Preise. - *Ru = Mi, Do.* - P.

● **Burgruine Rodenstein** - siehe S. 82.

● **Die Sage vom Rodensteiner, dem Schnellertsherr oder Schnellertsgeist** - Wenn Krieg oder ein anderes schweres Unglück droht, zieht der Rodensteiner mit Reitern, Wagen, Vieh und Hunden von seiner *Burg Schnellerts* zu seiner zweiten *Burg Rodenstein.* Bevor es wieder Frieden gibt oder eine Sache sich zum Guten wendet, kehrt er wieder zum *Schnellerts* zurück. Dieser Geisterzug, das *»Wilde Heer«,* ist zwar unsichtbar, aber sein Lärmen und Heulen, sein Rauschen und Pfeifen, sein Dröhnen und Stöhnen, sein Hundegebell und Pferdegetrappel sind unüberhörbar. - Liter. Quellen: *J. V. v. Scheffel, Rodensteinlieder; W. Bergengruen, Das Buch Rodenstein.* - (s. auch S. 100 Ruine Schnellerts).

● **Rodenstein - Freiheit Laudenau** - ½ Std - Der Weg ist durchgehend markiert mit *[R 1].* Hinter der Burg aufw. Schöner Waldweg mit sehenswerten Felsformationen. Große Felsgruppe *»Wildweibchenstein«* re oben im Wald. *»Fallender Bach«,* ein besonders im Frühjahr beeindruckender Wasserfall. An Rechtskehre ger zur *Freiheit Laudenau,* ehemaliger Grenzpunkt der Kirchspiele *Neunkirchen, Gross-Bieberau* und *Reichelsheim.* Auf diesem durch Hecken abgegrenzten Platz im Grenzbereich (Niemandsland) hatten damals Flüchtlinge für einige Tage Asylrecht. - Auf der *Freiheitsstr* ger zur schönen Einkehr im

● **Gasthaus Zur Freiheit** - Das gemütliche Gasthaus für jeden Anlass. Gasträume im Landhausstil. Familiäre, gepflegte Atmosphäre. Herrliche Gartenterrasse. Die regionale, saisonale Küche über-

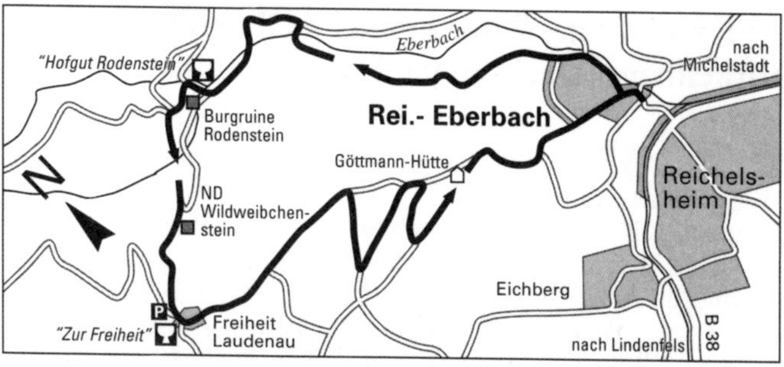

zeugt mit ausgewählten Fleisch-, Fisch-, Wild- und Lammspezialitäten. Frische Produkte aus der Region. Kuchen aus eigener Herstellung. Mittlere Preislage. Großer P am Haus. Kinderspielplatz. - *ÖZ: 9-21 Uhr. - Ru = Mo, Di.*

● **Freiheit Laudenau - Reichelsheim -** 1½ Stdn - Vom *Gasthaus* weiter mit *[R 1]* auf dem Panoramaweg, von dem man eine einmalige Aussicht hat. Hinter der Schutzhütte re, am nächsten Abzweig scharf li und durch den Wald abw. An zwei Kreuzungen re, dann Linksbogen und zur *Philipp-Göttmann-Hütte.* Rechtsbogen und weiter abw bis zum *Friedhof.* Über *Laudenauer Str* und *Bismarckstr* ger zurück zum P *Regionalmuseum.*

Unter-Ostern - Roter Kandel - Ober-Ostern - Birkenhag - Dachsberg - Unter-Ostern

Weg und Zeit - 13 km - 4 Stdn.
Charakteristik - Ein sehr empfehlenswerter Rundweg für Wanderer, deren Herz bei unvergesslichen Ausblicken höher schlägt. Die sportlichen Akzente bei den Auf- und Abstiegen seien nicht verschwiegen! - **Wanderkarte** - *TF 20 - 4 Rodensteiner Land.*
Anfahrt - B 38/B 47, Abzweig östlich von *Reichelsheim* Ri *Erzbach/Rohrbach.* - B 460, Abzweig *Weschnitz* oder *Wegscheide.* - *Michelstadt - Mossautal.*
Parken - P *Gaststätte-Pension Sonnenhof.*

● **Das Ostertal** - Anmutige, von bewaldeten Bergen eingerahmte Wiesen- und Weidelandschaft. Heute Anziehungspunkt für Erholung Suchende, war das *Ostertal* früher ein bedeutendes Bergbaugebiet. Bereits 773 n. Chr. erwähnte der *Lorscher Codex* die *»Aresgrefte«* (Erzgrüfte) bei *Ober-Ostern.* Auf Grund des keltischen Ursprungs des Namens geht man davon aus, dass schon die Kelten hier Erz abbauten. Während des ganzen Mittelalters wurde hier Erz abgebaut, verhüttet und verarbeitet; der Höhepunkt war Anfang des 20. Jahrhunderts erreicht. Erst nach dem 2. Weltkrieg wurde die Bergwerkstätigkeit eingestellt.

● **Unter-Ostern - Roter Kandel - Ober-Ostern** - 1¾ Stdn - Vom
OM *»Sonnenhof« [ohne Markierung]* abw, *Grundstr* re Ri *Erzbach.* Nach 1
Min **(!)** li über das Bächlein. Grasweg aufw zum Waldrand, über die
Wiese zum gegenüber liegenden Waldrand und li hoch zur Birken-
MA gruppe mit Ruhebank. Ab hier mit *LM [Ro 2]* re. Herrlicher Höhen-
MW weg! An der Kreuzung ger mit *[Gelber 5]* bis zur *Schutzhütte.* Ein-
MW maliger Panoramablick! Von der *Schutzhütte* mit *[Gelber 6]* ger bis
zum ehemaligen gräflichen *Forsthaus Roter Kandel.* Dahinter re mit
MW *[Weißer Raute].* Schöner Blick auf *Erzbach* und die *Neunkircher Höhe.* Im Wald Abzweig halb re, immer der *[Weißen Raute]* folgend, abw zur L 3105. Li, nach 50 m re abw, über das Bächlein und aufw auf befestigtem Weg ger. An der Gabelung li, Rechtsbogen und ger abw nach *Ober-Ostern.* Li abbiegen und zur Einkehr im

● **Gasthof-Pension Zum Ostertal** - Sehr ruhige Lage. Behagliche Komfortzimmer und Appartements. Gemütlich-rustikale Gasträume. Gutbürgerliche Küche, auch Wild und herzhafte Vesper. Frische Kost aus Hausschlachtung und eigener Landwirtschaft. Reitmöglichkeiten und Kutschfahrten. Untere und mittlere Preise. - P.

● **Ober-Ostern - Birkenhag - Dachsberg - Unter-Ostern** - 2¼ Stdn - Mit *[Weißer Raute]* Str abw bis zur *Ostertalstr*/K 52. Li, nach 200 m hinter dem Bauernhof Stufen re und befestigter Weg aufw. Schöner Blick auf *Weschnitz* und das *Ostertal.* Waldrand und Waldwinkel,
MW *[Weiße Raute]* verlassen und mit *[Blauem umgekehrtem Dreieck]* re abbiegen. Waldweg aufw, Rechtsbogen abw, Linksbogen abw und

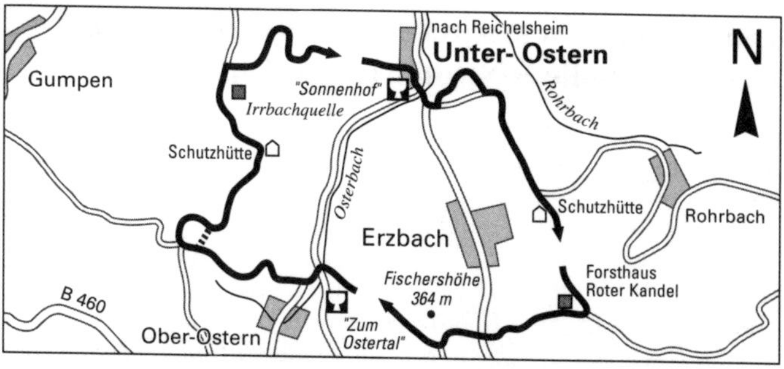

zum Waldrand. Freies Feld mit herrlicher Aussicht! Ger bis zur *Schutzhütte.* Li aufw in den Wald. An der Gabelung li (re 10 Min zur *Irrbachquelle*). Nach ca. 800 m mit *LM [O 2]* re abw. Linksbogen, *MW* aufw, Rechtskehre und mit *[O 2]* über den *Dachsberg* hinab nach *Unter-Ostern* zur gemütlichen Einkehr in der

● **Speisegaststätte Pension Sonnenhof** - Ruhige Lage. Schöne Gästezimmer und Ferienappartements. Rustikale Gasträume mit gemütlicher Atmosphäre. Gutbürgerliche, regionale Küche mit Wurst- und Fleischwaren aus eigener Mast und Schlachtung. Deftige Vesper. Eigener Obstanbau. Hauseigener Apfelwein und Most. Unteres bis mittleres Preisniveau. - *Ru = Do.*

Lützelbach - Neunkirchen - Neunkircher Höhe - Germannshöhe - Neunkirchen - Lützelbach

Weg und Zeit - 13 km - knapp 3½ Stdn.

Charakteristik - Bequeme Wanderung zum zweithöchsten Odenwaldberg, der *Neunkircher Höhe* (605 m) mit *Kaiserturm.*

Wanderkarte - *TF 20 - 2 Nördlicher Vorderer Odenwald.*

Anfahrt - A 5, AS *Bensheim,* B 47 bis *Lautertal-Gadernheim,* weiter nach *Modautal-Lützelbach.*

Parken - Gäste-P *Gasthaus-Pension »Birkenhof«.* Sonst in Nebenstr.

● **Lützelbach** - Ortsteil von *Modautal* im *NP Bergstraße-Odenwald.* Staatlich anerkannter Erholungsort, 1346 erstmals erwähnt.

● **Neunkirchen** - Ebenfalls Teilort von *Modautal* und mit 517 m das höchstgelegene Dorf in *Südhessen.* Bereits 1222 erwähnt: *»Zur nuiwen Kirche«.* Diese gilt als eine der ältesten und reichsten des *Odenwaldes* und dient heute noch sieben Dörfern als ev. Gotteshaus.

MA ● **Lützelbach - Neunkirchen** - ½ Std - Vom *»Birkenhof«* mit *[M 1]*
Brunnengasse aufw, über *Brandauer Str,* Str *Zum Eichwäldchen* aufw,
MW ab hier *[Rotes Quadrat].* Nach letztem Haus li, nach 200 m in Wald, Rechtsbogen, *Wbh.* 100 m danach re (!), *[Rotes Quadrat].* Schöner Rastplatz am Waldrand, dann Wiesenweg mit Blick auf *Neunkirchen.* Kurz vor erstem Haus re, bald in Fahrstr li. Am Straßenbogen das auffallende *ND Hainbuche.* Weiter Ri Ortsmitte bis *Brunnendenkmal* und junger *Dorflinde* (1978 statt jahrhundertealter Dorflinde gepflanzt). Ger Ri *Kirche,* vorbei an mächtiger *Linde (ND)* zum

● **Höhenhaus Odenwald Landhotel-Restaurant-Café** - Familienbetrieb mit Tradition. Behagliche Komfortzimmer, Gasträume im ländlichen Stil, auch für Gruppen. Gartenlokal mit Panoramablick. Odenwald-Spezialitäten und Aktionswochen. Hausschlachtung. Kuchen u. Torten aus eigener Herstellung. Mittl. Preise. - *Ru = Fr.*

● **Neunkirchen - Neunkircher Höhe** - Gut ½ Std - Vom *Höhenhaus*
MW über Fahrstr, aufw Ri Wald. Am Waldrand li mit *LM [N 2]* und *Ww [Kaiserturm].* Vorbei an *Schutzhütte,* an Gabelung ger mit *[N 2].* Anstieg zu *Radarstation.* Mit *[N 2]* ger weiter bis zum *[Roten Quadrat],* vorbei am *ND Gersprenz-Quelle* mit Rastplatz. Noch 400 m zur *Neunkircher Höhe* (605 m). Vom 34 m hohen, bewirtschafteten *Kaiserturm* reicht der Blick bis zum *Spessart* und *Taunus* (s. auch S. 82).

● **Neunkircher Höhe - Germannshöhe - Neunkirchen - Lützelbach** -
Gut 2 Stdn - Zunächst gleicher Weg zurück, ca. 100 m nach der *Ger-*
MW *sprenz-Quelle* an Kreuzung re. Ebener Waldweg, *[Gelbes Quadrat].*
Vorbei am Wald-P *Weinweg,* Str überqueren, ger weiter mit *[Gelbem*
MW *Quadrat],* bis es re abbiegt. Hier ger weiter mit *[Gelber 2].* 100 m wei-
MW ter mit *[Gelber 5]* vorbei an der *Germannshöhe* (517 m), einer schö-
nen Lichtung. An deren Ende Rechtsbogen, dann Linksbogen und
OM Schranke. Ca. 500 m *[ohne Markierung],* dann *[FC 3]* auf *Weinweg.*

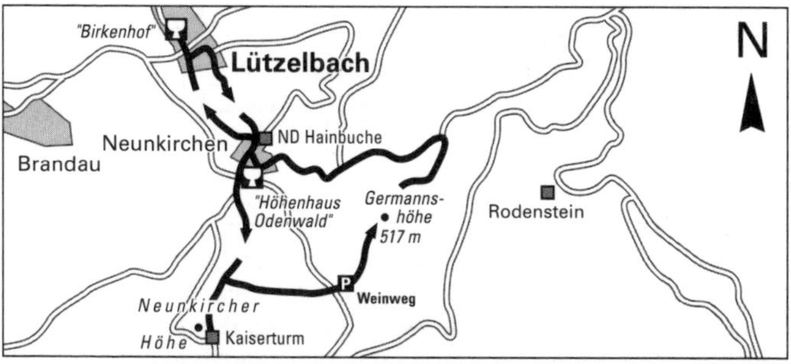

Mit *[Weißem Strich]* scharf li (!) bis *Neunkirchen.* Erst eben, dann kleine Anstiege, über zwei Flüsschen, Waldaustritt und aufw zum *Brunnendenkmal.* Re abw, zunächst wie Hinweg, vorbei am *ND Hainbuche* und weiter mit *LM [M 1]* schmale Fahrstr abw, *Ww [Lützelbach]*, Ri Waldrand und abw bis Ortsrand *Lützelbach.* Str ger abw, *Am Eichwäldchen*, *Brandauer Str* überqueren, *Brunnengasse* zum *MW* *MW*

● **Gasthaus-Pension Birkenhof** - Ausgezeichnet mit dem *Hessenlöwen.* Ruhige Lage. Gästezimmer, Ferienwohnungen. Gasträume im modernen Landhausstil. Liegewiese, Terrasse, Biergarten. Gutbürgerliche reg. Küche, saisonale Gerichte. Hausschlachtung, Vollwertkost, Vesper, Kinder- u. Seniorenteller. Mittl. Preise. - *Ru=Mo.*

Lützelbach - Wildfrauhaus - Bonin-Brünnchen - Klein-Bieberau - Steinernfirst - Schloss Lichtenberg - Heuneburg - Lützelbach

Weg und Zeit - 16 km - 4 Stdn.
Charakteristik - Ein außerordentlich vielseitiger Rundweg: eindrucksvoll die Felsformation *Wildfrauhaus,* faszinierend die Schönheit von *Schloss Lichtenberg* und die Reichhaltigkeit seiner Sammlungen, anrührend die Begegnung mit den Resten der keltischen Befestigung *Heuneburg* - das alles eingefügt in eine wunderschöne Odenwaldlandschaft mit herrlichen Ausblicken.
Wanderkarte - *TF 20-2 Nördlicher Vorderer Odenwald.*
Anfahrt - Aus dem *Modautal* oder *Lautertal* über *Brandau.* - Aus dem *Fischbachtal.* - Aus dem *Gersprenztal* bzw. von *Lindenfels* über *Neunkirchen.*
Parken - Großer Gäste-Ⓟ beim *Odenwald-Café Hofmann.*
● **Lützelbach** (400 m) - *Staatlich anerkannter Erholungsort.* Ortsteil von *Modautal.* - Markanter Wanderwegeschnittpunkt.
● **Lützelbach - Wildfrauhaus - Bonin-Brünnchen - Klein-Bieberau - Steinernfirst - Schloss Lichtenberg** - Knapp 2½ Stdn - Vom *Odenwald-Café* durch die *Obergasse, Klein-Bieberauer Weg* orts-
MA auswärts, *[L 2], Ww [Klein-Bieberau/Webern].* Am Waldrand re mit *Ww [Lichtenberg/Wildfrauhaus],* an der Gabelung li mit *Ww [Wildfrauhaus],* bei Rechtsbogen li **(!)** ab zum *flächenhaften ND*
OM *Wildfrauhaus.* Vor dessen mächtigen Granitfelsen Pfad *[ohne Markierung]* abw, *Großherzog-Ernst-Ludwig-Stein.* Über breiten Weg, Pfad weiter kräftig abw, unten breiten Weg li zum *Bonin-Brünnchen,* einer sehr hübschen Anlage, *Schutzhütte.* Ab hier mit
MW *[KB 1]* nach li. Rechtsbogen zum Waldrand, dort entlang und mit
MW *[M 1]* nach *Klein-Bieberau.* Hauptstr kurz re, dann mit *[M 1]* li aufw bis *Steinernfirst.* Breiter Forstweg re ab bis zur Kreuzung mit
MW *[Gelbem Kreuz],* das den Wanderer bis *Lichtenberg* begleitet. Zunächst re und abw zum *Naturpark-*Ⓟ *Schnakenmühle,* dann über die K 135 und hinüber in den Wald. *Geographisch-historischer Lehrpfad* (kleine Infotafel). *Altscheuerweg* ger, Waldrandweg - li liegt *Rodau* - Linksbogen, Feldweg re aufw zum Ⓟ *Riedbusch.* Str überqueren, Stufen li, Fußweg re abw, unten re, *Eselsbrunnen.* Pfad aufw nach *Lichtenberg. Waldstr* li, Abstecher li zum *Bollwerk, Landgraf-Georg-Str* ger zum
● **Schloss Lichtenberg** - In dominierender Lage, hoch über dem *Fischbachtal.* - Prächtige Dreiflügelanlage, 1570-81 durch *Landgraf Georg I. v. Hessen-Darmstadt* als Renaissanceschloss erbaut. Schon um 1230 hatten hier die *Grafen v. Katzenelnbogen* eine *Burg* errichtet. *Vorburg* mit *Zehntscheuer,* 16. Jh., gotischer *Marstall* und *Torbau* erhalten. - Bedeutendes *Museum:* Sehenswerte *Zinnfiguren-Sammlung* in Form historischer Dioramen. *Bleisoldaten-Sammlung. Landschaftsmuseum. Landeskunde. Kunstausstellun-*

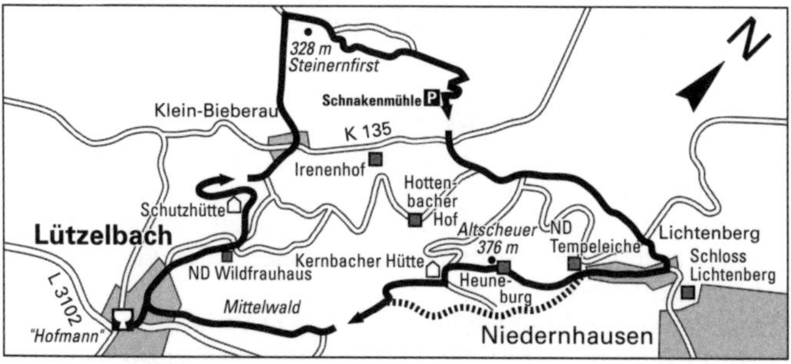

gen im *Ahnensaal. Kaisersaal. ÖZ: März-Nov., Mi und Fr 15-18 Uhr, Sa, So und Fei 11-18 Uhr und nach Vereinbarung unter Tel. (06166) 404.*

● **Schloss Lichtenberg - Heuneburg - Lützelbach** - Gut 1 1/2 Stdn - Zurück durch die *Waldstr, [Rotes Quadrat], Lippmannweg* halb li zum 🅿 *Heuneburg* mit *ND Tempeleiche.* Ab hier gibt es zwei Wegvarianten: 1. *Hainbergweg* aufw, mit *[Rotem Quadrat]* zu den Ringwallresten der *keltischen Heuneburg* (s. auch S. 94/95) und zur *Heuneburg-Hütte* nahe dem *Altscheuergipfel* (376 m). Ger, zum Sendemast, abw an der *Kernbacher Hütte* (2 Wohngebäude) li, *Alleeweg* re. Abw, am Waldrand 1½ Min li, beim alten *Stein-Ww* re aufw (!). - 2. Mit der *Markierung [F 1]* im Wald weiter bis zum Schnittpunkt mit dem *[Roten Quadrat].* Dann zunächst gemeinsam: Am Waldrand ger, Rechtsbogen neben hohem Feldrain. Kurz vor dem Wald - *[F 1]* geht nach li - Abzweig (!) halb re (!) zur Waldecke. Jetzt dem *[Roten Quadrat]* folgen bis nach *Lützelbach.* Schöne Einkehr im *MW*

● **Odenwald-Café Hofmann** - Bekanntes, leicht erreichbares Ausflugscafé. Stilvoll-elegante Gasträume mit großen Panoramafenstern. Reiche Auswahl an Kuchen. Auch leckere kleine Speisen. Unteres Preisniveau. - *Kein Ru.*

● **Weitere Wanderwege** - *[L 1] Steinkopf,* 4 1/2 km. - *[L 2] ND Wildfrauhaus,* 4,2 km. - *[L 3]* Rundweg *Webern,* 6 km.

Niedernhausen – Panoramaweg Fischbachtal

Weg und Zeit – 13 km – 3½ Stdn – Höhendifferenz 200 m.
Charakteristik – Prächtiger Rundweg, auf dem man sich bequem die liebliche Schönheit des *Fischbachtales* erschließt und den man auch in *Nonrod* beginnen und beenden kann. Glanzpunkt: *Schloss Lichtenberg.*
Wanderkarte – *TF 20 – 2 Nördlicher Vorderer Odenwald.*
Anfahrt – B 26 von *Darmstadt.* – B 38 *Reinheim – Reichelsheim,* Abzweig in *Groß-Bieberau,* L 3106. – Aus *Modau- und Lautertal.*
Parken – Gäste-P beim *Landgasthof Brunnenwirt (Meenzer Eck).*

● **Niedernhausen – Lichtenberg** – Gut ¼ Std – Vom *»Brunnenwirt«*
in *Niedernhausen* die *Darmstädter Str* südwestlich bis zum
MA Schnittpunkt *[Gelbes Kreuz].* Mit diesem aufw zum

● **Schloss Lichtenberg** – s. Seite 92. – Gegenüber das *Bollwerk* (die sog. *»Krautbütt«*), ein Batterieturm von 1500.

● **Lichtenberg – Tempeleiche – Heuneburg – Steinau** – Gut
1¼ Stdn – Weiter mit *[Gelbem Kreuz]* bis zum Kreuzungspunkt
MW *[Rotes Quadrat].* Mit diesem ger bis zum *Naturpark*-P *Heuneburg*
und *ND Tempeleiche.* Waldweg aufw zum *Ringwall Heuneburg,* ei-
ner keltischen Wehranlage, die oval die Bergkuppe umschließt,
mit einem Grabensystem als Schutz. Weiter durch den Wald abw,
vorbei an der *Kernbacher Hütte* bis zum Waldrand. Dort li zum
MW Schnittpunkt mit der *[F 1],* der man jetzt folgt. Zunächst bis zur
L 3102, diese 100 m abw, dann re aufw, auf Panoramaweg mit Blick
auf *Schloss Lichtenberg* nach *Steinau.*

● **Steinau – Meßbach – Nonrod** – 1 Std – *Hauptstr* li abw, gegen-
über Haus 61 Str *Am Kurzen Berg* re aufw mit *[F 1], Ww [Meßbach].*
Nach Waldstück re, *»Jägerbank«.* Schönster Blick auf *Schloss*
Lichtenberg! In Bogen abw bis *Meßbach. Rimdidimstr* li, re schö-
MW nes altes Schulhaus, *Nonroder Weg* mit *[F V]* aufw zur *Nonroder*
Hütte. Dahinter li, *[F V],* am Waldrand abw, *Prof.-Zutt-Weg* nach
Nonrod. Rodensteiner Str re und zur wohligen Einkehr in das

● **Gasthaus und Pension »Zum grünen Baum«** – Ruhige Lage. Moderne Komfortzimmer und gemütliche Gasträume. Gartenterrasse. Angenehme, familiäre Atmosphäre. Gutbürgerliche Küche. Wildspezialitäten, Lamm, Pute, Steaks, Schnitzel, Rouladen. Große Vesperkarte. Untere bis mittlere Preise. – *Ru = Do.* – P.

● **Nonrod – Niedernhausen** – ¾ Std – *Rodensteiner Str* bis Haus 19
MW abw. Dann ständig mit *[F 1]* li aufw und auf kurvenreichem Weg
erst eben, dann abw zum Sportplatz. Am Sportplatz ger über den
P. Grasiger Feldweg aufw, *[F 1].* Li schöner Blick über das *Fisch-*
bachtal! Am Wäldchen li, dann scharf re abw, *Schutzhütte, Frei-*
zeitanlage. Vor der Landstr li den gepflasterten Weg abw bis zum
Ortsrand von *Niedernhausen.* Ger bis *Str Wiesenpfad* re und am
Fischbach entlang zur verdienten Einkehr im

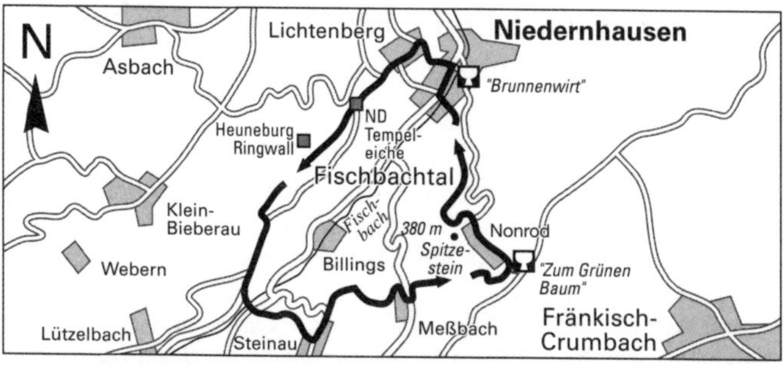

● **Landgasthof Brunnenwirt (Meenzer Eck)** – Schöne 4-Brunnen-Anlage. Behagliche Gasträume. Kegelbahn. Zünftige Grillhütte »Weidestall«. Gemütliche Atmosphäre. Vielseitige gutbürgerliche Küche. Fisch, Wild, Geflügel und Steaks. Senioren- und Kinderteller. Fleisch- und Wurstwaren aus eigener Metzgerei. Wanderwegberatung. – Mittlere Preise. – *Ru = Mo.*

● **Weitere Wanderwege** – Mit *[F 1]* und *[Gelbem Kreuz]* über *Nonrod* zur *Nonroder Höhe.* Mit *[Gelbem Kreuz]* und *[Blauem Dreieck],* dann nur noch mit *[Blauem Dreieck]* bis zum Schnittpunkt *[Weißer Doppelstrich]* und mit diesem zurück. – ca. 8 km – 2 Stdn – *[F 2] Geographisch-historischer Lehrpfad* ab *Schloss Lichtenberg* – ca. 2 Stdn.

Steinau/Fischbachtal - Heuneburg - Lichtenberg - Nonrod - Meßbach - Steinau

Weg und Zeit - 10 km - 3¼ Stdn.
Charakteristik - Toll, dieses *Fischbachtal* mit seinem weithin überragenden *Schloss Lichtenberg. Natur- und Kulturdenkmäler* sind weitere Höhepunkte auf dem herrlichen Rundweg. Unbedingt empfehlenswert!
Wanderkarte - *TF 20-2 Nördlicher Vorderer Odenwald.*
Anfahrt - Von *Bensheim* B 47 bis *Gadernheim, Brandau, Lützelbach* (oder von *Weinheim* B 38 bis *Gumpen, Laudenau, Lützelbach*), *Billings, Steinau.*
Parken - Für Gäste am *Gasthaus »Zur Sonne«* in *Steinau.*

● **Steinau - Heuneburg - Lichtenberg** - Knapp 5 km - 1½ Stdn - Von der *»Sonne«* zurück zum Ortseingang *Steinau*, Landstr re, nach ca. 100 m Str überqueren und li Sträßchen aufwärts. Auf der
MA Höhe Abzweig re, dem *[Roten Quadrat]* bis *Lichtenberg* folgen. Prachtvolle Aussicht! An der Kreuzung li und re aufw in den Wald zur *Kernbacher Hütte.* Von dort weiter aufw zum *keltischen Ringwall Heuneburg* und vorbei an *Schutzhütte.* Mit *[Rotem Quadrat]* abw zum *ND Tempeleiche* am Ortsrand von *Lichtenberg.* Das imposante *Schloss Lichtenberg* vor Augen, gelangt man rechter Hand zum

● **Café Heuneburg**, das zu einer wohltuenden Rast einlädt. Kinderspielplatz direkt vor dem Haus. Von den gemütlichen Gasträumen im Landhausstil und der Gartenterrasse hat man eine herrliche Aussicht auf das *Fischbachtal.* Für jeden Geschmack bieten 25 Sorten Kuchen und Torten aus eigener Konditorei das Richtige. Auch Suppen und belegte Brote werden angeboten. - *ÖZ: Di-Sa 13-18.30 Uhr, So 11-18.30 Uhr, Ru = Mo.*

● **Lichtenberg** - Mit seinem Schloss *»uff dem lichten Berge«* (Beschreibung S. 92) ist es ein bekannter Ortsteil von *Fischbach.* Sehenswertes: *Altes Schulhaus* (*Waldstr* ortseinwärts li*)*, das *Bollwerk* aus dem Jahre 1503, ein gut erhaltener Geschützturm (15 m hoch, 60 m Umfang und 6 m dicke Wände). Beliebt sind die *Schlosskonzerte* und die *Jazz-Frühschoppen* auf der *Schlossterrasse* im Sommer.

● **Lichtenberg - Nonrod - Meßbach - Steinau** - Gut 5 km -
MW 1¾ Stdn - Zwischen *Bollwerk* und *Schloss* mit *[Gelbem Kreuz]* Fußweg abw und dieser Markierung bis *Nonrod* folgen. In *Niedernhausen* Fahrstr überqueren und auf befestigtem Wiesenweg aufw. Schöner Blick zurück auf *Lichtenberg* und sein *Schloss*! Re an der Grillhütte vorbei, dann scharf li und auf Wiesenweg zum *Sportplatz.* Li an diesem vorbei und im Wald steil aufw nach *Non-*
MW *rod.* Dort Str re aufw und an der 1. Abzweigung mit *LM [V]* re aufw. Am Waldrand aufw zur *Nonroder Hütte*, re abbiegen und mit *[V]* Str abw nach *Meßbach.* An der K 72 li und nach gut 50 m

mit *[F 1]* scharf re aufw. Linksbogen und anschließender Rechtsbogen. Panoramaweg mit herrlichem Blick zum Schloss! Im Wald Linksbogen und abw nach *Steinau* zum *MW*

● **Gasthaus-Pension Zur Sonne** – Ruhig gelegen, empfängt den Gast eine wohltuende, gepflegte, familiäre Atmosphäre in diesem traditionsreichen Familienbetrieb. Modern und behaglich sind die Gästezimmer. Eine gutbürgerliche Küche bietet Leckerbissen aus eigener Schlachtung. Bier vom Fass und offene Weine sind selbstverständlich. Untere bis mittlere Preise. – *Kein Ru.*

Fränkisch-Crumbach - Rundweg Rodenstein

Weg und Zeit - 16½ km - 5 Stdn - Höhendifferenz ca. 250 m.
Charakteristik - Großräumig geführter, wunderschöner Weg mit herrlichen Ausblicken und attraktiven Sehenswürdigkeiten.
Wanderkarte - *TF 20 – 4 Rodensteiner Land.*
Anfahrt und Parken - B 26/B 38 bzw. B 449/B 426/B 38 von *Darmstadt.* - B 47/B 38 von *Bensheim* bzw. *Michelstadt.* - *Bahnbus* von *Darmstadt* oder *Weinheim.* - Mehrere P, Wander-P in der Nähe des *Friedhofes.*

● **Fränkisch-Crumbach** - *Staatlich anerkannter Erholungsort* im *Rodensteiner Land.* Liebenswerter Ort in einem Seitental der *Gersprenz.* Seine Geschichte reicht bis in das Jahr 795 zurück. Später lebten hier die sagenumwobenen *Rodensteiner Ritter* und die Adelsgeschlechter der *Gemmingen* und *Pretlack.* 1806 kam der Ort zum *Großherzogtum Hessen.* - *Ev. Kirche* (*St. Laurentius*), romanisch-gotisch, wertvolle Epitaphe, *Walker*-Orgel, *»Türkentrommel«.* - *Herrenhaus*, Renaissance-Bau von 1645, Privatbesitz der Familie *Gemmingen-Hornberg.* - *Pretlack'sches Schloss* von 1690, heute *Rathaus.* - *Rentamt*, 1754. - *Kath. Kirche*, 20. Jh., bemerkenswerte Architektur. - *Heimatmuseum im Kellerbau* (*ÖZ: So 14-16 Uhr*). - *Wanderwegenetz* über 50 km.

● **Der Rundweg** - *Markierung [FC 3]* - Vom *Rathaus* die *Bahnhofstr* ortsauswärts. An der *kath. Kirche* li hoch, über den *Weinberg.* Aussicht in das *Gersprenztal.* Weiter aufw zum *Dornberg* und ins *Schleiersbacher Tal* mit der *Pension Hof Schleiersbach.* Von dort aufw zur **Schutzhütte Heilsruhe**. Herrlicher Blick auf *Brensbach*, den *Otzberg* und viele Höhen des *Odenwalds.*
Durch den Wald zum 200-jährigen *Ww-Stein »Weißer Stein«.* Li ab und über den *Weinweg* (alte römische Handelsstraße) zur **Nonroder Höhe** mit den *»Zwölf Aposteln«.* Phantastischer Rundblick: *Fischbachtal, Schloss Lichtenberg, Neunkirchen, Morsberg, Spreng* sowie *Böllsteiner* und *Hassenrother Hütte* jenseits des *Gersprenztals.* Auf den *Weinweg* weiter, durch den *Märkerwald.* Südlich von *Rimdidim* Linksbogen zum sagenumrankten Granitblock **ND Wildweibchenstein**. Weiter zur **Freiheit Laudenau** (s. S. 82, 83 u. 86, 87). Ab hier scharf li, vorbei am *ND »Fallender Bach«* (Wasserfall, besonders imposant im Frühjahr) zur **Burgruine Rodenstein** (s. S. 86/87), ggf. Einkehr im *Hofgut Rodenstein.*
Nun zum *Naturpark-P Rodenstein* und weiter auf dem *Weilertsweg.* Kurz nach Verlassen des Waldes, schon mit Blick auf *Fränkisch-Crumbach*, geht es zum *Naturpark-P Am Michelbacher Tal* am *Friedhof. Friedhofstr* und *Erbacher Str* zurück zur wohlverdienten Schlusseinkehr in einem der renommierten, heimischen Lokale.

● **Weitere Wanderwege - FC 1** - *Rund um Michelbach* - 9 km - 2½ Stdn. - **FC 2** - *Rund um Güttersbach* - 11 km - Gut 3 Stdn.

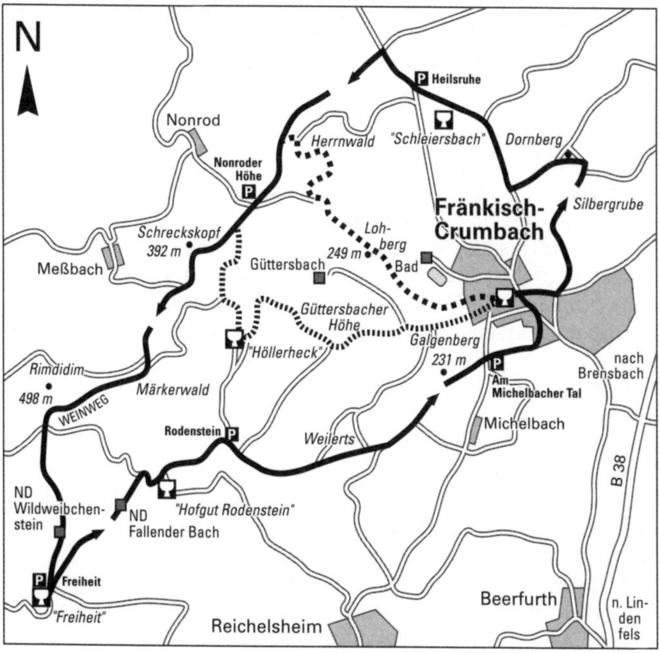
N
Heilsruhe
Nonrod
Herrnwald
"Schleiersbach"
Dornberg
Nonroder Höhe
Silbergrube
Fränkisch-Crumbach
Schreckskopf 392 m
Loh-berg 249 m
Bad
Meßbach
Güttersbach
Güttersbacher Höhe
"Höllerheck"
Galgenberg 231 m
Rimdidim
498 m
Märkerwald
WEINWEG
Am Michelbacher Tal
nach Brensbach
Michelbach
Rodenstein
Weilerts
B 38
ND Wildweibchenstein
"Hofgut Rodenstein"
ND Fallender Bach
Freiheit
"Freiheit"
Beerfurth
n. Lindenfels
Reichelsheim

Obergersprenz - Totenkirche - Ober-Kainsbach - Ruine Schnellerts - Panoramaweg - Ob.

Weg und Zeit - 12 km - 3½ Stdn.

Charakteristik - Der Weg führt durch eine für den nördlichen *Odenwald* typische Landschaft: über Höhen mit prächtigen Ausblicken, durch stille Wälder und zu geheimnisvollen Gipfeln. Ein solcher Gipfel ist auch das Ziel der Wanderung: der sagenumwobene *Schnellerts*! - **Wanderkarte** - *TF 20-4 Rodensteiner Land.*

Anfahrt und Parken - B 38 von *Reinheim* und *Lindenfels.* - P gegenüber des *Landgasthofs »Zum Reichenberg«.*

● **Obergersprenz - Totenkirche - Ober-Kainsbach** - 3½ km - 1 Std - Vom *Landgasthof »Zum Reichenberg«* B 38 nach re in nördlicher Ri.
MA Am 1. Abzweig nach der B 47 mit *LM [G 1]* re und mit dieser Markierung bis zur *Ruine Schnellerts.* Ausgebauter Weg aufw, Rechtsbogen, dann scharfer Linksbogen mit anschließendem flachem Rechtsbogen. Am *Friedhof* scheunenartige *Totenkirche* von 1787. Herrlicher Panoramablick! Fast eben weiter zur *Hutzwiese*, vorbei an *Schutzhütte* und li abw nach *Ober-Kainsbach.*

● **Ober-Kainsbach** - Erste urkundliche Erwähnung 1012 als *»Cuningsbach«.* Typisches *Odenwälder* Waldhufendorf (4 km).

● **Ober-Kainsbach - Ruine Schnellerts - Panoramaweg - Obergersprenz** - Knapp 9 km - 2½ Stdn - Mit *LM [G 1]* durch den Ort abw. An der Gabelung re, allmählich ansteigend. An der nächsten Gabelung re zu *Schutzhütte* mit prächtiger Aussicht. Rechtsbogen, scharfer Linksbogen und ger abw ins Tal. Im Tal an der Gabelung re aufw zum Wald. Rechtsbogen, aufw scharf li und zur

● **Burgruine Schnellerts** - Mittelalterliche Ritterburg, genaue Daten unbekannt. Erbaut 1. Hälfte des 13. Jh., zerstört Mitte des 14. Jh. Der Sage nach wohnt im Inneren des Berges der *Schnellertsgeist*, der *Rodensteiner*, der bei Kriegsausbruch mit seinem Gefolge mit lautem Getöse durch die Lüfte zum *Rodenstein* gezogen und nach Kriegsende wieder zum *Schnellerts* zurückgekehrt sein soll.

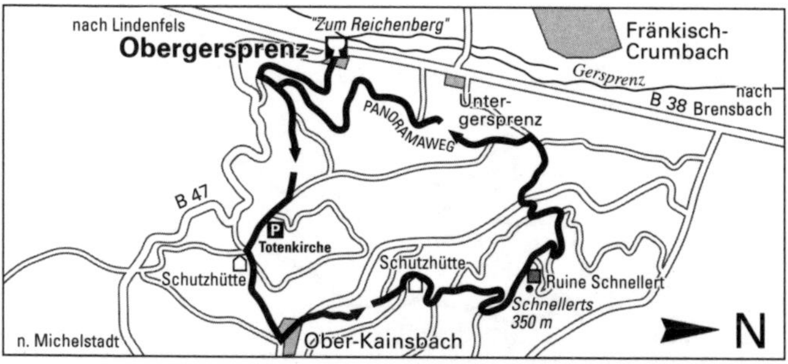

● **Der weitere Weg** - Von der *Ruine* weiterhin mit *LM [G 1]* abw zum *Feriendorf*, dort li und abw ins Tal. L 3260 überqueren und am Bauernhof aufw. Von re kommt der Weg mit dem *[Blauen Viereck]*. Diesem immer mit *[G 1]* folgen. Danach mit *[Blauem* *MW*
Viereck] li, Feldweg aufw. Am Umsetzer vorbei zum Waldrand. An der Gabelung re und mit *[Gelber 4]* den Panoramaweg ent- *MW*
lang. Herrliche Aussicht in das *Gersprenztal*! An der Einmündung von *[4]* in *[G 1]* re und mit *[G 1]* abw zur Einkehr im *MW*

● **Landgasthof »Zum Reichenberg«** - Ein Betrieb mit Tradition, seit 150 Jahren im Familienbesitz. Gemütliche, geschmackvoll eingerichtete Gasträume im rustikalen Landhausstil. Wohltuende, familiäre Atmosphäre. Kreative, regionale Küche mit saisonalen Gerichten. Hausspezialitäten: Kochkäse und Wildgerichte. Außerdem Braten, Wild, Lamm, Filetsteaks, Fisch, Geflügel, vegetarische Gerichte. Kinder- und Seniorenteller, Vesper, Tageskarte und Menüs. Mittlere Preislage. - *Ru = Mo, Di.*

Stierbach/Brensbach - Burgruine Schnellerts - Böllstein - vor Affhöllerbach - Stierbach

Weg und Zeit - 10 km - etwa 2½ Stdn.
Charakteristik - Schöner Rundweg mit faszinierenden Ausblicken und der *Burgruine Schnellerts* als reizvollem Abstecher.
Wanderkarte - *TF 20-4 Rodensteiner Land.*
Anfahrt - B 38, Abzweig *Nieder-Kainsbach.* - B 47/*Spreng.*
Parken - Gäste-P *Hotel Schnellertshof.* Sonst *Schnellertsweg.*

● **Stierbach - Ruine Schnellerts - Böllstein** - 1¼ Stdn - Vom *»Schnellertshof«* mit *[Weißem Strich]* den *Schnellertsweg* aufw. *Schnellerts-* *MA*
berg re, *Ww.* Entlang der *Feriensiedlung* mit herrlichem Blick in das *Gersprenztal.* Linksbogen, dann an der Gabelung re, *Ww.* Nach 1½ Min scharf (!) re aufw zum *Schutzpavillon.* Dahinter li (!), am Waldrand aufw. Den Waldweg ger aufw zur

● **Ehem. Burg Schnellerts** (350 m) - Siehe S. 100. - Sage vom *Rodensteiner*, dem *Schnellertsherr*, siehe S. 86.

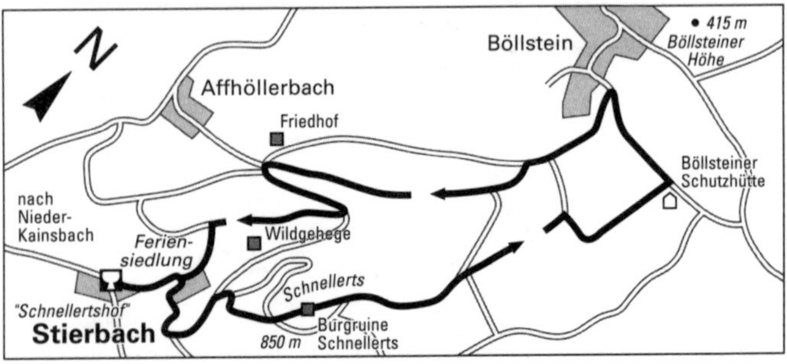

● **Weiterer Wegverlauf** - Ruine durchqueren, Weg abw mit *[Weißem Strich]*, an der Kreuzung ger durch herrlichen Mischwald und Streuobstwiese. Halb li im Wald aufw. Nach Waldaustritt befestigter Weg ger abw zu befestigtem Querweg. - (Nach li = 20 Min kürzer.) - Re

MW **(!)** aufw **(!)**, *LM [Gelbe 3]*. Grasiger Weg. An der Waldecke li aufw mit immer wieder begeisternden Ausblicken auf die *Böllsteiner Höhe* gegenüber und sogar bis hin zur Skyline von *Frankfurt.* Ger,

MW an der Kreuzung bei der *Böllsteiner Schutzhütte* li abw mit *[Rotem*

MW *Kreuz]*. An der Kreuzung vor *Böllstein* mit *[Weißem Strich]* li abw.

● **Böllstein - Stierbach** - 1¼ Stdn - Bei Hs. Nr. 50 Feldweg halb li,

MW am Waldrand entlang zur Waldecke und mit *[Gelber 6]* ger **(!)**, (*[Weißer Strich]* führt nach li). Über das Feld zur nächsten Waldecke. Weiter mit *[Gelber 6]* ger. Schöner, ebener Weg. Schließlich abw mit wunderbarer Aussicht, zum P beim *Friedhof* oberhalb von *Affhöllerbach.* Mit *[Gelber 6]* um den *Friedhof* herum, abw durch den Wald zum *Wildgehege.* Davor am Waldrand scharf re zum *Natur-*

MW *park*-P. Li nach *Stierbach. Schnellertsweg, [Weißer Strich],* abw zum

● **Freizeit-Hotel Schnellertshof-Café-Restaurant** - Schöne Umgebung. Viele Freizeitangebote. Behagliche Komfortzimmer. Stilvoll-gemütliche Gasträume, origineller *Schnellertskeller*, Gartenwirtschaft. Angenehme Atmosphäre. Gutbürgerliche Küche mit heimischem Wild und Fisch. Auch Kuchen und Torten aus eigener Herstellung. Mittleres Preisniveau. - *Ru = Di* (nur Restaurant).

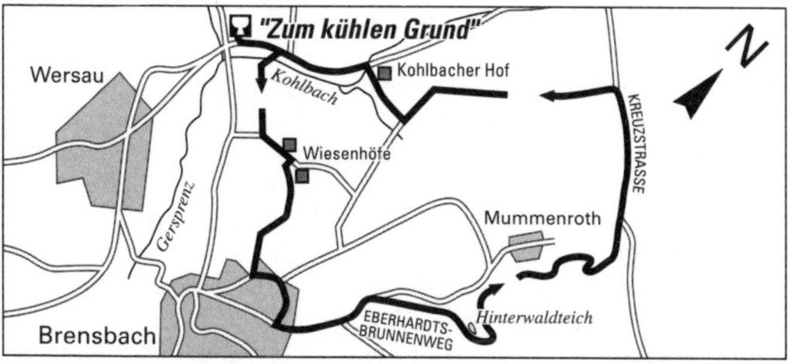

Brensbach/»Kühler Grund« - Eberhardtsbrunnen - Märker Wald - »Kühler Grund«

Weg und Zeit - ca. 9 km - etwa 2¼ Stdn.
Charakteristik - Schöner Rundweg mit faszinierenden Ausblicken durch weite Feldfluren und einsame Waldabschnitte. Besonders reizvoll zur Erntezeit bei trockenem Wetter!
Wanderkarte - *TF 20 - 3 Breuberger Land.*
Anfahrt - B 26/B 38 von *Darmstadt* über *Groß-Bieberau* bzw. B 38 von *Weinheim* über *Reichelsheim.* - Von *Groß-Umstadt.*
Parken - Gäste-P *Hotel-Restaurant »Zum Kühlen Grund«.*

● **Kühler Grund - Brensbach - Eberhardtsbrunnen** - 1¼ Stdn - Vom *»Kühlen Grund«* über den *Kohlbach.* L 3065 li ab, nach 250 m Feldweg re, *[ohne Markierung]* aufw. Toller Rundblick, u. a. auf *OM* den *Otzberg* (Burg auf Vulkankegel). Abw, nach dem *Odenwald-Schlachthof* li, *Wiesenhöfe.* 1. Feldweg re, Schilfgürtel queren. Aufw, Rundsicht über das *Gersprenztal,* abw nach *Brensbach.* Ger, *Otzbergstr* li, *Ringstr* ger. Abw, an der Kreuzung li, *Ww [Mummenroth], [Blaues Quadrat].* An den *Sportplätzen* vorbei zum *Rast-* *MA* *platz »Am Hinterwald«.* Pappelallee folgen, bald re auf *Eberhardtsbrunnenweg* mit *[Blauem Quadrat]* einbiegen. Li *Hinter-*

waldteich, aufw, bei der *Schutzhütte* der 1841 errichtete *Eberhardtsbrunnen* mit *Kneippbecken.*

● **Eberhardtsbrunnen - Märker Wald - Kühler Grund** - 1 Std - Weiter dem *[Blauen Quadrat]* aufw durch alten, naturnahen Mischwald folgen. Auf den Hauptweg nach li einbiegen, zunächst eben, *MW* dann leicht abw. Beim Abzweig *[Blaues Quadrat]* mit *[Gelber 2]* ger bis zur Schranke und Waldaustritt. Feldholzallee, erster Querweg li, hier schöner Blick nach re zum *Otzberg.* Etwas aufw, weitläufiger Blick ins *Reinheimer Becken.* Über Felder, Linksbogen und re zum historischen *Kohlbacher Hof.* Über den *Kohlbach*, L 3065 li, nach 150 m entweder ger weiter oder Feldweg re aufw (10 Min länger). An der Kreuzung li, K 1118 abw zum

● **Hotel-Restaurant Zum Kühlen Grund** - Beliebtes Landhotel. Behagliche Komfortzimmer. Stilvolle Gasträume. Angenehme Atmosphäre. Sehr gute, kreative Küche. Saftige Steaks, Fisch, Wild, Lamm, Ente. Gourmet-Menüs. Odenwälder Spezialitäten. Hausmannskost. Leichte Gerichte. Günstige Tagesmenüs. Große Auswahl an erlesenen Weinen. Mittleres bis leicht gehobenes Preisniveau. - *Kein Ru.*

● **Veste Otzberg** - Ein lohnendes Ausflugsziel (368 m) oberhalb des kleinen Fachwerkortes *Hering* mit schönem Blick bis *Frankfurt.* 16 m hoher Turm aus dem 13. Jh., kleines interessantes *Heimatmuseum.* Am Fuß des Burgfelsens Einblick in einen alten Basaltsteinbruch mit charakteristischen Basaltsäulen.

Hummetroth - Annelsbach - Pfirschbach - Junkerwald - Hassenroth - Hassenrother Höhe - Hummetroth

Weg und Zeit - ca. 9 km - etwa 2¼ Stdn.
Charakteristik - Schöner Rundweg mit faszinierenden Ausblicken. - **Wanderkarte** - *TF 20-3 Breuberger Land.*
Anfahrt - B 38, Abzweig *Brensbach* - B 45, Abzweig *Höchst.*
Parken - Gäste-P *Höhengaststätte-Pension »Zum Odenwald«.* Sonst *Am Kirchpfad.*

● **Hummetroth - Annelsbach - Pfirschbach** - 1 Std - Von der *Gast-*
MA *stätte »Zum Odenwald«* ger zum Wald, nach 100 m li, mit *LM [A 1]* abw, bei der *Schutzhütte* re, entlang einem romantischen Wiesental zur *Annelsbacher Erholungsanlage* mit Teich, Grillhütte und Spielplatz. Asphaltweg re, nächste Abzweigung li zum Ort. Ger der *Ortsstr* folgen, nach Rechtskurve am *»Königshof«* li in die Str
MW *Annelsbacher Tal*, nach 100 m **(!)** an der Gabelung mit *LM [A 2]* li aufw, teilweise von Feldhecken umgeben. Am höchsten Punkt im Feld schöner Rundblick! Querweg re, nächste Abzweigung li.
MW Mit *LM [P 1]* abw, vorbei an der *Grillhütte* nach *Pfirschbach.*

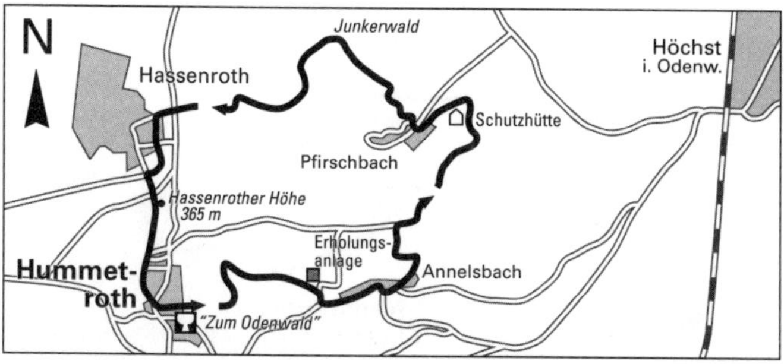

● **Pfirschbach - Junkerwald - Hassenrother Höhe - Hummetroth -** 1¼ Stdn - *Pfirschbacher Str* queren, *Am Hain* aufw, *Am Sandberg* aufw. **(!)** An der Waldecke mit roter Bank schmalen Pfad am Waldrand aufw, breiter Querweg li, stetig leicht aufw, bei der **(!)** Gabelung den breiten Weg verlassen, ger auf dem eingewachsenen Weg. Schöner Blick in das *Mümlingtal*! In Querweg mit *LM* *MW*
[Ha 2] Ri Waldrand einbiegen. Waldaustritt, befestigter Weg aufw zum *AP* (Wasserwerk). Weiterhin *[Ha 2]* folgen Ri *Hassenroth*. L 3318 überqueren Ri Ortsmitte. Nun mit *[Rotem Kreuz]* li *MW*
ab, aufw zur *Hassenrother Höhe.* Faszinierender Rundblick mit *Burg Breuberg, Spessart, Haselburg, Katzenbuckel*! Ger mit *[Hu 1]* *MW*
abw nach *Hummetroth. Stockwiesenstr* bis Landesstr **(!)** schräg nach re queren, *Am Kirchpfad* entlang, *Ww* zur

● **Höhengaststätte-Pension »Zum Odenwald«** - Ruhige Lage in Waldnähe. Ruhige Zimmer mit Balkon zur Südseite. Herzliche, familiäre Atmosphäre. Gutbürgerliche Küche, auch einfache Gerichte und Vesper. Empfehlenswertes, reichhaltiges Pensionsessen. Unteres Preisniveau. Bundeskegelbahnen. - *Ru = Mo (ab 16 Uhr), Di.* - P.

● **Villa Haselburg** - Große römische Ausgrabungsstätte, in den Grundmauern rekonstruiert. Verwaltungshaus eines römischen Beamten, der für die umliegenden Gutshöfe zuständig war. Gleichzeitig Tagungs- und Versammlungsstätte.

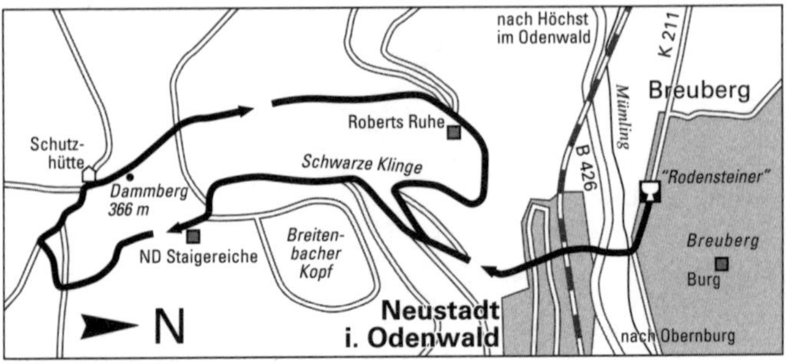

Breuberg-Neustadt - Dammberg - Breuberg-Neustadt

Weg und Zeit - 7½ km - gut 2 Stdn.

Charakteristik - Fast ein gemütlicher Spaziergang, wäre da nicht zu Beginn der stets aufwärts strebende Weg. Gesunde Waldluft und großartige Ausblicke sorgen jedoch dafür, dass sich Herzschlag und Kreislauf rasch einpendeln und die Tour zu einem erlebenswerten Genuss wird. - **Wanderkarte** - *TF 20 - 3 Breuberger Land.*

Anfahrt - Von *Darmstadt*: B 26 - B 45 - B 426 oder B 449 - B 426 - B 45 - B 426. - Von *Eberbach - Michelstadt*: B 45 - B 426. - Bus ab *Höchst (Odenw.)*: Linien 21 und 55.

Parken - Großer P am *Hotel Rodensteiner.*

● **Neustadt** - Als Burgsiedlung entstanden, seit 1378 Stadtrechte. Sehenswert im historischen Stadtkern das einmalige *Marktkreuz,* der *gotische Marktbrunnen* und das *Rodensteiner Herrenhaus.*

● **Der Rundweg** - Vom *Hotel Rodensteiner Wertheimer Str, Bahnhof-
str* re, über die *Mümling,* Bundesstr und Bahngleise überqueren
MA und mit *[Rotem Andreaskreuz] Zu den Eichen* aufw in den Wald. Der
gut markierte breite Waldweg führt auf den **Dammberg** (366 m),
MW dann abw zum *ND Staigereiche.* Am Waldrand mit *[Gelbem Kreuz]*
re abbiegen. Auf schmalem Pfad durch den Wald am Wiesensaum
OM entlang. Vor der *Schutzhütte Ww [Neustadt]* re, auf Hauptweg *[ohne
Markierung]* zur *Roberts Ruhe.* Schöner Blick auf *Neustadt* und *Burg*
MW *Breuberg* (s. S. 108/109). Weiter bis *[Rotes Andreaskreuz]*, li mit Mar-
kierung weiter abw nach *Neustadt* zum krönenden Abschluss im

● **Hotel und Restaurant Rodensteiner** - Seit 4 Jahrhunderten in Familienbesitz, ist der *Rodensteiner* zu einem weithin bekannten Hotel und Restaurant mit internationaler Küche geworden. Moderne, komfortable Gästezimmer sorgen für einen angenehmen Aufenthalt. In gepflegter Atmosphäre wird das Besondere geboten, seien es auserlesene Spezialitäten oder regionale Köstlichkeiten der Saison. Umfangreiche Getränkekarte. Schöner Biergarten und Café-Terrasse Rosengarten. Mittlere bis gehobene Preislage.

Höchst-Hetschbach - Rundweg Burg Breuberg

Weg und Zeit - 14 km - 3½ Stdn.

Charakteristik - Mittelpunkt der Wanderung sind der *Breuberg,* eine der mächtigsten und besterhaltenen Festungen Deutschlands, und die landschaftliche Schönheit des unteren *Mümlingtals.*

Wanderkarte - *TF 20 - 3 Breuberger Land.*

Anfahrt und Parken - A 5, *Pfungstadt,* B 426. - Von *Aschaffenburg* B 469 Ri *Miltenberg* bis *Obernburg,* B 426 nach *Höchst-Hetschbach.* - P *Hotel-Restaurant Zur Krone.*

● **Der Rundweg** - Von der *»Krone« Rondellstr* ortseinwärts, *Bergstr*
MA li, nach Hs. Nr. 10 li, ab hier *[He 1]* folgen. In großen Kehren durch
MW den Wald bis zur Kreuzung mit *[Blauem Kreuz].* Diesem nach li bis
zur *Schutzhütte* folgen. Durch schönen Forst geht es jetzt mit
MW *[Weißem Punkt]* auf der ehemaligen *Alten Frankfurter Str* bis zu ei-
ner Gabelung. Abstecher 200 m li zum **KD Römersiedlung**. Zurück
MW und mit *[Weißem Punkt]* weiter. An der Kreuzung re, *[Rotes An-
dreaskreuz].* Breiter befestigter Weg mit Blick auf die *Burg* zum *Na-
turpark*-P und steil aufw zur

● **Burg Breuberg** - 150 m über dem *Mümlingtal* erhebt sich die ehem. *Vogteiburg des Klosters Fulda,* erbaut im 12. Jh., erweitert im 16. u. 17. Jh. Eine Besichtigung ist lohnenswert. Die *Oberburg* (spätromanisches Tor mit Rundbogenfries, 13. Jh., und gotischer Treppengiebel) dient seit 1919 als Jugendherberge.

● **Fortsetzung Rundweg** - 1½ Stdn - Durch Haupttor die Treppen
abw über Buswendeplatz, mit *[Rotem Andreaskreuz]* nach *Neustadt.*
MW Kreuzung mit *[Weißem Doppelstrich],* re. *Markierung* fast bis Ziel
beibehalten. Schöner Weg durch das *Mümlingtal*: über den *Galgen-
berg,* vorbei am *Ludwigsbrunnen* und dem *OWK-Wanderheim Sand-
bach* nach *Dusenbach. Mainstr* nach *Höchst.* Mit *Markierung* und
Ww [Obernburg] re. Über B 426 und ger, Brücke über die *Mümling*
MW bis Schnittpunkt *[Blaues Kreuz].* Diesem folgen bis zum Abzweig
MW *[He 1].* Damit bis zur *Bergstr* und wie Herweg zurück zum

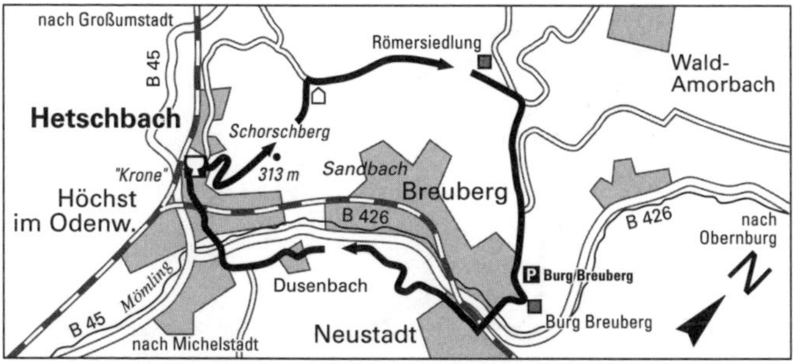

● **Hotel-Restaurant Zur Krone** – Sehr bekanntes Haus mit exquisiter Küche. Im stilvollen Restaurant werden kulinarische Kreationen angeboten, die jeden Gourmet begeistern. Daneben gibt es feine regionale Speisen und kleine Gerichte aus dem Odenwald, Vesper und Toasts. Dazu kredenzt man gepflegte Weine, Biere und Edelbrände. Die Gästezimmer sind komfortabel, Saunabenutzung ist möglich. Mittlere und gehobene Preise. – *Ru=Mo, Do bis 18 Uhr.*

Bad König – Rundweg Fürstengrund

Weg und Zeit – ca. 13 km – etwa 3½ Stdn.
Charakteristik – Abwechslungsreicher Rundweg mit faszinierenden Ausblicken – am besten bei trockener Witterung begehbar!
Wanderkarte – *TF 20 – 6 Mittlerer Odenwald.*
Anfahrt – B 45, Abzweig *Bad König,* sofort nach der Tankstelle li in die *Berliner Str* Richtung *Fürstengrund.*
Parken – Verschiedene P entlang *Berliner Str* und *Weinertsberg.*
● **Bad König – Fürstengrund** – 1¾ Stdn – Vom P am *Weinertsberg* re der Hochhäuser befestigten Weg, *LM [BK 2],* aufw durch Felder mit *MA*
schönen Ausblicken bis zum Wald, dort re mit *[BK 2]* am Waldrand entlang. Über Wiesen und Äcker zum *Heckenhof.* Vom Hof li steil aufw zum Wald mit *[BK 2].* Nach 200 m im Wald Kreuzung *[ohne* *OM*

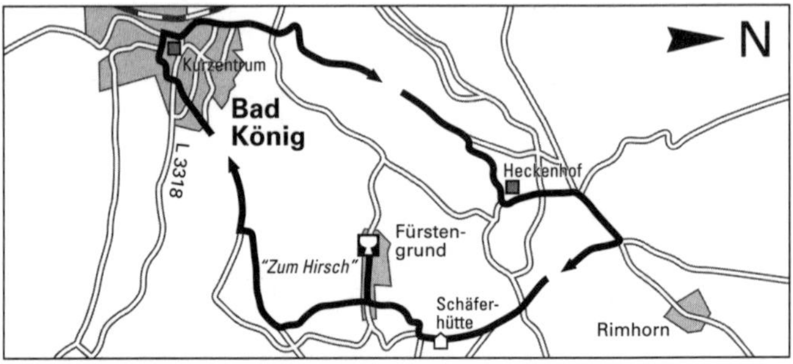

Markierung] ger aufw. Nach 300 m Freifläche. Ger weiter, am näch-
MW sten Waldrand re mit *[Rotem Andreaskreuz]*, vorbei an hist. Weg-
weiser aus Sandstein mit Blick auf *Rimhorn*. An Kreuzung im Feld
OM *[ohne Markierung]* re leicht aufw. Am Waldrand ger abw auf einge-
wachsenem Hohlweg durch Mischwald. Kreuzung queren und mit
MW *[BK 2]* über Freifläche und durch Wald und Feld. Am Waldrand ent-
lang mit Blick ins *Mümlingtal*. Oben li Rastplatz *Schäferhütte* mit
schöner Aussicht. Mit *[BK 2]* abw, nach 200 m re abw, weiter mit *[BK 2]* nach *Fürstengrund*. Im Ort re auf die *Fürstengrunder Str*, abw zum

● **Gasthaus Zum Hirsch** - Zentrale Lage im Ort. Seit 1761 in Familienbesitz. Schönes altes Wirtshausschild. Geschmackvolle Gasträume im ländlichen Stil. Gartenterrasse. Angenehme, familiäre Atmosphäre. Abwechslungsreiche, regionale Küche je nach Saison, auch vegetarische Gerichte und Vesper. Wurst und Fleisch aus eigener Landwirtschaft - *Ru = Mi.* - P.

● **Fürstengrund - Bad König** - ¾ Std - Vom *Gasthaus »Zum Hirsch«* zurück bis *[BK 2]*. Dort re abbiegen und mit *[BK 2]* befestigten Wirtschaftsweg aufw bis zum Waldrand. Immer mit *[BK 2]* nach re am Waldrand entlang. Herrliche Aussicht! Abw nach *Bad König*, am *Kurzentrum* re und *[BK 2]* zurück zum P folgen.

Langenbrombach - Spreng - Hembach - L.

Weg und Zeit - ca. 10 km - etwa 2½ Stdn.

Charakteristik - Abwechslungsreicher Rundweg durch Feld und Flur mit faszinierenden Ausblicken. - **Karte** wie S. 109.

Anfahrt - Bei *Zell* Abzweig von der B 45 nach *Langenbrombach*, ab Ortseingang ca. 2 km bis *Gasthaus »Zum Löwen«*.

Parken - Gegenüber *Gasthaus »Zum Löwen«*.

● **Langenbrombach - Russeneiche** - ½ Std - Vom P Str *Fürstenauer*
MA *Eck, LM [BK 1]*, nächste Str li mit *[BK 1]*. Nach *Spielplatz* an verfal-
MW lener *Hofreite* re aufw, *Ww [Rehbach]*. Auf halber Höhe mit *[B 5]* ger
aufw Ri *Russeneiche*. An Gabelung re auf Grasweg, nach Einmündung auf Str sofort li mit *[B 5]*. Blick nach *Kirch-* und *Langenbrombach*! Ger aufw bis Kuppe mit *[B 5]*, an nächster Kreuzung re aufw.

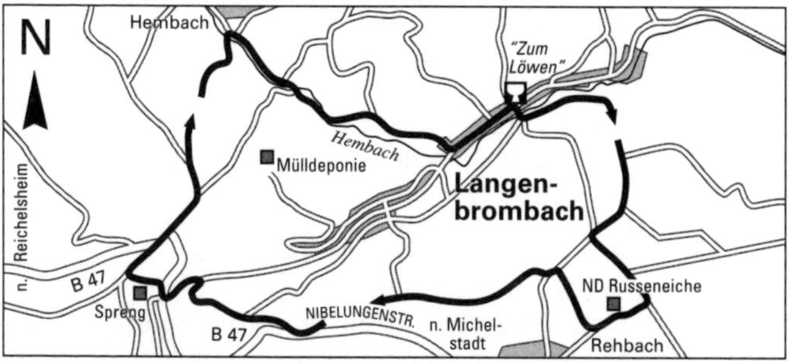

● **Naturdenkmal Russeneiche** – Über 400 Jahre alte, frei stehende Eiche, trotz hohlem Stamm sehr vital. Herrliche Rundumsicht!

● **Russeneiche - Spreng - Hembach** – 1½ Stdn – Nach 200 m re mit *[B 5]*, *Rehbach* li liegen lassen. Str nach li queren, weiter auf Höhenweg, *[B 5]*, auch *[Gelbes Quadrat]*, mit freier Rundumsicht. Nach 1 km mit *[Gelbem Quadrat]* ger, direkt vor der Str re Richtung Wald *MW* mit derselben Markierung. Bei Teichanlage aufw, bald re, *[Gelbes Quadrat]*, an der nächsten Kreuzung scharf li entlang der Str zur Siedlung *Spreng*. Dort kurz re, dann Str queren (!), li aufw mit *[Gelbem Quadrat]*. Auf der Kuppe schöner Blick ins *Kainsbachtal*! Re mit *[Blauem Kreuz]*, Landstr re, nach 200 m Str queren (!) und Ri *Böllstein* folgen. *MW* Ab der Deponie 50 m *[ohne Markierung]* der Str folgen, *OM* nächster Weg re abw mit *[B 6]* nach *Hembach*. *MW*

● **Hembach - Langenbrombach** – ½ Std – An der Gabelung bei burgähnlichem Anwesen re mit *[BK 1]* aufw, nach 50 m re (!), *[BK 1]*. *MW* Am *Hembach* durch schönes Tal abw. Beim ersten Haus von *Langenbrombach* re abw bis zur L 3414, *[BK 1]*. Dort li, und zum

● **Gasthaus »Zum Löwen«** – Am Ortsrand, seit sieben Generationen im Familienbesitz. Schöner alter Dreiseithof von 1844 mit Biergarten im Innenhof. Stilvolle, gemütliche Gasträume. Angenehme, familiäre Atmosphäre. Bekannte, abwechslungsreiche, regionale Küche je nach Saison, vegetarische Gerichte und Vesper. Fassbier, offene Weine. Mittl. Preise, Bundeskegelbahn und Boule-Platz. Golfplatz in der Nähe. – *Ru = Di.* – P.

Michelstadt - Altstadtrundgang

Dauer - Kurzrundgang: etwa ¾ Std. Großer Rundgang: etwa 2 Stdn. **Charakteristik** - Die Hauptsehenswürdigkeiten liegen so dicht beieinander, dass man rasch ein lebendiges Bild des Mittelalters erhält. Bei der Fülle der bedeutenden Bauten sollte der *Kurzbesucher* vielleicht eine Auswahl treffen, damit er sich nicht verzettelt, sondern mehr der Atmosphäre hingeben kann (Vorschlag: Nr. 1-10 u. 30). - Ein Muss ist auch ein Besuch des Stadtteils *Steinbach*. - Empfehlenswerter, sehr informativer *»Amtlicher Stadtführer«* bei der *Tourist-Information* i.
Anfahrt - Am Schnittpunkt der B 451/*Deutsche Ferienroute Alpen - Ostsee* mit der B 471/*Nibelungenstraße* und der *Deutschen Fachwerkstraße.*
Parken - Großer P zwischen der B 45/B 47 und der Stadtmauer. - P zwischen *Kellereibergstr* und *Burggarten.* - Großer P hinter dem *Café Siefert (Stadtgraben).*
● **Michelstadt** (200-545 m) - *»Herz des Odenwaldes«, staatlich anerkannter Luftkurort* in einem weiten Kessel des *Mümlingtals.* Beliebtes Wandergebiet. Stadtteile *Rehbach, Steinbach, Steinbuch, Stockheim, Vielbrunn, Weiten-Gesäß, Würzberg. - Aus der Geschichte:* Den *Kelten* folgten die *Römer,* die ihr Gebiet durch den *Limes* sicherten. Danach kamen die *Alemannen* (3. Jh.) und schließlich die *Franken* (Ende 5. Jh.). Christianisierung im 7. und 8. Jh. Erste urkundliche Nennung 741. 815 Schenkung der *Mark Michelstadt* an *Einhard,* Biograph *Karls des Großen,* durch dessen Sohn *Ludwig den Frommen.* 823-27 Bau der *Basilika.* Besitzerwechsel und Streitigkeiten führten 1307 zur Niederbrennung der Stadt durch den *Pfalzgrafen Rudolf.* Wiederaufbau und Stadtbefestigung im 14. Jh. durch die *Schenken von Erbach.* Danach wurde die Stadt nie mehr ernsthaft angegriffen.
● **Der Rundgang** - Analog zum *»Amtlichen Stadtführer«.* - **1) Kellerei** - ehemalige *»Michelstädter Burg«.* Fränkischer Meierhof, 951-72 Ausbau zur Burg. 1307 Zerstörung. Wiederaufbau. Verwaltungsbauten 16./17. Jh. *Kellerei* seit 1532 (Sitz des »Kellers«, eines gräflichen Beamten). - **Odenwaldmuseum** und **Spielzeugmuseum** im *Speicherbau.* - **2) Ehemaliges Gasthaus »Zur Sonne«**, 2. Hälfte 16. Jh., beachtenswerte *»Neidköpfe«.* - 3) **»Die alt Museumsstubb«**, um 1500, ehemaliges Gasthaus *»Zur Traube«,* genannt *»Preußischer Hof«.* - **4) Stadtkirche** *(Ev. Stadtkirche)*, spätgotisch, 1461-1537/43. Familiengruft der *Grafen zu Erbach.* Zahlreiche bedeutende *Epitaphe,* darunter das großartige *Doppelgrabmal* der *Schenken Philipp I.* (gest. 1461) und *Georg I. zu Erbach* (gest. 1481). - **5) Rathaus** von 1484, spätgotischer Fachwerkbau, einer der schönsten und kunsthistorisch wichtigsten in Deutschland. Berühmtes Wahrzeichen der Stadt. Ein kostbares Stück Mittelalter. Die mächtigen Eichenbalken der Halle (ehe-

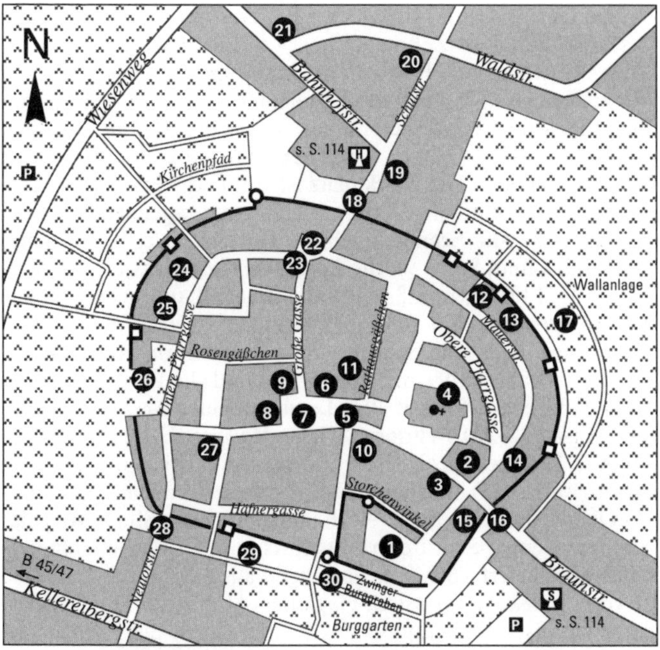
N
Wiesenweg
Kirchenpfad
Bahnhofstr.
Schulstr.
Waldstr.
s. S. 114
Wallanlage
Obere Pfarrgasse
Mauerstr.
Rathausgäßchen
Große Gasse
Rosengäßchen
Untere Pfarrgasse
Storchenwinkel
Häfnergasse
Zwinger
Burggraben
Burggarten
Neutorstr.
Kellereibergstr.
B 45/47
Braunstr.
s. S. 114
1 2 3 4 5 6 7 8 9 10 11 12 13 14 15 16 17 18 19 20 21 22 23 24 25 26 27 28 29 30

malige Gerichtsstätte) tragen den Rathaussaal. Das hohe Dachgeschoss diente als Zehntspeicher. – **6) Löwenhof**, 1755, spätbarockes Gasthaus und Posthalterei, heute *städt. Verkehrsamt*. – **7) Marktbrunnen**, 1575, verzierte Renaissance-Säule, *St. Michael* mit Flammenschwert und Seelenwaage. *Brunnen* und *Rathaus* bilden ein harmonisches Ganzes, eines der meistfotografierten Motive in Deutschland. – Der **Marktplatz** ist von Fachwerkhäusern umgeben, die das einmalige Ensemble in hervorragender Weise abrunden. – **8) Alte Schmiede**, ehem. Hufschmiede, heute Bankneubau in altem Stil. – **9) Alte Apotheke**, *Große Gasse 2*. Apotheke von 1551 bis etwa 1618. – **10) Alte Brauerei**, um 1600, Eckhaus zur *Häfnergasse*. Von 1685-1879 Gasthaus *»Drei Hasen«*. – **11) Thurn- und Taxis'sche Scheune**, *Rathausgässchen*. Wertvolle Bibliothek, gestiftet 1499, mit Inkunabeln und alten Handschriften. – **12) Synagoge**, 1791, seit 1979 **Landesrabbiner Dr. I. E. Lichtigfeld-Museum**. – **13) Wehrmann-Haus**, *Mauerstr 17*, erb. vor 1600. – **14) Alte Färberei**, 1620, *Obere Pfarrgasse 1*, Erker mit reichem Schnitzwerk. – **15) Amtshaus**, 1748, *Braunstr*, Amtshaus bis 1810. – **16) Oberes Tor**, erb. Ende 14. Jh., abgebrochen 1810. – Von hier *Braunstr* wenige Schritte ortsauswärts zum **S) Café-Konditorei-Confiserie Siefert** – Schönes Fachwerkhaus mit Garten-Café (120 m vom *Rathaus*). Klassisch-elegantes Ambiente. Höchstdekorierte Confiserie-Konditorei des Landes durch die Erfolge von *Astrid* und *Bernd Siefert* (u. a. nationale und internationale Goldmedaillen, Große Preise). Auch leckere Suppen, Eintöpfe, kleine Gerichte. Offene Weine. Bier vom Fass. – *Ru = Mo*. – Im selben Haus *Gasthaus »Zur Bauernschänke«*. – *Braunstr* zurück, re ab zum **17) Stadtgarten**, *Stadtmauer* mit *Wehrturm*. *Wallanlage*. – **18) Unteres Tor**, erb. 1398, abgebrochen 1838. – **19) »Grüner Baum«**, 1685. – Li in der *Bahnhofstr* **H) Zum Deutschen Haus** – Brauereiausschank – Speisegaststätte. Seit über 250 Jahren Stammhaus der Privat-Brauerei Dörr. Urgemütliche Gasträume. Herrlicher Biergarten. Kreative, ideenreiche Küche. Fischvariationen. Lammkeule. Gemüsepfanne. Wild. Bierbraten. Schwarzbiersauce. Spezialitäten der Saison. Vegetarische Gerichte. Günstiges

Tagesessen. Eigene Schlachtung. Untere und mittlere Preise. - **20) Chirurgus-Büchner-Haus** von 1738. - **21) Schmied-Büchner-Haus**, 1737. - **22) »Schwiegermutterbrunnen«**, gestiftet 1541. - **23) Ehemalige Hof-Apotheke** von 1557. - **24) Stadtschultheiß-Spindler-Haus**, 1748. - **25) Alte »Münze«** (1541) der *Grafen zu Erbach.* - **26) Oberamtmann-Pfreund-Haus**, um 1475. - **27) Zentgraf-Fuchs-Haus**, 1561. - **28) Neues Tor**, 1773-1860. - **29) Mooreiche** im *Burggraben.* - **30) Diebsturm**, ein Burgturm, ehem. Gefängnis. Dachhaube mit Turmzimmer von 1972.

● **Michelstadt-Steinbach**. Die **Einhardbasilika** am nördlichen Ortsrand ist eine der seltenen karolingischen Kirchen und zugleich die älteste Basilika nördlich der Alpen, deren wichtigste Teile ohne vollständige bauliche Veränderungen bis heute erhalten geblieben sind. Erbaut 823-27 von *Einhard* (s. S. 112), dreischiffig, mit drei Apsiden und einer Krypta. *Einhard* ließ 827 die Gebeine der Heiligen *Marcellinus* und *Petrus* hierher überführen, die allerdings schon 828 nach *Seligenstadt* kamen. 1073 Nebenkloster der *Reichsabtei Lorsch.* 1232 *Benediktinerinnenkloster.* 1542 Verkauf der Klosteranlage an die *Grafen zu Erbach* und Errichtung eines Spitals. Originalgetreue Sicherung dieses eindringlichen Zeugnisses karolingischer Architektur im 19. Jh. durch *Graf Raimund Alfred zu Erbach-Fürstenau.* 1967-74 Restaurierung durch das *Land Hessen.* - **Schloss Fürstenau** - Ehemalige Wasserburg, erbaut Ende des 13. Jh. durch *Kurmainz*, 1317 als *»Castrum Furstenawe«* erwähnt. Seit 1355 urkundlich im Besitz der *Schenken zu Erbach*, seit 1718 Linie *Erbach-Fürstenau.* - Die älteste Burganlage war ein vierseitiger Bau mit vier Zinnentürmen. 1588 wurde die Wehrmauer zwischen den Westtürmen niedergelegt und durch einen Schwibbogen von 14,60 m Spannweite ersetzt, ein Glanzstück des prächtigen Schlosses. - *ÖZ: täglich von 9-16 Uhr.* -

● **Einhardweg** - 60 km, markiert - *Einhardbasilika Steinbach - Eulbach - Vielbrunn - Hainstadt - Mosbach - Großostheim - Stockstadt - Einhardbasilika - Seligenstadt.* - *Auskunft: Tourist-Information* **i** *Michelstadt.*

Vielbrunn - Bremhof - Lauseiche - Römerschanze - Ohrnbachtal - Vielbrunn

Weg und Zeit - 15 km - 4 Stdn.

Charakteristik - Typische *Odenwaldwanderung*, meist auf erholsamen Waldwegen mit geringen Höhenunterschieden, schöne Aussicht auf der Hochebene.

Wanderkarte - *TF 20 - 6 Mittlerer Odenwald.*

Anfahrt - A 5 bis Ausfahrt *Heppenheim*, B 460/*Siegfriedstr* bis *Erbach*, B 47 bis *Jagdschloss Eulbach*, Abzweig nach *Michelstadt - Vielbrunn*. - Von *Bad König* oder *Amorbach*.

Parken - Gäste-Ⓟ beim *Hotel Talblick*. - Weitere Parkmöglichkeiten entlang der *Ohrnbachtalstr.*

● **Vielbrunn - Wald-Ⓟ Bremhof** - 1 Std - Vom *Hotel Talblick* die *Ohrnbachtalstr* aufw, bei Haus Nr. 2 die *Römerstr* aufw mit *Ww [Bremhof]*. Auf der Kuppe ger, vorbei an *Fabrikgebäude*, ger Ri
MA Wald. Schöner Weg am Waldrand entlang, LM *[Vi 1]*, mit Blick über die Hochebene. Kurz vor *Bremhof* mündet der Wanderweg in die *Fahrstr.* Beim Ortsschild von *Michelstadt-Bremhof* die *Markierung*
OM *[Vi 1]* verlassen und *[ohne Markierung]* Linksbogen, 200 m auf Fahrstr, dann re zum *Wald-Ⓟ Bremhof.*

● **Wald- Ⓟ Bremhof - Lauseiche - Römerschanze - Ohrnbachtal -**
MW 1½ Stdn - Am Ende des *Wald-Ⓟ* re mit *Markierung [Gelbe 4]*. Schnurgerader Forstweg durch schönen Mischwald. Nach 15 Min an der Gabelung ger. Nach ¾ Std ab Ⓟ an der Kreuzung ger, *Markie-*
MW *rung [Gelbes V]*, noch 3 Min bis *ND Lauseiche* mit *Schutzhütte* und Rastplatz. Hier steht auch ein interessanter Grenzstein der *Stadt Miltenberg* als Hinweis auf die *bayerische Landesgrenze.* Kurzer Abstecher (200 m ger) zur *Römerschanze* mit markanten Erdwällen li des Weges. Zurück zur *Lauseiche* und li auf den Wanderweg, weiter
MW mit *Markierung [Gelbe 3], Ww [Ohrnbach]*. Nach 5 Min an der Gabelung li, bald breiten Forstweg überqueren, halb li abw (!), auf *Markierung [3]* achten. Nach einigen Min abw Einmündung in breiten Weg, ger bis Waldaustritt. Auf der Fahrstr li, nach 100 m re direkt auf den *Gasthof Ohrnbachtal* zu: stärkende Einkehr im gemütlichen, rustikalen Gastraum.

● **Gasthof Ohrnbachtal - Hotel - Restaurant - Café** - Absolut ruhige Lage inmitten tiefer Wälder im romantischen *Ohrnbachtal.* Komfortables und gemütliches Haus. Behagliche Gästezimmer. Gutbürgerliche Küche. Reiche Wildkarte. Auch Gans, Lamm und Fisch. Fangfrische Forellen aus eigenem Teich. Vesper. Untere bis mittl. Preise. - *Golfplätze* in der Nähe. - *ÖZ: 11-22 Uhr. - Ru = Mi.* - Ⓟ.

MW ● **Ohrnbachtal - Vielbrunn** - 1½ Stdn - Mit *[Gelber 1]* vom *Gasthof* aufw Ri Waldrand. 100 m nach Waldeintritt Einmündung in Forst-
MW weg, li, ab hier durchgehende *LM [Vi 3]* nach *Vielbrunn.* Anfangs ebener, dann ansteigender, schöner Weg. Nach ¾ Std Waldaustritt

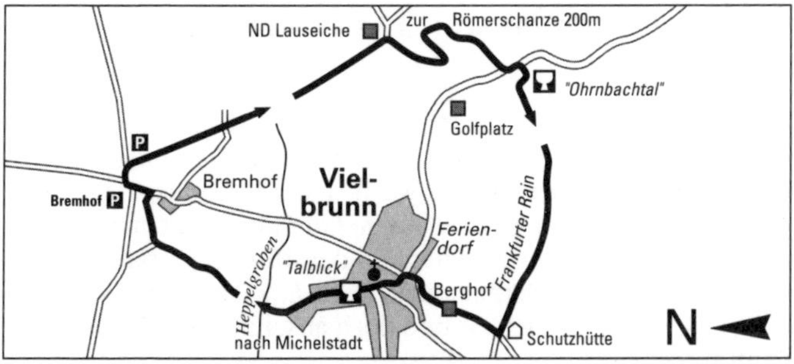

und an der Kreuzung re, über die freie Hochebene. An der Kreuzung auf der Kuppe ger, dann abw, vorbei am *Bauernhof »Berghof«*. Schöner Blick über *Vielbrunn*. Weiter abw in den Ort, *Waldstr, Ohrnbachtalstr* re, noch 200 m bis zum *Hotel Talblick* mit einladender Café-Terrasse.

● **Hotel-Garni Talblick** – Modernes Haus mit elegantem Ambiente und einem Hauch von Luxus. Gemütliche Gästezimmer, komfortable Studios. Sehr geschmackvoll eingerichtetes Café. Eigene Konditorei mit großer Auswahl an Kuchen und Torten. Nette kleine Karte. Originelle Getränke. Golfplätze in der Nähe. Mittleres Preisniveau.

Erbach - Traditionsreiche Residenzstadt

Anfahrt - B 45/*Ferienstraße Alpen - Ostsee.* - B 47 *Worms - Würzburg.* - B 460 von *Heppenheim.* - Zahlreiche *Bahnverbindungen.*
Parken - Großer P *Lustgarten,* westlich der B 45 (ausgeschildert).
● **Erbach** - Der *staatlich anerkannte Luftkurort* mit einem gesunden Klima liegt im geschützten Tal der *Mümling,* umgeben von sanft ansteigenden Berghängen. Die *»Elfenbeinstadt mitten im Odenwald«* - gut erreichbar und doch abseits von Industrie- und Ballungsgebieten.
● **Aus der Geschichte** - Erste urkundliche Erwähnungen 1095, 1148, 1321. Bau einer *Wasserburg* um 1200. 1308-20 Bau der Ringmauer der Vorburg *(Städtel).* 1532 erhebt *Kaiser Karl V.* die *Schenken von Erbach* in den *Reichsgrafenstand.* 1539 Endgültige Einführung der Reformation. 1545 Bau des *Rathauses.* Hausbau des *Peter v. Echter.* 1570 Anlage eines *Lustgartens.* 1622 Überfall auf Stadt und Schloss. 1736 Neubau des *Schlosses.* 1750 Einweihung der *Stadtkirche.* 1775 Beginn der Regierungszeit des *Grafen Franz I.* (bis 1823). 1783 *Franz I.* gründet die *Drechsler-Zunft* (Anstoß zur *Elfenbeinschnitzerei).* 1802 *Franz I.* stiftet den *Eulbacher Markt* und lässt den *Englischen Garten* in *Eulbach* anlegen. 1806 Eingliederung der *Reichsgrafschaft Erbach* in das *Großherzogtum Hessen.* 1852 *Kreisstadt.* 1871 *Bahnstrecke Darmstadt - Erbach.* 1892 *Fachschule für Elfenbeinschnitzerei.* 1966 *Deutsches Elfenbeinmuseum Erbach.*
● **Der historische Stadtkern - Marktplatz**. Ein wunderschönes Ensemble von atmosphärischer Dichte und zugleich heiterer Ausstrahlung. Neben dem *Schloss* mit seiner prächtigen Barockfassade gehören dazu: *Altes Rathaus* von 1545, heute Stadtbücherei, Verkehrsamt. Fachwerkobergeschoss von 1754, davor Pranger und Elle. - *Torbau (Städtelbogen)* 1594 mit Renaissancegiebel. - *Marstall* (Café), ehemalige *Schlossmühle* von 1723, umgebaut im 19. Jh. - *Orangerie* von 1722, u. a. mit Elfenbeingalerie. - *Lustgarten* von 1570, kürzlich rekonstruierte barocke Gartenanlage. Optisch zu diesem Ensemble hinzurechnen muss man auch den Turm der *Stadtkirche.* - **Schloss**. Die *einstige Residenz der Grafschaft Erbach* beherrscht das gesamte Stadtbild. Erbaut 1736 anstelle einer *Wasserburg,* deren *Bergfried* mit Buckelquadern aus der Stauferzeit (Anfang 13. Jh.) das älteste Bauwerk der Stadt darstellt und gleichzeitig mit seinem *Turmhelm* (1497) deren Wahrzeichen ist. Der Besitzer des Schlosses ist *Graf Franz II. zu Erbach-Erbach.* - Durch den *Torbau* (1571) in den *Schlosshof.* Im Hintergrund der *Kammerbau der gräflichen Verwaltung.* Li geht es zu den *weltberühmten Sammlungen,* von *Franz I.* zusammengetragen. - *Vestibül* mit einer großen Anzahl außergewöhnlicher *Hirschgeweihe.* - *Gewehrkammer* mit 300 *Schusswaffen* aus dem 16.-20. Jh., u. a. Hakenbüchsen, Lunten-, Rad- und Steinschloss-

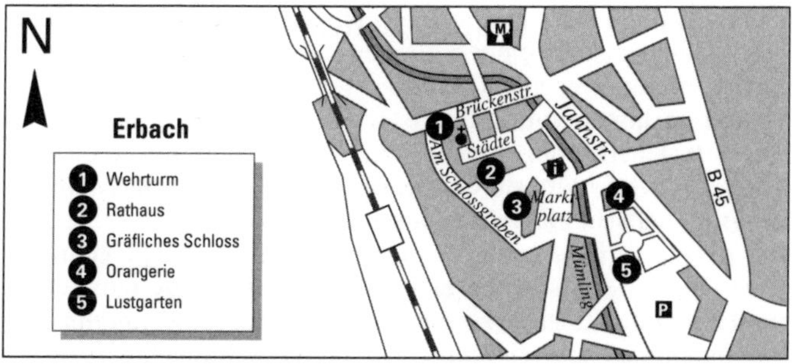

gewehre, Perkussionsgewehre, moderne Repetierwaffen. – *Treppenhaus* mit 653 *Rehbockgehörnen. – Hirschgalerie,* Prunksaal mit herrlicher Holzdecke (17. Jh.), 70 kapitale *Hirschgeweihe. – Römische Zimmer* mit *Originalkunstwerken* der *Antike,* u. a. Büsten *römischer Kaiser* und *Alexanders des Großen* (5. Jh. v. Chr.). – *Rittersaal* mit gotischen Glasfenstern und prächtigen Rüstungen, u. a. von *König Gustav Adolf v. Schweden. – Hauskapelle* mit *Schöllenbacher Flügelaltar* (1503). – **Städtel** – Ehemalige ummauerte *Burgmannensiedlung,* malerisches Viertel mit alten *Burgmannenhöfen: Tempel-(Templer-)Haus* (14. Jh.) mit *Erasmus-Pforte. Habermannsburg* von 1515. *Echterhof* (1545). – An der westlichen *Stadtmauerecke* ein viereckiger *Wehrturm.* Viele der historischen Stein- und

Fachwerkhäuser drängen sich dicht an die **Evangelische Stadtkirche**, 1748-50 anstelle einer gotischen Kapelle von 1370 als Hallenkirche erbaut. Der *alte Kirchturm,* Teil der ehemaligen Stadtbefestigung, dient heute als Sakristei. *Sauer-Orgel. Kirchturm* (48 m) mit barocker Haube, ebenfalls ein Wahrzeichen der Stadt. Eine *Glocke* von 1357 (älteste Glocke des *Odenwalds*). – *M) Mümling-Stube.* – **Deutsches Elfenbeinmuseum** (*Otto-Glenz-Str 1,* außerhalb der Skizze) – Einzigartig in *Europa,* mit über 2000 Exponaten vom Mittelalter bis zur Gegenwart. Eine Sammlung sehr bedeutender Schnitzkunstwerke aus *Europa, Afrika, Indien, Japan, China, Indonesien* und *Grönland.* Sonderausstellungen. *Museumswerkstatt* mit Schnitzvorführungen. Heute wird anstelle des Elfenbeins aus Afrika das über 10000 Jahre alte Elfenbein des sibirischen Mammuts bearbeitet. – **Erbacher Wiesenmarkt** – Berühmtes Fest, jährlich in der letzten vollen Juliwoche. Entstanden durch die Verlegung des *Eulbacher Marktes* (1802-23) nach *Erbach.*

Erbach – Bullauer Bild – Dreiseetal – Dorf-Erbach – Erbach

Weg und Zeit – 17 km – 5 Stdn.
Anfahrt und Parken – Wie S. 118.
Charakteristik – Ein weitläufiger, großartiger Rundweg vom mittelalterlichen Stadtkern *Erbachs* auf schönen Waldwegen hinauf zum *»Bullauer Bild«* und wieder abwärts durch ein liebliches Tal mit Seen und Bächen zurück zum Ausgangspunkt.
Wanderkarte – *TF 20 – 6 Mittlerer Odenwald.*

● **Erbach – Bullauer Bild** – 2 Stdn – Von der *»Mümling-Stube«* im
MA historischen Stadtkern durch die *Jahnstr.* Das *[Umgedrehte gelbe T]* kommt von re, diesem bis zum *Bullauer Bild* folgen. B 45 überqueren, *Erlenbacher Str* und *Rolleweg* – vorbei an *Wbh* – aufw zum

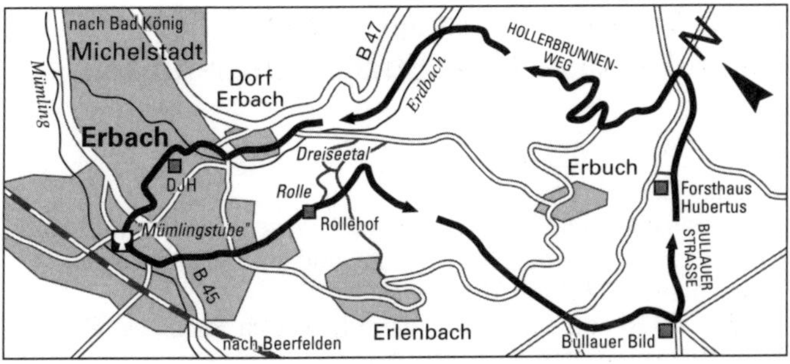

Rollehof, auch *LM [E 3]*. Vom Waldrand schöner Blick zurück auf *Erbach* und *Michelstadt*! Im Wald breiter Forstweg aufw, auch *[E 5]* und *[E 6]*. Scharfe Rechtskehre, danach nur allmählich ansteigend. Beim Waldrand herrliche Aussicht auf *Erlenbach*! Kurz vor Waldeintritt an der Gabelung halb re. Feldweg am Waldrand li **(!)** und gleich wieder Waldweg re aufw bis zur K 42. An dieser entlang bis zur Wegkreuzung, ab hier Waldweg halb li aufw, nur noch mit *[Umgedrehtem gelbem T]* bis zur *Waldgaststätte »Bullauer Bild«*. Der Name stammt von dem 75 m entfernt stehenden Bildstock. Dieses von einer mehrstämmigen Buche umwachsene Stein-Marterl trägt die Jahreszahl 1561 und steht an einem alten Wallfahrtsweg zum *Heilig-Blut-Altar* in *Walldürn*.

● **Bullauer Bild - Dreiseetal - Dorf Erbach - Erbach** - 3 Stdn -
Vom *Gasthof »Bullauer Bild«* mit *[Rotem Andreaskreuz]* die *Bullauer Str* nach li durch den Wald. Vorbei am *Forsthaus Hubertus*, später auf freier Hochfläche. An der Wegkreuzung li **(!)** Ri Waldrand. Mit *LM [E 6]* ger in den Wald hinein, auf schneisenartigem Forstweg zunächst eben, dann bergab. Einmündung in breiten Forstweg, den *Hollerbrunnenweg*, einem landschaftlich sehr reizvollen Wanderweg. Diesem nach re folgen und abw zum *Ernsbach*. Schnittpunkt *[Weiße Raute]* und *[E 4]*. Mit dieser Markierung li zum *LSG Dreiseetal* - romantischer Abschnitt mit Teichen und Schutzhütte! Weiter mit *[Weißer Raute]* nach *Dorf-Erbach*. Im Ort von li *LM [E 3]*. Ger, an der Gabelung li, am *Erdbach* *[Weiße Raute]* und *[E 4]* verlassen und mit *[E 3]* zum *ND Erdbachversickerung*. Vorbei an Jugendherberge und Reitplatz bis zur B 45, dort *[ohne Markierung]* li und re durch die *Hauptstr* zum

MW *MW* *MW* *MW* *OM*

● **Odenwald-Gasthaus Mümlingstube** - Zentrale Lage (in der Skizze S. 119 = *M*) mit ruhigen Zimmern. In rustikalen Gasträumen wird eine gutbürgerliche Küche aus regionalen Produkten angeboten, auch Fisch, Geflügel, kleine Imbisse und Vesper. Originell-deftige »Odenwälder Kartoffel- und Lammwochen«, »Hessen à la carte«. Untere (bis mittlere) Preise. - *ÖZ: 10.30-24 Uhr. - Kein Ru.*

● **Wildpark Brudergrund** - Ca. 30 Min Gehzeit. Sehenswertes Freigehege: Waldtiere in ihrer natürlichen Umgebung! Tiere dürfen auch gefüttert werden - ein Erlebnis besonders für Kinder!

Ober-Mossau - Eselskopf - Sandbuche - Unter-Mossau - Hohe Straße - Ober-Mossau

Weg und Zeit - 15 km - 3¾ Stdn.
Charakteristik - Die Wanderung auf 4 Wegen des *Odenwaldklubs* garantiert eine optimale Wegführung und gute Markierungen.
Wanderkarte - *TF 20 - 6 Mittlerer Odenwald.*
Anfahrt - B 26 von *Darmstadt,* dann B 38 nach *Reinheim, Reichelsheim-Bockenrod, Rohrbach, Mossau.*
Parken - Gäste-P *Brauerei-Gasthof »Schmucker«.*

● **Ober- und Unter-Mossau** - *Staatlich anerkannter Erholungsort,* Ortsteile der *Nibelungengemeinde Mossautal. - Johanniter-Kirche* von 1252 in *O.-Mossau. - U.-Mossau* ist ein typisches *Waldhufendorf.* Der Volksmund sagt: »So lang wie Mosse«.

● **Der Rundweg** - Vom P beim *Gasthaus Schmucker* li, die
MA *Schmucker Hohl* aufw *[Weiße Raute], [Gelbes Dreieck], Ww [Lärmfeuer].* Gabelung halb li, *Ww [Lärmfeuer], LM [Mo 6], [Weiße Raute].* Bis zum Wegkreuz, hier ger *Zum Krottenloch* aufw *[Weiße Raute], [Mo 5],* später mit *[Mo 4],* immer aufw bis zur *Ihrighütte,* Rastplatz am *Lärmfeuer.* Früher wurden hier mit Feuer und Rauch
MW Alarmzeichen erzeugt. Ab Hütte mit *[Blauem Quadrat]* und *[Mo 4]* abw, am Querweg li, auf dem *Oberen Grenzweg,* vorbei am **Eselskopf**
MW (495 m) zur *Namenlosen Eiche* und mit *[Blauem Quadrat]* und *[Mo 3]* zur **Sandbuche**. An Wegkreuzung li, *Ww [Unter-Mossau], [Gelbes umgekehrtes T], [Mo 3].* Am Wegkreuz re nach **Unter-Mossau**, abw zur Ortsstr, hier re, vorbei an großem Schiffsanker (Geschenk der Partnerstadt *Maasdam/Holland*). Li *Elsbacher Weg* aufw zum Wald, weiter mit *[Gelbem umgekehrten T], [Mo 3].* An Gabelung li, dann durch Wald zur *Elsbacher Höhe.* Ab hier li, auf der **Hohen Straße**,
MW *[Blaues Kreuz], [Mo 3], Ww [Mossauer Höhe],* über freies Feld mit Blick auf *Elsbach* zum *ND Tränkfeldeiche* mit stark verknorpeltem Stamm nahe des Waldrandes. Am P über die Str, den Weg ger wei-
MW ter, später mit *[Mo 5]* weiter über Wiesen und Felder mit schönen

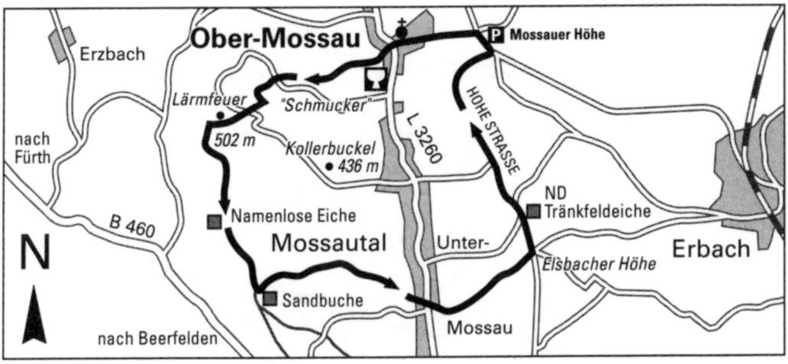

Blicken über den *Odenwald.* Prächtige alte Eichen am Weg zum P *Mossauer Höhe.* Vom P li mit *[Gelbem Dreieck], [Mo 5]* auf der *Hohen Straße* zur Landstr. Auf dieser li abw, nach 150 m Fußweg li nach **Ober-Mossau** und im Ort ger weiter zur erfrischenden Einkehr im

● **Hotel-Brauerei-Gasthof »Schmucker«** - Schöne Lage. Ruhige Zimmer. Rustikale Gasträume. Prächtiger Biergarten. Gutbürgerliche und gehobene Küche, u. a. Wild, Vollwertkost, Vesper, Kinder- und Seniorenteller. Mittlere Preise. - Brauereibesichtigung nach Vereinbarung. Das *Schmucker Bier quellrein* ist weit über den *Odenwald* hinaus beliebt. - *Ru = Mo.*

Hüttenthal - Schnappgalgen - Meisenberg - H.

Weg und Zeit - 10 km - 3 Stdn.
Charakteristik - Hat man erst einmal den »knackigen« Aufstieg hinter sich gebracht, empfängt den Wanderer die wohltuende Kühle und Stille des herrlichen Mischwaldes. Der weitere Wegverlauf ist dann wie ein Spaziergang. - **Karte** - *TF 20 - 6 Mittlerer Odenwald.*
Anfahrt - A 5. B 38 von *Weinheim* oder B 460 von *Heppenheim* nach *Fürth*, B 460 Ri *Erbach.* In *Hüttenthal* re, Ri *Güttersbach.*
Parken - Beim *Gasthaus »Dorfschänke«*, sonst P *Mossautalhalle.*

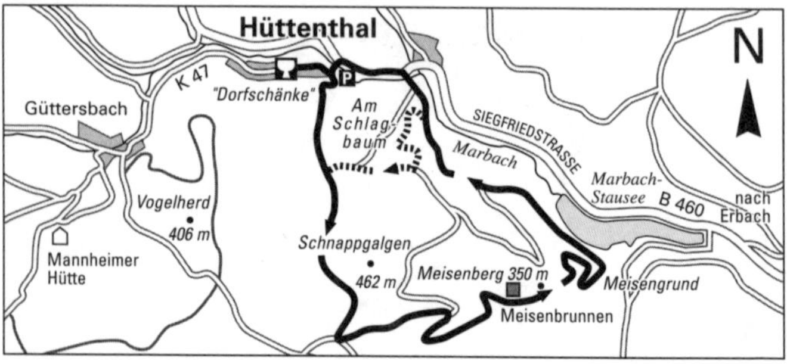

● **Der Rundweg** - Von der *»Dorfschänke«* zur *Mossautalhalle*
MA (282 m), dann re mit *LM [Hü 3]* aufw zum **Schnappgalgen** (462 m). Ganz gehörig muss man sich anstrengen, um den Aufstieg zu bewältigen! Was dann folgt, ist ein herrlicher Spaziergang. Am Wegkreuz li, immer mit *[Hü 3]* zum *Meisenbrunnen*, ein munterer Quell, der in den *Marbach-Stausee* mündet. Nach geraumer Zeit erreicht man den **Meisenberg** (350 m). Re abw mit *[Hü 3]*, dann im *Meisengrund* li aufw mit *[Hü 3]*. Ab hier herrlicher Blick auf das imposante Tälerdreieck der *Mossau* und des *Marbachs* mit seinem *Hochwasser-Rückhaltebecken (Marbachtalsperre)*. Der nun folgende Weg führt auf halber Höhe mit *[Hü 3]* zurück nach **Hüttenthal**. **(!)** Oberhalb des Ferienhofes kann man den kurzen Marsch an der stark be-
OM fahrenen *Siegfriedstraße* umgehen, indem man - ab hier *[ohne Markierung]* - dem Wiesenweg halb li aufw bis zum Waldrand folgt. Am Wald re, den Hangweg ger bis zur vom Hinweg bekannten Route mit *[Hü 3]*, und nun abw zur Einkehr im

● **Gasthaus - Pension »Dorfschänke«** - Das gepflegte Gasthaus verfügt über geschmackvoll im ländlichen Stil eingerichtete Zimmer mit Balkon, Dusche und WC. In gemütlichen Gasträumen werden Odenwälder Spezialitäten, u. a. aus eigener Landwirtschaft, serviert, auch Kinder- und Seniorenteller. Bier vom Fass. Offene Weine. Mittlere Preise. - *Ru = Mo, Mi; Do 14-16 Uhr geschlossen.*

Güttersbach - Vogelherd - Mannheimer Hütte - Güttersbach

Weg und Zeit - knapp 7 km - 2 Stdn.
Charakteristik - Ein schöner Spaziergang rund um den *Vogelherd* mit Abkürzungsmöglichkeiten. Der Weg besticht durch seine Stille und Harmonie.
Wanderkarte - *TF 20 - 6 Mittlerer Odenwald.*
Anfahrt - A 5, B 38 von *Weinheim* oder B 460 von *Heppenheim* nach *Fürth*, B 460 Ri *Erbach*. Am Ortsende von *Hüttenthal* re nach *Güttersbach.*
Parken - Beim *Gasthaus »Zum Goldenen Löwen«.*

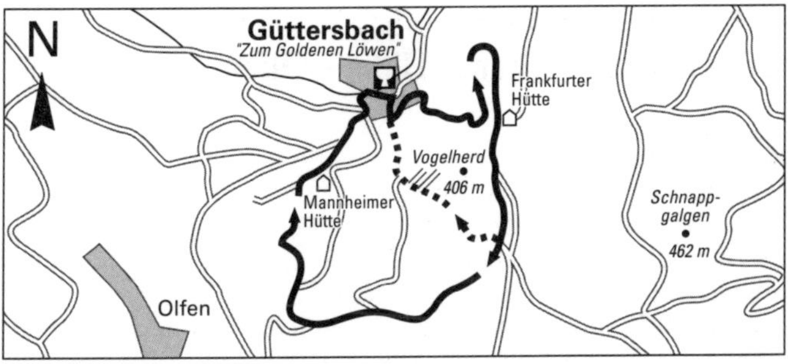

● **Der Rundweg** – Am *»Goldenen Löwen«* Str abw, dann re *In der kleinen Harras* mit *LM [Gü 2]* aufw. An der Gabelung li aufw zum Waldrand. *MA* Schöner Blick zurück auf *Güttersbach*! Im Wald steil aufw, Querweg mit *[Gü 2]* li. Wohltuende Stille empfängt den Wanderer im herrlichen Nadelwald mit zeitweilig schönen Blicken in das Tal! Vom Waldrand erblickt man halb li die *Frankfurter Hütte*. An der Kreuzung kommt von li *[Gü 3]*. Mit *[Gü 2]* und *[Gü 3]* leicht aufw ger über den **Vogelherd** (406 m). An der Abzweigung nur noch mit *[Gü 3]* ger bis zur asphaltierten Forststr. – Als Abkürzung führt diese Str mit *[Gü 3]* direkt abw nach *Güttersbach* (Streckenlänge insgesamt 4½ km). – Forststr überqueren und mit *[Gelber 3]* ger. An *MW* der nächsten Gabelung mit *[Gelber 3]* und *LM [Gü 1]* nach li. Der Markierung *[Gü 1]* bis nach *Güttersbach* folgen. Unterwegs ab- *MW* wechslungsreiche Waldansichten! Vom Waldrand abw zur **Mannheimer Hütte**. Ab hier Landstr kurzes Stück aufw zum *Naturpark*-P. Von dort durch breiten Hohlweg abw nach **Güttersbach** zur gemütlichen Einkehr im

● **Gasthaus und Pension »Zum Goldenen Löwen«** – Traditionsreicher Gasthof mit komfortablen Gästezimmern und gutbürgerlicher Küche. Spezialität: Frische Odenwaldforellen. Aber auch die Gerichte von der umfangreichen Tageskarte oder zünftige Vesper sowie Kinder- oder Seniorenteller sind zu empfehlen. Fassbier sowie offene und Flaschenweine von der *Bergstraße*. – *Ru = Mi.*

Olfen - Verbotsstein - NSG Rotes Wasser - Güttersbach - Olfener Höhe - Olfen

Weg und Zeit - ca. 14 km - 4 Stdn.

Charakteristik - Abwechslungsreiche Wanderung zu kulturellen und landschaftlichen Sehenswürdigkeiten.

Wanderkarte - *TF 20 - 10 Beerfelder Land.*

Anfahrt - B 45 von *Eberbach* und *Michelstadt.* Abzweigung Ri *Affolterbach.* - B 38 von *Weinheim, Birkenau* und *Fürth.* Abzweigung Ri *Wald-Michelbach, Affolterbach, Beerfelden/Olfen.*

Parken - Großer P beim *Gasthof »Zum Spälterwald«.*

● **Olfen - NSG Rotes Wasser - Güttersbach** - ca. 8 km - 2½ Stdn -
MA Vom *»Spälterwald«* mit *LM [Ab 5]* Str abw und ger bis zum *Dorfge-*
MW *meinschaftshaus.* Mit *[Weißem Dreieck]* scharf li und Str aufw, am
Friedhof vorbei. Über L 3120 und Ri P, danach Linksbogen und vorbei am stillgelegten *Buntsandsteinbruch*: Abbau in Familienbetrieben, im 19. und frühen 20. Jh. wichtiger Wirtschaftsfaktor im *Odenwald.* Waldweg aufw, li von der nächsten Kreuzung die *Affolterba-*
MW *cher Hütte.* An der Kreuzung re mit *[Rotem Kreuz].* Grenzweg mit
hist. Grenzsteinen mit den Wappen von *Mainz* (Rad), der *Pfalz* (Rauten) und der *Grafschaft Erbach* (3 Sterne). An der Wegespinne der *Verbotsstein* (ehem. steinernes Verkehrsschild, s. Infotafel). Li vom
MW *Verbotsstein* Waldweg mit *LM [O 1]* und *[Af 1]* folgen. Nächste Kreu-
zung mit *[O 1]* ger (*[Af 1]* biegt re ab). Nach ca. 10 Min an der nächsten Kreuzung scharf re abw zum *NSG Rotes Wasser* (Moorgebiet mit seltenen Pflanzen wie *Sonnentau, Siebenstern, Moosbeere* und
MW/ *Wollgras*). Mit *[Gelber 2]* das *NSG* queren und *[ohne Markierung]*
OM ger aufw (*[Gelbe 2]* biegt re ab). Auf der Höhe Wegespinne *Drei Ei-*
chen hist. *Grenzsteine,* die sog. *E-G-Steine,* erinnern an die interne Teilung der *Grafschaft Erbach* im Jahre 1544 unter den Brüdern
MA *Eberhard II.* und *Georg II.* Mit *[Gelber 3]* ger, Hohlweg abw. An der
OM Kreuzung *[ohne Markierung]* ger (*[Gelbe 3]* biegt re ab). Nächste
MW Kreuzung li und erneut *[Gelber 3]* folgen. Breiter Forstweg abw, Ga-
MW belung re und mit *[Gelber 5]* nach *Güttersbach.* Am *Friedhof* Hohl-
weg abw zum

● **Haus Schönblick** - Ruhige Lage am Ortsrand. Komfortable Zimmer. Gemütliche Gasträume. Schöne Terrasse und Wintergarten. Kreative regionale Küche mit Saisonspezialitäten. Familiäre, gepflegte Atmosphäre. Vegetarisches, Tageskarte, Vesper. Bier vom Fass, offene und Flaschenweine. Mittl. Preise. Großer P. - *Ru = Di.*

● **Güttersbach - Olfener Höhe - Olfen** - Gut 5 km - 1½ Stdn - Vom
MW *»Schönblick«* die Str abw, Linksbogen. Danach mit *LM [Gü 1]* re,
vorbei an einer mittelalterlichen *Wallfahrtskirche* mit einer als wundertätig angesehenen Quelle gegen Augenleiden und Unfruchtbarkeit. Hinter dem *Schwimmbad* re und mit *[Gü 1]* die Str leicht aufw. Schöner Blick auf *Güttersbach*! Im Wald Rechtsbogen, danach

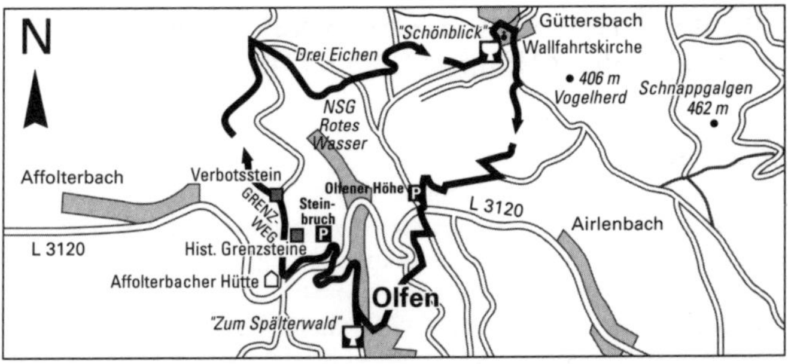

scharf li. An der Kreuzung scharf re und mit *[Gelber 3]* bis zum P *Ol-* *MW*
fener Höhe. L 3120 überqueren und mit schöner Aussicht am Wald-
rand entlang. An der Kreuzung mit *[Gelber 1]* re, Linksbogen in den *MW*
Wald und erster Abzweig *[ohne Markierung]* re abw. Ger und über *OM*
die nächste Kreuzung hinweg mit *LM [O 2]* abw nach *Olfen* zum *MW*

● **Gasthaus-Pension »Zum Spälterwald«** – Sehr ruhige Lage am Waldrand. Behagliche Zimmer im ländlichen Stil. Rustikale, geschmackvolle Gasträume. Wintergarten. Wohltuende Atmosphäre. Regionale und saisonale Spezialitäten. Produkte aus eigener Landwirtschaft und eigener Schlachtung, Wild aus heimischen Wäldern. Eigener Most. Großer P. – *Ru = Mi. Nov. geschlossen.*

Auf den Wanderwegen des »Raubacher Jockels« Wandern ohne Gepäck

Charakteristik - Herrliche Wanderungen durch eines der schönsten und waldreichsten Gebiete des südlichen *Odenwaldes*, inmitten des *Naturparks »Bergstraße-Odenwald«*. Weite Wälder, ruhige Täler und markante Höhenrücken lassen das Herz jedes Wanderers höher schlagen.

Wandern ohne Gepäck - Auf vielfachen Wunsch von Wanderfreunden hatten sich 1988 einige Gastwirte aus *Beerfelden, Rothenburg, Olfen* und *Ober-Sensbach* zusammengeschlossen und eine Pauschale für das Wandern ohne Gepäck entwickelt. Zur Saison 2000 wurde die Teilnahme auf das neu geschaffene touristische Gebiet *Beerfelder Land* ausgeweitet, und so gesellten sich zu den bisher Interessierten auch noch Zimmeranbieter aus *Hesselbach, Gammelsbach* und *Finkenbach*. - In Verbindung mit der aktuellen *Wanderkarte TF 20-10 Beerfelder Land* wurde die Pauschale neu erarbeitet. Die Gastwirte transportieren das Gepäck jeweils zum nächsten Zielort, um so ein genussvolles und unbeschwertes Wandern zu ermöglichen.

Anfahrt nach Beerfelden - Westlich der B 45 *Michelstadt - Erbach - Eberbach*. - L 3120 *Affolterbach - Airlenbach*.

Touren - Mit einem Netz von Teiletappen über das gesamte *Beerfelder Land* hinweg wurden flexible Wandermöglichkeiten geschaffen, um besser auf die Wünsche der Urlauber und die Belegungssituation reagieren zu können. Die neue Pauschale bietet den Interessenten nun die Gelegenheit, 2 bis 7 Tage lang die Region auf »Schusters Rappen« zu erkunden.

Länge der Wanderstrecken - 15-23 km.

Auskunfts- und Buchungsstelle - *Wirte der Aktion »Wandern ohne Gepäck«, Metzkeil 4, 64743 Beerfelden* und *Verkehrsbüro »Beerfelder Land«, Tel. 06068/930320 oder 2227, Fax 3529, E-mail: Beerfelder-Land@t-online.de.*

oben: *Siegfriedbrunnen bei Grasellenbach*

unten: *Beerfelden, besterhaltener dreischläfriger Galgen Deutschlands*

oben: *Eberbach am Neckar*

unten: *Der Katzenbuckel bei Waldbrunn*

oben: *Hirschhorn am Neckar*

unten: *Burg Schadeck, gen. „Schwalbennest“, und Hinterburg bei Neckarsteinach*

oben: *Heidelberg – Altstadt mit Schloss und Alter Brücke*
unten: *Neckargemünd*

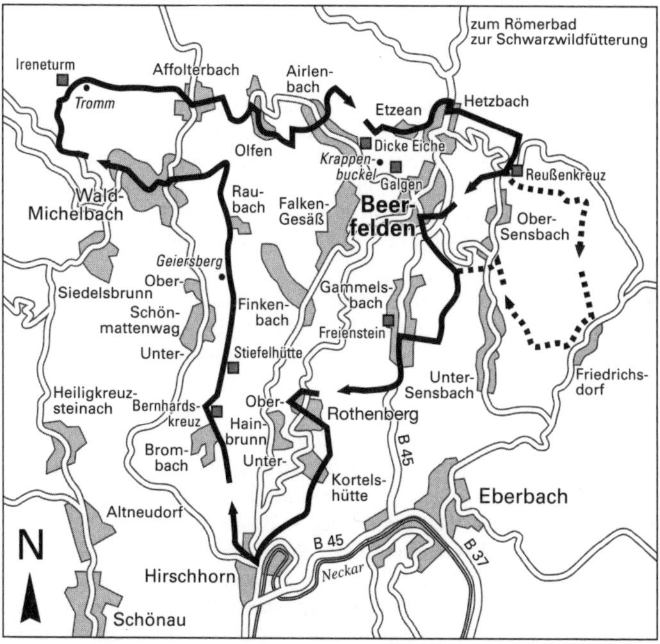

● **Der »Raubacher Jockel«** - Das kleinste Odenwalddorf *Raubach*, gegründet 1740, ist in der ganzen Region wegen seines berühmten Sohnes, des *»Raubacher Jockels«*, bekannt. Ein Schelm mit schlitzohrigem Humor, eine Art *»Till Eulenspiegel«*. Von Beruf war er Gemeindediener, gräflicher Waldarbeiter, Totengräber, Uhrmacher, Feldschütz und Köhler. Seine ganze Liebe aber gehörte der Musik. Auf allen Festen und Kirchweihen zwischen *Weschnitz* und *Mümling* spielte der *»Jockel«* mit seiner Kapelle zum Tanz auf. Er sang lustige Lieder und erzählte ulkige Schnurren - und er hatte immer Durst! 1941 starb er mit 75 Jahren. Geblieben aber sind seine köstlichen Anekdoten.

Beerfelder Land - Beerfelden

● **Das »Beerfelder Land«** - Ein Tourismusverbund der Urlaubsorte *Beerfelden, Rothenberg, Sensbachtal* und *Hesseneck* und gleichzeitig eine Ferienregion in einem besonders schönen Teil des *Naturparks Bergstraße-Odenwald.* Das Gebiet besticht durch tiefe Wälder, herrliche Aussichten von den Höhen (bis zu 555 m) und bezaubernde Täler - ein echtes Dorado für Wanderer (s. auch S. 124-128, 133-145).

● **Beerfelden** (ca. 450 m) - *Staatlich anerkannter Erholungsort.* - 1032 erstmals im *Lorscher Codex* erwähnt. 1328 Stadtrechte. 1806 zu *Hessen-Darmstadt.* 1810 völlige Zerstörung durch Stadtbrand. - Mächtige *Ev. Stadtkirche* mit spätgot. Fenstern, um 1510. - *Zwölf-Röhren-Brunnen/Mümlingquelle* (S. 137). - Sehr berühmt ist *Deutschlands besterhaltener dreischläfriger Galgen* (1597), mit ehemals 6 Aufhängeketten. Letzte Hinrichtung 1804 wegen Diebstahls. - Großer *Beerfelder Pferde-, Fohlen- und Zuchtviehmarkt* im Juli.

● **Sehenswertes in der Umgebung - B.-Airlenbach,** 1000-jährige *»Dicke Eiche«.* - **B.-Gammelsbach**, *Ruine Freienstein* (S. 144). - **B.-Hetzbach**, *Himbächel-Viadukt* (1881), *Marbach-Stausee.* - **B.-Olfen** (S. 126/27), *»Olfener Bild«.* - **Hesseneck-Hesselbach** (s. unten). - **Rothenberg** (S. 140). - **R.-Finkenbach** (S. 140). - **R.-Raubach** (S. 140), *Denkmal »Raubacher Jockel«* (S. 133). - **Sensbachtal**, *Sensbacher Waldfriedhof* (S. 136).

Hesselbach/Hesseneck - Limesanlagen - Schwarzwildfütterung - Hesselbach

Weg und Zeit - 10 km - 2½ Stdn.
Charakteristik - Geglückte Symbiose von Natur und Historie.
Wanderkarte - *TF 20 - 10 Beerfelder Land.*
Anfahrt und Parken - *Eberbach - Gaimühle - Kailbach. - Beerfelden - Hetzbach - Reußenkreuz - Schöllenbach* (hier li ab = Abkürzung, *Ww*) - *Kailbach.* - Von *Amorbach.* - Von *Buchen.* - P *Gasthaus »Zum Grüner Baum«.*

● **Hesselbach** (ca. 500 m) - Liebenswerter, kleiner Ort inmitten einer der waldreichsten Regionen des *Odenwaldes.* - *Kirche St. Luzia und St. Odilia,* erb. 1765/66. Ausstattung: *Schwarze Madonna* (13./14. Jh.), *Hesselbacher Kreuz* (11. Jh., Kopie), *»Tod des heiligen Joseph«* u. a.

● **Der Rundweg** - Vor dem *Gasthaus »Grüner Baum« Römerstr* orts-
MA auswärts, *[Weißes L], Westlicher Limesweg, Ww [Wildschweinfütterung]* zum Platz des **Römischen Kastells Hesselbach ORL Nr. 50**. Info-Tafel: »Das besterforschte Kastell am *Odenwald*-Limes«. *Wiesen-*

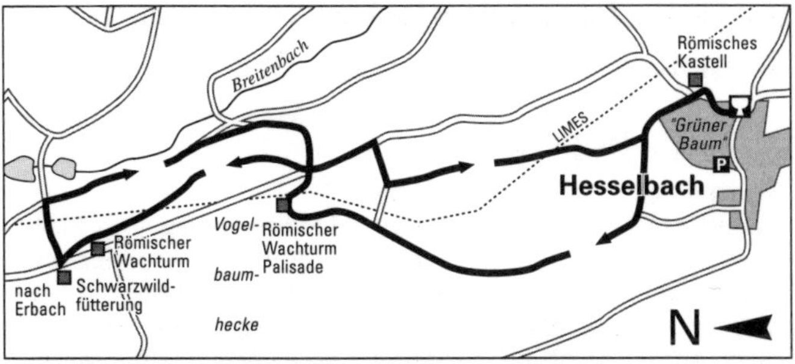

str li, immer dem *[Weißen L]* folgen. Bei altem Bildstock befestigter Querweg re. Waldeintritt. Am Wildzaun re, Überstieg, **Römischer Wachtposten 10/30 in den Vogelbaumhecken**: Reste eines *Steinturms* (Höhe 3,8 m), größtenteils mit Originalsteinen rekonstruiert. Unterbau eines *Holzturms*, Nachbildung einer *Palisadenanlage.* 3 Info-Tafeln. Hinüber zur Straße, kurz li, mit *[Weißem L]* halb re auf gewundenen, gut markierten Pfad. Info-Tafel **Römischer Wp 10/29 im Unteren Seeschlag.** Spärliche Fundamentreste. Mit *[Weißem L]* weiter zur Straße, re ab, dann li zur **Schwarzwildfütterung** *(15.3.-15.11. tägl. 11-17 Uhr, 4.12.-15.3. 12-15 Uhr*, Änderungen möglich). - Straße
100 m zurück, breiter Weg li ab mit *[Gelber 6]* u. a. An der Kreuzung *MW*
re, li gegenüber schimmert ein Teich und man hört den *Breitenbach.*
Gabel ger (!), bald darauf Andreaskreuzung, re (!) aufw (!) *[ohne* *OM*
Markierung], Rechtsbogen zur Straße. Diese li mit *[Gelber 6]*. Beim *MA*
Gattertor re, (ger = Abk.), *[ohne Markierung]*, bis zum deutlichen *OM*
Linksabzweig mit der *[Gelben 3]*. Waldweg, dann über das Feld, *MA*
Querweg li, *[Weißes L]*, wie Hinweg zurück. *MW*

● **Landgasthof Zum Grünen Baum -** Gepflegte Gastlichkeit in herrlich ruhiger Lage. Angrenzendes Gästehaus, Komfortzimmer mit Du/WC, SAT-TV, Balkon. Gemütlich-rustikale Gaststube. Rauchfreier Frühstücks-Büffet-Raum. Fein ausgewogene, vielseitige Gerichte, vom Hausherren als Küchenmeister liebevoll zubereitet. Köstliche Spezialitäten. Vesper. Vegetarisches. Moderate Preise. - *Ru = Di.*

Beerfelden - Sensbacher Höhe - Sensbachtal - Knosebuckel - Reußenkreuz - Beerfelden

Weg und Zeit - gut 14 km - 4½ Stdn.
Charakteristik - Ein sehr schöner Waldwanderweg vom Mittelpunkt *Beerfeldens* über die *Sensbacher Höhe* ins besonders hübsche *Sensbachtal.* Von dort geht es nach kurzem, steilem Anstieg über den *Knosebuckel* zum Wanderwegknotenpunkt *Reußenkreuz.* Attraktion des Rückwegs: die *Mümlingquelle* in ihrer klassizistischen Einfassung von 1810. - *Beerfelden* - s. S. 134.
Wanderkarte - *TF 20 - 10 Beerfelder Land.*
Anfahrt - Wie S. 128.
Parken - Bei der *Evangelischen Kirche,* Nähe *Gasthaus »Zum Goldenen Hirsch«.*

● **Beerfelden - Sensbacher Höhe - Sensbach - Knosebuckel - Reußenkreuz** - ca. 8 km - 2½ Stdn - Vom *Gasthaus »Zum Golde-*
MA *nen Hirsch«* mit *LM [B 2]* die *Brunnengasse* abw, *Eberbacher Weg*
MW re und ger über die B 45. Mit der Markierung *[Gelber Punkt]* leicht
ansteigenden Hohlweg aufw zum Waldrand und im Wald aufw
zum Höhenweg. Diesen überqueren und auf Parallelweg mit
MW *[Rotem Dreieck]* re zum *Sensbacher Waldfriedhof.* Besonders sehenswert sind hier die Kapelle von 1774, der Torbogen von 1791,
die Familiengruft der *Grafen zu Erbach-Fürstenau* und das Grab
MW von *Jürgen Ponto*). Vom *Friedhof* mit *[Weißem Viereck]* li parallel
zur L 3120 hinab in das *Sensbachtal,* in das sich vom Waldrand ein
herrlicher Blick bietet! Vor *Sensbach* li abw, L 3120 re, K 39 li Ri
Ober-Sensbach. Nach 200 m re über die Brücke aufw. Linkskehre,
MW von re kommt das *[Rote Andreaskreuz].* Im Bergsattel mit diesem
nach li, auch *[S 3].* Waldöffnung, Querweg re, Linksbogen, entlang des *Knosebuckels* (509 m) aufw zur *Schutzhütte »Das Steinhäusel«.* Schöne Aussicht auf *Ober-Sensbach*! Vorbei am *Sportplatz,* ger durch den Wald, ger über befestigten Weg, über freies Feld zum Wald. Weg beibehalten bis zum Gatter, dann befestigter Weg li zur Einkehr im

● **Waldgasthof Reußenkreuz** - Weithin bekannte und geschätzte Gastronomie in sehr ruhiger Waldhöhenlage mit Fernblick. Komfortzimmer mit Balkon. Behagliche Gasträume in gepflegtrustikalem Stil. Große Café-Terrasse. Gutbürgerliche und gehobene Küche, u. a. Fisch, Wild, kleine Gerichte. Aktionswochen. Eigene Konditorei. Mittlere Preise.

● **Reußenkreuz - Mümlingquelle/Beerfelden** - ca. 6 km - 2 Stdn -
MW Letztes Wegstück zurück, re am Gästehaus vorbei. Dem *[Weißen*
Dreieck] bis *Beerfelden* folgen, zunächst auch *[Rotes Dreieck].* Waldweg abw bis zum Gatter, danach re zur K 39. Str re, nach 30 m befestigter Weg li. Vom Waldrand eindrucksvoller Blick in das *Sensbachtal*! An der Gabelung re (das *[Rote Dreieck]* biegt li

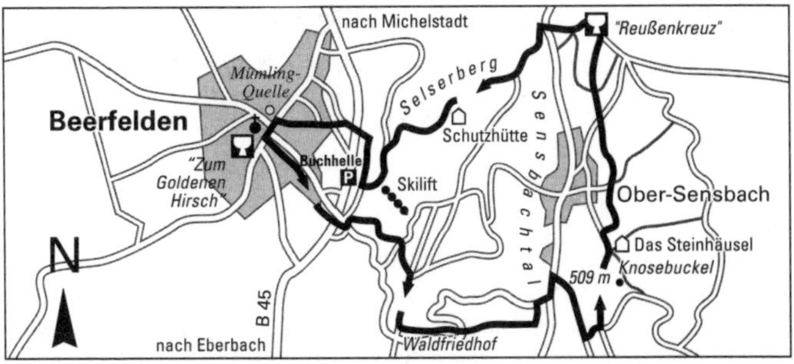

ab). Leicht abw zu *Schutzhütte*, vorbei am *Skilift* zum Waldrand, ger bis 🅿 *Buchhelle*. Re, auch *[Gelber Punkt]*, B 45 überqueren. Wirtschaftsweg ger und Linksbogen Ri *Beerfelden* zur *Mümlingquelle*, einem Zwölf-Rohrbrunnen mit 12 speienden Löwenköpfen auf sieben Säulen. Von hier aus zurück zum Ausgangspunkt beim 🅿.

● **Wildwochen im Beerfelder Land** – Alljährlich Ende Oktober, Anfang November veranstalten die Wirte diese kulinarische Spezialitätenwoche rund um das Odenwälder Wildbret. Informationen gibt es beim Verkehrsbüro Beerfelder Land (Adresse s. S. 133).

Beerfelden - Sensbacher Höhe - Unter-Sensbach - Falkenberg - Knosebuckel - Rosengarten - Selserberg - Beerfelden

Weg und Zeit - ca. 14 km - 4½ Stdn.

Charakteristik - Erholsame Wanderung über einsame, schattige Wege. Auf den Höhen bieten sich herrliche Ausblicke in das *Sensbachtal* und nach *Beerfelden.* - **Karte** - *TF 20 - 10 Beerfelder Land.*

Anfahrt - Über die B 45 von *Michelstadt/Erbach* bzw. von *Eberbach* nach *Beerfelden.*

Parken - Gäste-Ⓟ bei der »*Pension am Walde*« (Zufahrt von der B 45, Abzweig *Sensbachtal*, vor dem Wald Abzweig li).

● **Beerfelden - Sensbacher Höhe - Sensbachtal** - ca. 3 Stdn - Von
MA der »*Pension am Walde*« mit der *[Gelben 4]* li bis zur Kreuzung.
MW Dort mit dem *[Gelben Punkt]* nach li durch den Wald aufw zum
MW *Höhenweg.* Diesen überqueren und mit *[Rotem Dreieck]* nach re
zum Wander-Ⓟ *Sensbacher Höhe* und zum *Sensbacher Waldfried-*
MW *hof* (s. S. 136). Am *Friedhof* mit *LM [S 3]* nach li abbiegen und dieser örtlichen Markierung den alten Friedhofspfad hinab folgen bis in das *Sensbachtal.* Vom Waldrand oberhalb des Tales herrlicher Blick auf die weitgestreuten Siedlungen im Tal (mittelalterliche Waldhufendörfer). An der Fahrstr li aufw, nach knapp 500 m re ab und aufw zum Waldrand. Erneut schöner Blick ins Tal. Am Waldrand entlang, im Linksbogen aufw in den Wald, Linkskehre. Von re kommt das *[Rote Andreaskreuz]* hinzu, mit *[S 3]* und *[Rotem Andreaskreuz]* ger weiter. Schöne Ausblicke ins Tal. An der Gabelung re (zusätzlich *[Weißes Viereck]*). An der nächsten Kreuzung li mit *[S 3]* und *[Rotem Andreaskreuz].* Am Waldaustritt re,
OM nach 70 m li abzweigen und an der Waldspitze *[ohne Markierung]*
li abw auf einem schönen Wiesen- und Feldweg und zur gemütlichen Rast im

● **Landgasthaus Maier's Bauernstube** - Urgemütlich-rustikales Gasthaus mit herrlichem Biergarten und Kinderspielplatz. Gutbürgerliche Küche, die u. a. reichhaltige und kräftige Vesper anbietet. Hausspezialitäten sind Hausmacher Kochkäs, Äppelwoi und selbstgebackenes Brot. Mit eigener Schlachtung und feiner Hausmacher Wurst. Unteres bis mittleres Preisniveau. - *Ru = Di, Mi.* - Eigener Ⓟ.

● **Sensbachtal - Rosengarten - Selserberg - Beerfelden** - ca.
1½ Stdn - Am Gasthaus re die Landstraße K 39 aufw bis *Ober-*
MA *Sensbach.* An der Kreuzung li und mit *LM [S 3]* durch die Feldflur
MW aufw, zusätzlich auch *[Gelber Punkt].* Am Waldrand mit *[Gelber*
2] halb re leicht bergauf (nicht scharf re !). Nach ca. 350 m Kreu-
MW zung, dort mit *[Gelber 5]* und *[Rotem Dreieck]* li abbiegen. Auf befestigtem Forstweg ger, vorbei an Feldflur. Kurz vor dem Wald-

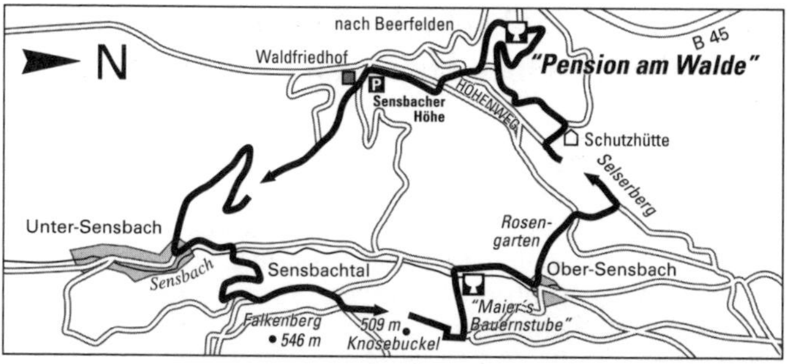

eintritt mit *[Gelber 5]* halb re abbiegen. Nach 50 m re abw zu einer Schutzhütte. Bei dieser li und immer mit der *[Gelben 5]* abw bis zum Waldrand. Dort li mit *[Gelber 4]* zur wohlverdienten Schlusseinkehr in die *MW*

● **Pension am Walde** - In sehr ruhiger Aussichtslage (450 m ü. M.) am Waldrand gelegen. Herrliche Ferienwohnungen. Anheimelnd eingerichtete Gasträume, die eine angenehme, familiäre Atmosphäre verbreiten. Die gutbürgerliche Küche bietet u. a. deftige Vesper an, aber auch Vollwertkost und Diätessen. Unteres bis mittleres Preisniveau. - *Ru = Mo.*

● **Weitere schöne Wanderziele** - *Gammelsbachtal* (s. S. 134, S. 140)

Rothenberg - Finkenbach - Raubach - Geiersberg - Brombach - Ober-Hainbrunn - Rothenberg

Weg und Zeit - 25 km - gut 7 Stdn.
Charakteristik - Abwechslungsreicher Rundweg für sportliche Wanderer. Von Höhen mit schöner Aussicht geht es ins romantische Tal und durch hübsche kleine Orte. Strammen Anstiegen folgen genussvolle Kammwege.
Wanderkarte - *TF 20 - 10 Beerfelder Land.*
Anfahrt - Von *Hirschhorn* Ri *Beerfelden*, Abzweigung *Rothenberg.*

● **Parken** - Großer P bei der *Sporthalle.*

● **Rothenberg** - Beherrschende Höhenlage zwischen den Tälern des *Finkenbachs* und des *Gammelsbachs.* Ortsteile: *Kortelshütte, Ober-Hainbrunn, Finkenbach, Hinterbach, Raubach.* - 1353 kam *Rothenberg* als kaiserliches Lehen an die *Ritter von Hirschhorn,* nach mehreren Besitzerwechseln 1807 an das *Großherzogtum Hessen-Darmstadt.* - *Ev.-Luth. St. Martinskirche* 1881. *Evangelische Kirche* von 1883.

● **Rothenberg - Finkenbach - Raubach** - 3 Stdn - Von der Kreu-
MA zung beim P *Sporthalle* bis Kreuzung *[Gelber Punkt]* Markierung
[Blaues Quadrat] folgen. In nördlicher Ri aufw zum Wald. Beim
Waldrand mit *[Blauem Quadrat]* halb li, vorbei am Waldspielplatz.
Nach 10 Min asphaltierter Weg re, nach 150 m Waldweg halb li abw
nach *Finkenbach.* Ort durchlaufen und *Hinterbacher Str* Ri *Rau-*
bach li. *Friedhofstr* re, bei Haus Nr. 1 scharf li aufw, Schranke und
immer *[Blaues Quadrat]* beachten. Knapp 2 km auf dem Höhen-
MW kamm in nördlicher Ri, dann mit *[Gelbem Punkt]* li abw bis zur Str.
Re an der Str entlang bis zum Wander-P. Breiter Weg li an der Str
aufw, bald nach Waldeintritt schmaler Pfad re (!) aufw, kurz vor
Raubach auf Str einmündend. Die Str führt im Ort direkt zum

● **Landgasthof Raubacher Höhe** - Beliebter Gasthof in herrlicher Aussichtslage mit komfortablen Gästezimmern, gemütlichen Gasträumen und einer wunderschönen Gartenterrasse. Reichhaltiges Angebot an regionaler Küche. Auch feine vegetarische Gerichte. Bekannt für seine Spezialitäten-Wochen. Verlockende Vesperkarte. Mittlere Preise. - *Kein Ru. - Nov.-März nur Sa, So und Feiertage geöffnet.*

● **Raubach - Buchwald - Ober-Hainbrunn - Rothenberg** - Gut
4 Stdn - Mit *[Gelbem Punkt]* direkt re neben dem Gasthof auf be-
festigtem Weg aufw. Nach Linksbogen Pfad re aufw, wenige Min
MW bis zu großer Kreuzung mit Wander-P. Hier mit *[Rotem Kreuz]*
und LM *[Ra 2]* Abzweigung li. Auf dem Kammweg gut 2 Stdn im-
mer *[Rotem Kreuz]* folgen. Weg oberhalb vom *Bernhardskreuz*
OM beibehalten und jetzt *[ohne Markierung]* ger bis kurz vor den *Fern-*
MA *sehumsetzer Brombach.* An der Wegkreuzung mit *[Gelbem Doppel-*
strich] li abw. Später über die Fahrstr und weiter abw. Nach 400 m

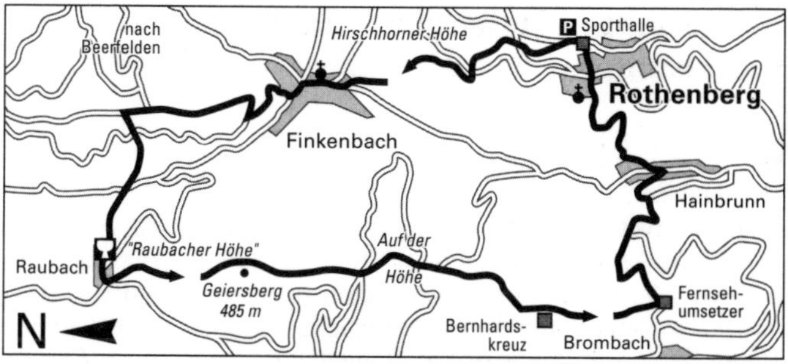

breiter Weg li und konsequent mit der Markierung abw nach *Ober-Hainbrunn.* Durchgangsstr/*Neckarstr* li, nach 100 m *Poststr* re aufw, vor Haus Nr. 7 Pfad re steil aufw, bald wieder in die *Poststr* einmündend. Aus dem Ort Ri *Rothenberg.* Am Waldende li aufw und zurück nach *Rothenberg.* Über *Schulstr, Hauptstr* ger, *Gammelsbacher Weg* aufw zurück zur *Sporthalle.*

Kortelshütte - Hainbrunn - Rothenberg - Kortelshütte

Weg und Zeit - 9½ km - gut 2½ Stdn.

Charakteristik - Ein richtiger Sonntagsweg: Von der Aussichtsterrasse *Kortelshütte* auf bequemer Route zum Panoramaweg oberhalb von *Hainbrunn* mit genussvollen Ausblicken in das *Finkenbachtal*, aufwärts zum mittelalterlichen, wunderschön gelegenen *Rothenberg* und über ein Segelfluggelände zurück nach *Kortelshütte*. - **Wanderkarte** - *TF 20 - 10 Beerfelder Land.*

Anfahrt - Von *Hirschhorn* in Ri *Beerfelden*, Abzweigung *Rothenberg*. Von *Beerfelden* über *Rothenberg*. In *Kortelshütte Ww [Café-Pension Berghof].*

Parken - Beim *Café-Pension Berghof.*

● **Kortelshütte - Hainbrunn - Rothenberg** - Gut 1½ Stdn - Vom *»Berghof«* den *Quellenweg* leicht aufw, vorbei an großem *Neckar-*
MA *Findlingsstein*. Nach Haus Nr. 3 re abw, *[Gelbe 3]*. Nach 100 m Einmündung in Str und re aus dem Ort. Bei Bushaltestelle über Str *Hirschhorn - Rothenberg* und weiter mit *[3]* leicht abw in den
MW Wald. Nach Links-Rechtsbogen scharfe Linkskehre mit *[R 1]* abw. Nach 250 m Linksbogen, gleich danach Rechtskehre abw zum Waldrand. Hier an der Gabelung auf asphaltiertem Weg re mit *[R 1]*. Linksbogen und oberhalb von kleinem Bachgrund weiter. Bald an der Gabelung re mit Str *Am Hohlenstein*. Sehr schöner Panoramaweg oberhalb von *Hainbrunn*! Ca. 20 Min nach dem ersten Haus *Am Hohlenstein* Einmündung in Str. Hier mit
MW *[Gelbem Doppelstrich]* re aufw, *Ww [Rothenberg]*. Nach 10 Min bei Waldende an der Gabelung li. Jetzt in langem Rechtsbogen mit *[Gelbem Doppelstrich], [F 6]* aufw zu einer Kuppe mit schöner Aussicht, beim *Friedhof* nach *Rothenberg* hinein. *Schulstr* ger, ger
MW über *Odenwaldstr. Hauptstr* aufw, *[R 1]*, Rechtsbogen, mit *[R 1], [R 4]* weiter aufw zum

● **Gasthaus »Zur Rose«** - Bekannte und beliebte Gaststätte in einer rustikal umgebauten Scheune. Herrlicher Biergarten. Familiäre, gemütliche Atmosphäre. Bodenständige Küche mit schmackhaft zubereiteter Hausmannskost. Aktion: »Heute kocht die Oma«! Herzhafte Vesper, selbst gebackenes Brot. Phantasievolle vegetarische Gerichte. Mittlere Preise. - *Ru = Mi.*

● **Rothenberg - Kortelshütte** - 1 Std - Von der *»Rose« Hauptstr* weiter aufw, *[R 1], [R 4]*. Aus dem Ort hinaus, *Ww [Segelflugplatz]*. Bei Wander-P an der Gabelung ger, *[R 4]*, nach 100 m mit
MW *[Blauem Quadrat], [Gelber 7]* weiter. Auf ebenem Weg zum *Segelfluggelände »Auf der Heumatte«*. Von hier weite Sicht zu den *Odenwaldhöhen* im Osten und Süden! Nach flacher Kuppe leicht
MW abw mit *[R 4]* Ri Wald. Auf breitem Weg mit *[R 4]* halb re in den Wald, Linksbogen und aus dem Wald. Jetzt ein Stück am Wald-

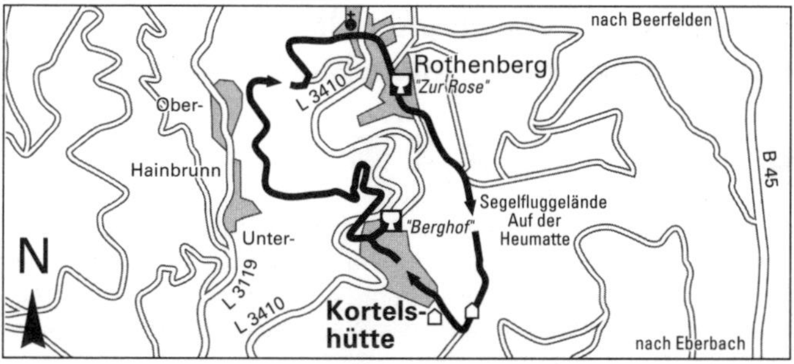

rand entlang. Bei *Schutzhütte* Abzweigung re mit *[Gelber 6], Ww* *MW* *[Kortelshütte].* Vorbei am Bolzplatz, danach Grillhütte, Ortseintritt. *Waldstr*, vorbei am *Ev.-Luth. »Haus Cordula«* bis zum Ende, *Quellenweg* re. Noch 200 m bis zur Schlusseinkehr im

● **Café-Pension Berghof** - Sehr ruhige Lage mit herrlichem Odenwald-Panorama. Schöne Zimmer. Stilvoll eingerichtete Gasträume, große Freiterrasse. Sorgfältig zubereitete, gutbürgerliche Küche, auch herzhafte Odenwälder Hausmannskost. Umfangreiche Vesperkarte. Köstliche Backwaren aus eigener Herstellung. Untere bis mittlere Preise. - *Ru = Do.*

Rothenberg - Hirschhorner Höhe - Ruine Freienstein - Gammelsbach - Rothenberg

Weg und Zeit - 16½ km - gut 4½ Stdn.

Charakteristik - Ein großzügiger Rundweg, der alles bereithält, was eine schöne Route ausmacht: zwei hübsche Ortschaften, tiefe Wälder, ein anmutiges Tal, weite Ausblicke und eine markante Burgruine. Vom 15.9. bis 15.10. kann das Wildgehege gesperrt sein (Auskunft bei der Gemeinde). - **Karte** - Wie S. 142.

Anfahrt - *Hirschhorn* Ri *Beerfelden*, Abzweigung *Rothenberg.*

Parken - Gäste-Ⓟ beim *Gasthof Hirsch*, sonst *Schulstr.*

● **Rothenberg - Hirschhorner Höhe - Ruine Freienstein** - 1¾ Stdn -
MA Vom *Gasthof »Hirsch« Schulstr* aufw, *Odenwaldstr* li, *LM [R2, R 3].* Nach Haus Nr. 15 befestigter Weg re, Linksbogen aufw. Schöner Ausblick! Im Wald auf befestigtem Weg immer ger. Kleines Stück auch *[Blaues Quadrat].* An großer Kreuzung mit *Stein-Ww* befestig-
MW ter Weg mit *[Blauem Kreuz]* li. Jetzt geht es über die *Hirschhorner Höhe* zur Schutzhütte bei der L 3410. Weiter mit *[Blauem Kreuz]* in gleicher Ri über den Gratweg. Bei der Wegkreuzung vor der
MW Schranke re ab mit *[Weißem Quadrat].* Nach ca. 12 Min. Abzweigung halb li **(!)**, flacher Hohlweg abw zum Waldrand. Dahinter Feldweg li mit wunderbarer Aussicht. Nach einem Rechtsbogen an der Gabelung ger abw, Rechtsbogen abw ins Tal, Pfad re zu Wegknick und zur

● **Ruine Freienstein** - Über die Entstehung der Burg, die vermutlich zur Überwachung des *Gammelsbachtales* errichtet wurde, gibt es keine Aufzeichnungen. Erstmals erwähnt wurde das Bauwerk um 1297. Zu jener Zeit war die *Burg Freienstein* als *Pfälzer* Lehen im Besitz der *Erbacher Schenken.* Mehrere Jahrhunderte lang war sie Sitz des *Erbacher Amtes.* Bei der letzten Teilung der *Grafschaft Erbach* im Jahre 1747 kam sie in den Besitz der Linie *Erbach-Fürstenau*, der die Ruine noch heute gehört. Im 18./19. Jh. zerfiel die Burg allmählich. Sie wurde z. T. abgetragen, das Baumaterial diente zum Wiederaufbau von *Beerfelden* nach dem großen Brand 1810. Weiterer Zerfall durch Mauereinstürze 1987/88. Erhalten sind dagegen die mächtige *Schildmauer*, *Palasteile* und der doppelte *Zwinger.*

● **Ruine Freienstein - Gammelsbach - Rothenberg** - gut 2¾ Stdn -
MW An der Nordseite der Ruine auf schmalem Weg mit *[Gelber 1]* in Serpentinen abw nach *Gammelsbach.* Herrlicher Blick zurück! Vor
MW dem *Naturpark-*Ⓟ *Burg Freienstein* mit *[Ga 3] Mühlweg* re. Nach Haus Nr. 45 in Pfad, hinter dem Gatter re aufw. Am Waldrand aufw, Grasweg im spitzen Winkel li mit *[Ga 3].* Ruhebank mit schöner Aussicht! Rechtskurve, Einmündung in breiten Querweg, li. Waldaustritt, weiter zum nächsten Waldrand. Herrlicher Blick in das *Gammelsbacher Tal*! Wieder in den Wald mit *[Ga 3].* Neuerliche
OM Rechtskurve. An deren Scheitelpunkt zweiter **(!)** Abzweig li. *[Ohne*

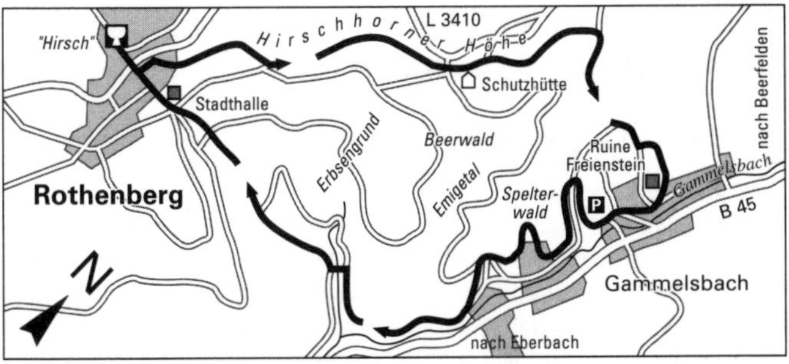

Markierung] breiten Weg abw. Tolle Aussicht! Vor dem *Gammelsbach* halb re und mit *[Gelbem Doppelstrich]* an ihm entlang. Später in ein kleines Seitental. Bei der *Schutzhütte* über Wiese und Bachsteg. Aufw zu Querweg, dort re, nach 50 m Pfad **(!)** halb li. Nach dem 2. Wildgatter breiter Weg re aufw zum Waldrand, auch *[R 3]*. Ger weiter aufw zur *Sporthalle* und von dort abw über *Gammelsbacher Steige, Hauptstr* halb re, *Schulstr* ger, zurück zum *MA*

● **Hotel-Gasthof Hirsch** - Ein sympathisches Haus zum Entspannen und Erholen. Behagliche Komfortzimmer. Tagungsräume mit modernster Kommunikationstechnik. Kegeln, Dampfbad, Sauna. Gemütliche Gasträume. Uriger Weinkeller. Anheimelnde, familiäre Atmosphäre. Exzellente Küche mit kulinarischen Köstlichkeiten aus der Region - teils raffiniert veredelt, teils rustikal zubereitet. Guter eigener Apfelwein. Mittlere Preise - *Ru = Mo.*

● **Weiterer Wanderweg** - *[R 1]* - ca. 6 km - 2 Stdn - Vom *Gasthof Hirsch* zum *Krämersbrunnen*, einem Zwei-Röhren-Brunnen, der auch als Viehtränke benutzt wurde. An der *Kirche der Ev.-luth. St.-Martinsgemeinde* vorbei, abw durch das Tal der *»Heiligen Wiesen«* in den *»Heiligen Wald«*. Am *Mühlenberg* erreicht man den Panoramaweg oberhalb von *Ober-Hainbrunn*. Herrliche Aussicht! Durch das *»Himmelreich«* aufw zum *Hommerichsbrunnen*, der *Rothenberg* früher mit Wasser versorgte. Glanzstück ist der mit Wasserkraft angetriebene *»Schmidt-Motor«* von 1901. Aufw nach *Rothenberg*. Wunderbare Fernsicht! Durch den Ort zurück zum *Gasthof Hirsch*.

Gaimühle - Unterhöllgrund - Waldkatzenbach - Oberhöllgrund - Gaimühle

Weg und Zeit - 13 km - 3½ Stdn.

Charakteristik - Schöner Waldrundweg mit mehreren steilen Auf- und Abstiegen für sportliche Wanderer mit guter Kondition. Im Spätherbst kann der Weg durch das Wildgehege gesperrt sein (Auskunft beim Verkehrsamt *Eberbach*). Die gesunde Luft, die erholsame Ruhe und die herrliche *Odenwaldlandschaft* entschädigen den Naturfreund für die Mühen der Anstiege.

Wanderkarte - *TF 20 - 13 Neckartal-Odenwald.*

Anfahrt - Von *Eberbach* in nordöstlicher Ri auf der L 2311 bis *Gaimühle.* - Von *Amorbach* und von *Beerfelden.*

Parken - Gäste-P bei der *Gaststätte »Ittertal«.*

● **Gaststätte Ittertal** - Gemütliches Landgasthaus inmitten des romantischen *Ittertales* mit stilvollen Gasträumen und Gartenterrasse. Angenehme, rustikale Atmosphäre. Gutbürgerliche Küche mit reicher Auswahl an schmackhaften Schnitzel- und Bratenvariationen, leckeren Wildgerichten sowie Odenwälder Vespergerichten aus eigener Hausschlachtung. Spezialität: Schlachtplatte. Günstiges Preisniveau. - *Ru = Mi.*

● **Gaimühle - Unterhöllgrund - Waldkatzenbach - Oberhöllgrund** - 1¾ Stdn - Von der *Gaststätte Ittertal* Fußweg an der Str Ri *Eber-*
MA *bach* leicht abw. Nach 300 m mit *[Gelbem Doppelstrich]* Fußweg nach li Ri Unterführung, *Mudau.* Auf der K 1414 parallel zu den Schienen leicht aufw. Nach 5 Min in der Linkskurve Abzweigung halb re auf den unteren Weg. Mit *[Rotem Andreaskreuz]* und *[Gelbem Doppelstrich] Höllgrundstr* li, nach der Brücke über den Bach
MW re. Später nur noch mit *[Rotem Andreaskreuz]* im Halbschatten am *Höllbach* entlang in den idyllisch gelegenen Weiler *Unterhöllgrund.* Beim *Hölzerlips-Brunnen* halb re aufw, *Ww [Waldkatzenbach].* Nach 50 m an der Gabelung halb li steil aufw. Es folgt ein etwa halbstündiger, extrem steiler Aufstieg. Bei Kreuzungen und Gabeln immer mit *[Rotem Andreaskreuz]* bis nach *Waldkatzenbach.* Im Ort zunächst ger aufw. Herrliche Aussicht auf den
LM *Katzenbuckel*! Gleich die 1. Abzweigung mit *[Gelber 37]* scharf li, *Zum Katzenstein.* Im Wald ger auf breitem Forstweg bleiben. Immer mit *[37]* in langgezogenem Rechtsbogen zunächst parallel zum Hang, später abw in den kleinen, von Waldhängen umrahmten Weiler *Oberhöllgrund* zur Einkehr im

● **Landgasthaus Zur Mühle** - Beliebte Ausflugsgaststätte in wildromantischer, ruhiger Lage. Funktionsfähiges Mühlrad. Gemütliche Gasträume in ländlich-rustikalem Stil. Herrliche Gartenterrasse. Familiäre Atmosphäre. Bodenständige Odenwälder Küche. Am Wochenende auch köstliche Bachforellen. Reichhaltige Vesper. Untere bis mittlere Preise - *Ru = Mo.*

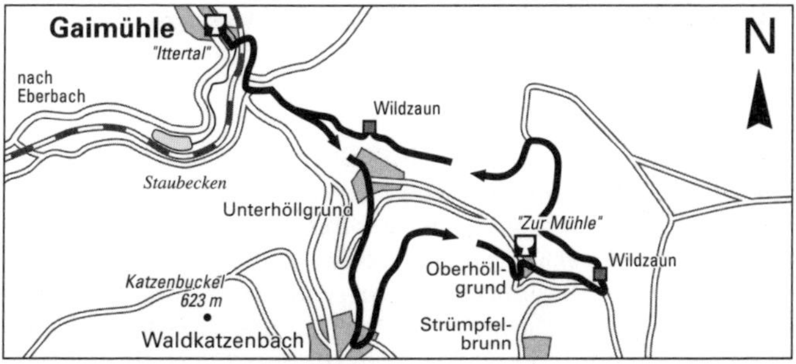

● **Oberhöllgrund - Gaimühle** - 1¾ Stdn - Von der *»Mühle«* aufw zum Wald mit *[39, 40], Ww [Mülben].* Oben im Wald nur noch mit *[40]* scharfer Linksbogen. Nach kurzer Zeit führt der Weg in ein Wildgehege. Immer ansteigend der *[40]* folgen. Nach langem Linksbogen Querweg vor kleiner Lichtung li, *Rennweg* mit *[Gelbem Doppelstrich].* Langer Abstieg, auf halber Höhe Austritt aus dem Wildgehege. Ca. 200 m nach dem Wildgatter Linksbogen. Weiter abw bis zur Fahrstr und auf dieser re wie auf dem Hinweg zurück zum Ausgangsort.

MW

MW

Eberbach - Historischer Altstadtrundgang

Dauer - Etwa 1 Std.
Anfahrt - B 37 von *Heidelberg.* - B 27/B 37 von *Stuttgart/Heilbronn.* - B 45 von *Hanau/Frankfurt.* - Von *Amorbach.* - *Bahnstation.*
Parken - (P) *Leopoldsplatz.* - P *Neckarufer* und *Uferstr.*

● **Eberbach - Erlebnisstadt am Neckar** - Außerordentlich reizvoll gelegen an einer Biegung des Flusses, eingebettet zwischen bewaldeten Höhen. Herrliches Wandergebiet mit *150 km markierten Wanderwegen* und *Rotwild-Lehrpfad. Höchster Baum Deutschlands* (über 60 m). *Naturpark-Informationszentrum.* - Alle denkbaren Freizeit-Einrichtungen. *Reha-Zentrum. Personen-Schifffahrt.* - Alte *Stauferstadt*, gegr. 1227/1231 unter *König Heinrich VII.* (s. auch *Burg Eberbach*, S. 150). 1235 *Freie Reichsstadt.* 1806 zu *Baden.*

● **Der Rundgang - 1) Ephrata-Hof** mit *Tourist-Information* i, *Naturpark-Informationszentrum Neckartal-Odenwald, Reha-Zentrum Neckar-Odenwald* (Therapiezentrum der dt. Ski-Nationalmannschaft), *Fischerbrunnen* (1982) zur Erinnerung an eine alte Zunft. - **2) Mantel- oder Pulverturm** (13.-15. Jh.). Im Sommer ist im vorragenden obersten Geschoss die *Uhrenkammer* zu besichtigen. Die Uhr von *F. J. Braun* ist von 1766. - **3) Thonon-Platz** mit dem *Kurpfalzbrunnen*, gekrönt von einem bronzenen Löwen. - **4) Thalheim'sches Haus**, Mauern frühes 15. Jh., ältestes Steingebäude der Stadt. Ehemalige Vogtei, dann Sitz des kurpfälzischen Amtskellers. Später Jagdpalais der *Fürsten von Leiningen*, Amtsgericht und Rathaus. An der Hofseite die beiden o. g. *Info-Zentren.* - *Kellereistr* stadteinwärts, Nr. 12 imposantes Fachwerkhaus. - **5) Alter Markt**. An der Front des *Hotels »Karpfen«* ist die Geschichte der Stadt auf 14 Bildern in Sgraffito-Technik (1934) festgehalten. Schräg gegenüber das sehenswerte **Museum der Stadt**, u. a. zu den Themen *»Lebens- und Verkehrsader Neckar«, »Wald und Mensch«, »Stadtgeschichte«* u. v. a. Es wurde 1824 als *Rathaus* im klassizistischen »Weinbrennerstil« erbaut. Daneben und dahinter prächtige, gut sanierte Fachwerkhäuser. - Ger durch die *Pfarrgasse.* - **6) Der »Hof«**. Zwei der schönsten und ältesten Fachwerkhäuser zu beiden Seiten des *Bettendorf'schen Tores* bilden einen der malerischsten Altstadtwinkel *Eberbachs*: Li der *»Hof«* (1470/1567/70), einst kaiserliches Stadtschloss und späterer Adelssitz. Re das *Bettendorf'sche Haus* oder die sog. *»Kaserne«* (1500, 1563). - Ganz in der Nähe, *Pfarrhof 4*, das **7) Küferei-Museum**. Hier sind alle Arbeitsgänge bis zum fertigen Fass nachvollziehbar. - Durch das einzige noch erhaltene Stadttor zur gegenüberliegenden Seite der *Weidenstr.* - Der Blick zurück fällt auf die noch ursprüngliche Stadtbefestigung mit den beiden Türmen. - **8a) Blauer Hut**, kleinster und jüngster der vier Stadttürme mit einer Dachhaube aus blauschwarzem Schiefer. - **8b) Rosenturm** (13. Jh.), ursprünglich *»Roßbrunnenturm«.* Ältester und einziger runder Stadtturm, nur noch als Torso erhalten. - Nun Ri *Rosenturm*, nach 80 m *Adolf-*

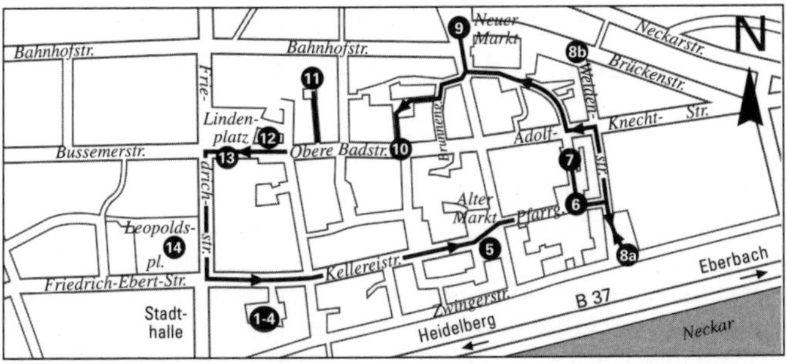

Knecht-Str li, nach 20 m *Backgasse* re bis zu deren Ende. **- 9) Neuer Markt** mit der **Ev. Michaelskirche** (1836-41). Spätklassizistische Hallenkirche. - Am *Brunnen* li vorbei in die *Altstadtmitte* mit schönen Winkeln und Gässchen. Durch die *Brunnengasse*, bei Haus Nr. 8 re zum *Heumarkt. Sgraffito-Malereien*, u. a. eine Odenwälder Bauernhochzeit. Bei Haus Nr. 6 li durch ein schmales Gässchen. **- 10) Obere Badstraße**. Gleich li der *»Krabbenstein«*, das älteste Wirtshaus von *Eberbach. Sgraffito-Malereien*, u. a. von ehemaligen Handwerksberufen der Stadt. - *Obere Badstr* re, vor dem *Alten Badhaus* re, vorbei am *Kuckucksbrunnen*. **- 11) Haspelturm** (14. Jh.). Massiger Turm der Stadtbefestigung. In das Untergeschoss konnten Gefangene mit einer Haspel hinabgelassen werden. Heute beherbergen die fünf Stockwerke das **Eberbacher Zinnfigurenkabinett**. Daneben das **Spohr'sche Haus** mit schönem Erker, 1924 rekonstruiert. **- 12) Altes Badhaus** (1468). Das am besten erhaltene mittelalterliche Badehaus *Baden-Württembergs*, umfassend restauriert 1977-79. Heute ein renommierter Gasthof (s. S. 150/151). **- 13) Lindenplatz**. Ein Blick zurück zeigt eines der schönsten Ensembles der Altstadt! - *Friedrichstr* li. **- 14) Leopoldsplatz**. Angelegt 1830, mit **Rathaus** (1991), *Wappenbrunnen*, *Kriegerdenkmal* und **Stadthalle**.

● Weitere Sehenswürdigkeiten - Kath. Pfarrkirche St. Johannes Nepomuk. - Zwingerstraße am Neckarufer mit Seitengassen: *Gotische Steingiebelwand*, *Binnetzgasse*, *Zwinger*, *Amalienpforte*, *Hochwassermarken*, *»Krone-Post«* u. a. Blick auf die Flusslandschaft!

Eberbach - Katzenbacher Pfad - Waldkatzenbach - Katzenbuckel - Burg Eberbach - Eberbach

Weg und Zeit - 14 km - 3½ Stdn - Höhendifferenz ca. 400 m.
Charakteristik - Wenn schon die höchste Erhebung des *Odenwaldes*, der *Katzenbuckel*, direkt vor *Eberbachs* Haustür liegt, ist der Weg hinauf fast ein Muss. Und welch ein prächtiger Weg erwartet den Wanderer! Gute Kondition sollte er schon mitbringen, denn der Aufstieg von der Stadtmitte auf den *Katzenbuckel* ist sehr lang. Die Anstrengung wird jedoch durch die großartige Aussicht belohnt! - **Wanderkarte** - *TF 20 - 13 Neckartal - Odenwald.*
Anfahrt und Parken - Wie S. 148.

OM ● **Der Rundweg** - Vom *»Alten Badhaus« [ohne Markierung]* über den *Lindenplatz, Friedrichstr* re bis ihrem Ende. Re zur *Katholischen Pfarrkirche St. Johannes Nepomuk*, erbaut 1884-87, im Stil der italienischen Renaissance, zweitürmig, Wahrzeichen der Stadt. Über Treppen an der Kirche vorbei zur *Odenwaldstr.* Diese li, *Alte Dielbacher Str* re. Bei Haus Nr. 79 *Holdergrund* halb li, *Ww [Katzenbacher Pfad].* Den *Holderbach* überqueren, Rechtsbogen und
MA ger. Am Ortsende schmaler Waldpfad halb li aufw mit *LM [51], Ww [Katzenbacher Pfad, Curt-Brand-Hütte].* L 524 überqueren, Pfad beibehalten und bequem aufw. Oben Rechtsbogen zur *Curt-Brand-Hütte.* Dahinter breiter Weg li und konsequent ger nach **Waldkatzenbach**. Im Ort *Katzenbuckelstr* li. Ab hier bis *Eberbach*
MW mit *[Gelbem Andreaskreuz].* Aus dem Ort hinaus, aufw - bei der *Turmschenke* lohnender kurzer Abstecher zum *Steinbruchsee* - zum **Katzenbuckel**, 626 m. Vom Turm grandioser Rundblick bis hin zu *Spessart, Schwarzwald* und *Pfälzerwald* sowie natürlich zu den erhabenen Wellenkämmen des *Odenwaldes* im Norden. Mit *[Gelbem Andreaskreuz]* abw. Vor der *Freya-Hütte* an der Gabelung li mit *[Gelbem Andreaskreuz].* **(!)** Achtung: Direkt li an der Hütte vorbei, Pfad abw zu grasigem Querweg. Hier kurz re und sofort **(!)** Pfad **(!)** halb li abw. Linksbogen, ger, Einmündung in breiten Querweg, ger. Vor der Schutzhütte Linksbogen, fast am Ende der Kehre abw **(!)**. Ca. 25 Min nach der Schutzhütte halb li zur **Burgruine Eberbach**. Der ausgedehnte Komplex besteht aus drei Burgen. *Vorderburg*, erbaut 1011-1227. Schöne Aussicht! *Mittelburg*, begonnen um 1200. *Hinterburg*, erbaut unter *Heinrich VII.*, vollendet 1240. Ab 1403 Schleifung der Burgen. Ab 1905 im Besitz der Stadt *Eberbach*, seither intensive Ausgrabungen und Restaurierungen. Rückweg nach **Eberbach** in Serpentinen, auf Treppen und befestigtem Pfad abw. *Hohenstaufenstr* li, *Odenwaldstr* li und wie auf dem Hinweg zurück zur gepflegten Einkehr im

● **Hotel-Restaurant »Altes Badhaus«** - Stilvolles Restaurant in historischem Fachwerkhaus aus dem 14. Jh. Gepflegtes Ambiente in den Gewölben der dreischiffigen *Badstube.* Die Karte bietet ne-

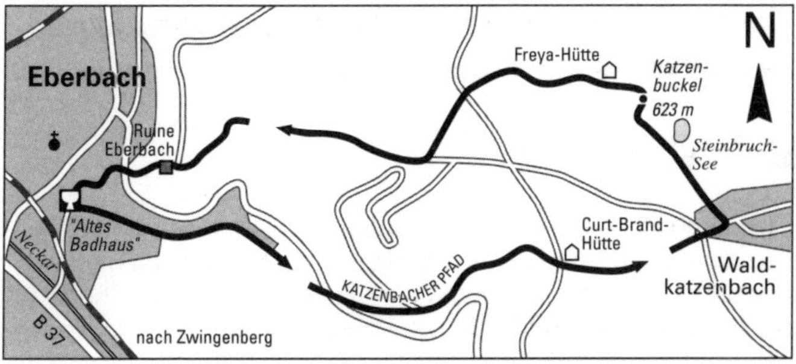

ben Feinschmeckermenüs auch phantasievoll komponierte kleine Gerichte. Enorme Kreativität bei der Zusammenstellung der Speisen. Erlesene Weine renommierter Anbaugebiete runden das Angebot der Küche ab. Lobenswerter, freundlicher Service. Moderne, behagliche Gästezimmer. Schöne Terrasse. Mittlere Preise - *Ru = Mo.*

● **Zwei nahe Ausflugsziele** - *AT Ohrsberg* mit *[Rotem R = Randweg]. - AP von-Göler-Hütte* mit *[Roter 16].*

● **Spaziergang zum höchsten Baum Deutschlands** - *Tourist-Information - Friedrich-Ebert-Str - Itterburg - Gymnasium - Karlstalweg* - ab hier Ww-Tafeln. - Alternativ über den *Spielplatz Quellenweg.* - Baumhöhe 60,1 m.

Eberbach-Pleutersbach - Randweg - Hirschhorn - Neckaruferweg - Pleutersbach

Weg und Zeit - 15 km - 3¾ Stdn.

Charakteristik - Eine äußerst genüssliche und geruhsame Rundwanderung: gut ausgebaute und markierte Wege, keine nennenswerten Steigungen, eine bezaubernde *Neckarlandschaft*, herrliche Ausblicke und schließlich in der *Pleutersbacher Weinstube* eine urgemütliche Einkehrmöglichkeit.

Wanderkarte - *TF 20 - 13 Neckartal - Odenwald.*

Anfahrt - Wie S. 148. - In *Eberbach* über die *Neckarbrücke*, dann noch 3 km bis *Pleutersbach.* - Auch von *Lobbach - Schönbrunn - Allemühl.*

Parken - Für Gäste im Hof der *Pleutersbacher Weinstube.* Sonst großer P am Westrand des Ortes (ca. 100 m entfernt).

● **Pleutersbach - Randweg - Hirschhorn-Ersheim** - Knapp 2½ Stdn -
Von der *»Pleutersbacher Weinstube«* die *Eberbacher Str* in westlicher
MA Ri mit *[Gelbem R], [1,2,3].* Über den *Pleutersbach, [ohne Markierung], Allemühler Str* ger aus dem Ort, an der wenig befahrenen L 595 am Bach entlang. Ca. 5 Min nach Ortsende breiter Forstweg
OM *[ohne Markierung]* halb re aufw. An der 1. Abzweigung scharf re mit
MA *[Gelber 3].* Oben ger weiter mit der Markierung. Schöner Blick auf *Pleutersbach*! Etwas abw, Linksbogen (hier scharf re = Rückkehr-
OM möglichkeit) mit *[3]. [Ohne Markierung]* konstant ger, auf befestigtem Weg mäßig aufw. Ca. 15 Min nach der Abzweigung auf breitem
MA ebenem Weg mit *[H 3]* halb re in ein Seitental. Romantische Felsblockszenerie mit Bachbett, *NSG.* Rechtsbogen und auf der anderen Talseite wieder vor in das *Neckartal.* Mit *[Gelbem R]* und *[H 3]* leicht abw zu *Stein-Ww* (scharf re = Rückkehrmöglichkeit). Weiter ger mit *Ww [Hirschhorn]* und vor bis zum Wald-P *Neckaralm* an der
MW K 4105. Mit *[Blauem Quadrat]* und *[Rotem Kreuz]* auf dem Fußweg entlang der Str abw nach *Hirschhorn.* Gleich am Ortsanfang *Höhen-*
LM *weg* re mit *LM [H 2].* Ger durch *Ersheim.* Herrliche Blicke auf *Schloss, Klosterkirche* und die Stadt *Hirschhorn* sowie in das *Neckartal.* Abw zum Neckar, unten *Ersheimer Str* re zur sehenswerten

● **Ersheimer Kapelle** - Ältestes Kirchlein im *Neckartal*, 773 erwähnt, ab 1360 Grabstätte der *Herren von Hirschhorn* (mehrere Epitaphe erhalten). Malereien von 1355. Auf dem Friedhof *Totenleuchte* (4,20 m hoch), gestiftet 1412.

● **Ersheim - Neckaruferweg - Pleutersbach** - Gut 1½ Stdn, immer mit *[H 2] - Ersheimer Str* bis zum Ende. Danach folgt der Uferweg, ein schöner Fuß- und Radweg, *[3-Länder-Radweg].* Immer am Fluss entlang mit z. T. üppiger Ufervegetation. Die Markierung
MW wechselt von *[H 2]* über *[V]* zum *[Gelben R].* Zurück nach *Pleutersbach.* Über die *Ersheimer Str* ger in die Ortschaft hinein. *Eberbacher Str* li und nach 150 m zur gepflegten Einkehr im

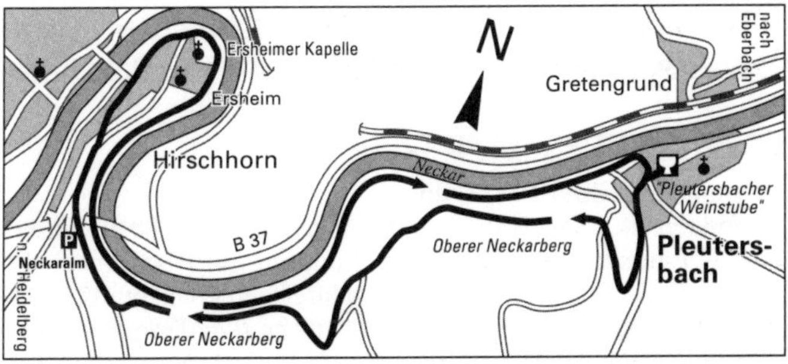

● **Restaurant Pleutersbacher Weinstube** – Urgemütliche, rustikale Gasträume mit stilvoller, origineller Einrichtung. Angenehm abgeteilte Sitzwinkel und heimelige Nischen. Überdachte Freiterrasse. Kreative regionale Küche, u. a. feine Fischvariationen, herzhafte Wildgerichte, deftige Vesper. Saisonale Köstlichkeiten wie Pfifferlinge und Spargel. Leckere kleine Speisen wie Maultaschen, Leberknödel, Saumagen, Bratwurst, originelle Toasts. Erlesene Weine, Pils vom Fass. Unteres bis mittleres Preisniveau. – *Ru = Mo. ÖZ: täglich ab 16.55 Uhr. So u. Fei ab 11.30. Anmeldungen jederzeit möglich unter Tel. (06271) 5705.*

Eberbach/«Neckarblick« – Wolfsschlucht – Burg Zwingenberg – Teufelskanzel – »Neckarblick«

Weg und Zeit – 18 km – 4½ Stdn.

Charakteristik – Das *Hotel-Restaurant »Neckarblick«* ist ein idealer Ausgangspunkt für die »klassische« Rundtour zur *Wolfsschlucht.* Eine wunderschöne Wanderung mit zahlreichen Glanzpunkten: die wildromantische *Wolfsschlucht*, die stattliche *Burg Zwingenberg* und nicht zuletzt der herrliche Panoramaweg, der mit traumhaften Ausblicken parallel zum *Neckar* über die *Teufelskanzel* zur gediegenen Einkehr zurückführt. Für diese Tour mit mehreren mittleren Anstiegen ist festes Schuhwerk erforderlich.

Wanderkarte – *TF 20 – 13 Neckartal-Odenwald.*

Anfahrt – B 37 und B 45 nach *Eberbach.* Von der *Neckarstr* (Nähe *Neckarbrücke) Breitensteinweg* ca. 1,7 km aufw.

Parken – Großer Gäste-P beim *Hotel-Restaurant »Neckarblick«.*

● **Der Rundweg** – Vom *»Neckarblick«* Sträßchen in Serpentinen
abw zum Wald-P *Breitenstein.* Von dort aus auf befestigter Fahr-
MA straße mit *[Rotem R], Ww [Hof Breitenstein].* Nach 50 m nicht dem
MW *[Roten R]* folgen, sondern mit *[1,2,3,4]* ger auf dem Betonweg blei-
ben. Leicht aufw durch schöne Streuobstwiesen. In Rechtsbogen
um den Bauernhof herum, *[2,3,4].* Vorbei an altem *Brunnen* und auf
Panoramaweg ger in den Wald mit *[3,4].* Nach ca. 5 Min im Wald an
der Einmündung weiter ger mit *[3].* Vorbei an einer *Schutzhütte,*
OM jetzt *[ohne Markierung]* ger. Linksbogen in ein Seitental mit dem
ND Urwaldgebiet Matzenberg, einem von Steinblöcken überlager-
ten, unberührten Terrain mit artenreicher Vegetation. In mehreren
Bögen in ein weiteres Seitental mit der *Matzenbergquelle* (340 m).
Danach Rechtskehre und weiter zur *Max-Hauck-Hütte.* Dahinter an
MA der Gabelung li aufw mit *[2].* Auf halber Höhe breiten Forstweg bei
Hochsitz ger überqueren und weiter aufw mit *Ww [Wolfsschlucht].*
Ger über die Höhe, gleich danach an der Wegespinne li. Ger, nach
MW ¼ Std Linksbogen zur *Wildererseiche.* Hier halb re abw, *[50], Ww*
[Wolfsschlucht]. Nach dem Bachbett re abw, an der Wegegabelung
ger weiter abw. Unten bei grüner Ruhebank steil re abw über Stein-
MW treppen mit *[Rotem Andreaskreuz].* Der Abstieg durch die wildro-
mantische *Wolfsschlucht* ist ein großartiges Erlebnis. Kein Wunder,
dass *Carl-Maria von Weber* (Besuch 1810) bei der Komposition der
»Wolfsschlucht-Szene« im *»Freischütz«* ihr Bild vor Augen hatte! In
der Schlucht an der Gabelung mit *[Rotem Andreaskreuz]* direkt li
am Bach abw. Über Steinbrücke und weiter direkt am Bach entlang
zur

● **Burg Zwingenberg** – Die gut erhaltene Burganlage wurde im 13. Jh. auf dem steil gegen das *Neckartal* abfallenden Buntsandsteinfelsen erbaut. Der Hauptkomplex stammt aus dem 15. Jh. und befindet sich heute in Privatbesitz. *Besichtigung: Mai-Sept., Di, Fr,*

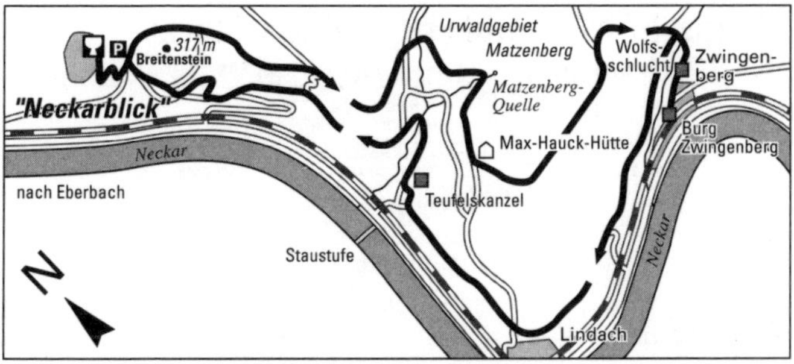

So 14-16.30 Uhr. Jährliche *Schlossfestspiele. Info: Verkehrsamt Eberbach.* Von der Burganlage herrliche Aussicht auf das *Neckartal*!

● **Der weitere Weg** – Beim Wiederaufstieg durch die *Wolfsschlucht* gewinnt der Wanderer ganz andere Eindrücke als vorher. Beim *Wbh* mit *[Rotem R]* Linkskehre und bis *Breitenstein* dieser Markierung folgen. *MW* Oberhalb der Schlucht auf dem *Randweg* mäßig abw bis ins Tal. Vor der Bahnlinie re ab. Nach ca. 15 Min an der nächsten Gabelung halb re. Achtung (**!**): Nach der Schranke auf Höhe der Staustufe in Rechtskurve Abzweigung nach re. Vorbei an der Hütte und aufw in ein Seitental. Am Talende Linkskehre und aufw (**!**) zu breitem Weg. Hier ger, später auch mit *[3], Ww [Teufelskanzel].* In Linkskehre Pfad re steil aufw zur *Teufelskanzel.* Prächtige Aussicht Ri Süden ins *Neckartal*! Weiter auf dem Pfad mit *[Rotem R]*, *[3]*, aus dem Wald heraus, Linksbogen und zum Wald-P *Breitenstein.* Hier wie auf dem Hinweg aufw zum

● **Hotel-Restaurant »Neckarblick«** – Sehr ruhige Höhenlage mit großartigem Neckartal-Panorama. Komfortable Gästezimmer, gemütlich-rustikale Gasträume, herrliche Aussichts-Gartenterrasse. Weithin bekannte, exzellente Küche, gutbürgerlich bis Gourmet, regional und international. Köstliche Wild- und Geflügelspezialitäten, z. B. Hirsch, Reh, Hase, Wildschwein, Fasan, Wildente, Ente, Gans. Mittlere Preise. – *Ru = Do.*

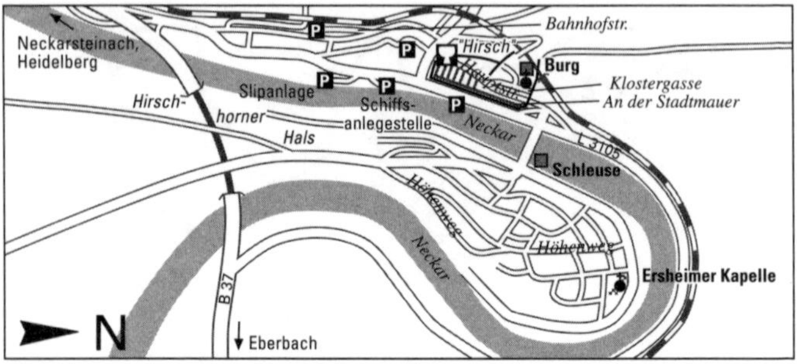

Hirschhorn am Neckar - Stadt und Burg

Anfahrt und Parken - B 37 von *Heidelberg* bzw. *Eberbach.* - L 3105 von *Wald-Michelbach.* - L 3119 von *Beerfelden.* - Bahnstation. - Viele P, u. a. *Neckarufer, Alleeweg, Bahnhofstr, Ersheimer Kapelle.*

● **Hirschhorn** - *Luftkurort.* - Gründung 13./14. Jh. im Schutze der *Burg.* Stadtrechte 1391. Die *Stadtbefestigung* - mit der *Burg* verbunden - blieb großteils erhalten. *Fachwerkbauten* aus dem 16./17. Jh.

● **Kurzer Stadtrundgang** - *Hauptstr - Klostergasse - Untere Gasse - An der Stadtmauer* - Verbindungsgässchen. - **Kath. Pfarrkirche** von 1628-30, ehem. *Luth. Stadtkirche,* mit 3 *Barockaltären, Steinkanzel* (1630) und *Taufstein* (1545). Als Glockenturm dient der alte *Mitteltorturm* der Stadtbefestigung. - **Karmeliter-Klosterkirche** (1400-1406), mit *St.-Anna-Kapelle,* um 1500. Kunstvolle *Holzplastiken,* um 1520. Gotischer Lettner, *Kanzel* mit Wendeltreppe, 1618. *Epitaphe.*

● **Burg Hirschhorn** - Gegründet um 1200, *Schildmauer* erhalten. *Gotische Kapelle* (1346-50). *Renaissance-Palas* (1582-86). Vom Turm wunderbare Aussicht!

● **Gasthaus Zum Hirsch - Altdeutsche Wein- und Bierstube** - Historisches Haus (z. T. von 1621) mit Terrasse in der Fußgängerzone. Gemütliche, rustikale Gasträume. Küche regional bis Gourmet, geführt vom Chef als Küchenmeister. Auch Fisch, Wild, Diätessen, Vesper. Günstige Preise. - *Ru = Di* (*abends*), Mi (*ganz*).

Mosbach, Palm'sches Haus

oben: *Stadtansicht mit Wallfahrtsbasilika in Walldürn*
unten: *Historische Altstadt in Buchen*

oben: *Bibliothek der ehem. Abtei in Amorbach*
unten: *Der Schafhof in Amorbach*

Miltenberg am Main

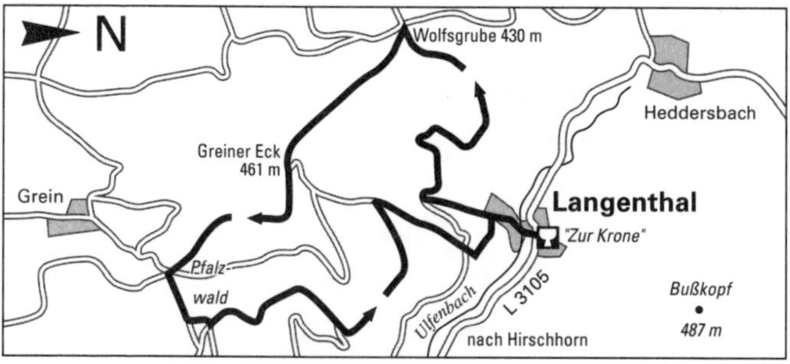

Langenthal/Hirschhorn - Rundweg Wolfsgrube

Weg und Zeit - 14 km - 4 Stdn - Höhendifferenz ca. 280 m.
Charakteristik - Trotz der Steigungen ein Genussweg.
Anfahrt und Parken - L 3105 von *Hirschhorn* bzw. von *Wald-Michelbach - Schönmattenwag.* - P *Gasthaus »Zur Krone«.*

● **Der Rundweg** - Von der »*Krone*« *Ulfenbachstr* abw, *[Hb 2]*, nach *MA*
dem Bach re aufw, Treppe (!) li, Str li mit *[Hb 3]*. Ortsende, befe- *MW*
stigter Weg ger aufw zum Wald. Schöner Weg, der im Bogen in die
Höhe führt. **Wolfsgrube** (430 m), Wegestern mit alten *Ww-Steinen.*
Scharf li mit *[Rotem Andreaskreuz]*, aufw zum **Greiner Eck** (461 m). *MW*
Schöne Aussicht! Ger weiter, später Linksbogen abw. Große Kreu-
zung, li ab mit *[Gelbem Andreaskreuz]*. Tafel *Pfalzwaldweg.* Kurz da- *MW*
nach *[Blauem Dreieck]* konsequent (!) bis *Langenthal* folgen. An ei- *MW*
ner kritischen Stelle: Gabel li aufw (!) mit Ausblicken ins *Neckar-*
und ins *Ulfenbachtal.* In **Langenthal** zurück wie auf dem Hinweg.

● **Gasthaus - Pension »Zur Krone«** - Angenehmes Haus in zentraler Lage. Ruhige Zimmer. Rustikale, gemütliche Gasträume. Schöne Gartenterrasse. Vielseitige Küche, auch Wild, Vollwertkost und Vesper. Eigene Schlachtung aus zuverlässiger Haltung. Unteres und mittleres Preisniveau. - *Ru = Di, Jan. (Betriebsferien).*

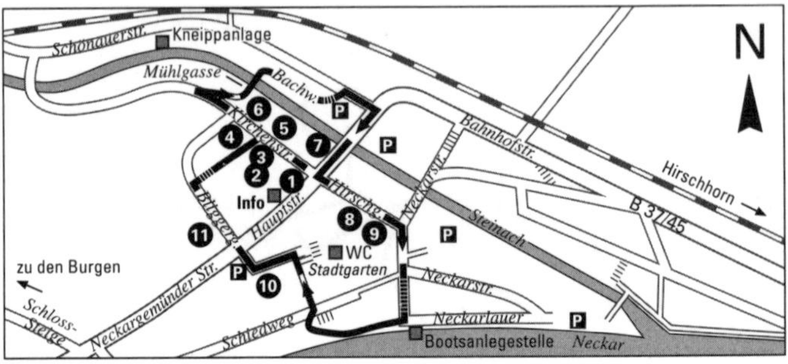

Neckarsteinach - Altstadtrundgang

Anfahrt und Parken - B 37 von *Heidelberg* bzw. *Eberbach.* - *Bahn* u. *Bus.* - Große P: *Neckarstr* (hinter *Gasthof Schwanen)* u. *Neckarufer.*
● **Der Rundgang** - Dauer ca. 1 Std. - An den historischen Gebäuden befinden sich *Tafeln* mit Ziffern und Daten. - **1) Rathaus** (mit *Verkehrsamt* i), Klassizismus, erbaut 1840. - *Kirchenstr* aufw. - **2) Schönauer Hof**, 15./16. Jh. - **3) Kirchenbrunnen**, erbaut 1790. - **4) Ev. Kirche**, spätgotisch, erbaut 1481-83, sehenswertes Inneres. - **5) Kath. Kirche**, Neubarock, erb.1907, *Hochaltar* 18. Jh. - **6) Stadttor mit Stadtmauer**, erbaut 1360-70. - *Mühlgasse* (1. Abzweigung) scharf re abw, Brücke über die *Steinach*, dahinter *Bachweg* re und *Pargny-sur-Saulx-Anlage* halb li aufw, Treppe zur *Schönauer Str.* Re ab, *Hauptstr* re, über die *Steinach.* - **7) »Rindenscheuer«**, ehemaliges Lagerhaus aus dem 18. Jh. - Beim *Rathaus* Ampelübergang und *Hirschgasse* abw. - **8) Restaurant »Zum Ambtmann«**, erb. 1587. - **9) Ehem. Synagoge**, erbaut 1888. - *Neckarstr* re, beim *Gasthaus »Zur Harfe«* Treppe abw zum *Neckarufer* mit *Bootsanlegestelle.* Re zu den *Hochwassermarkierungen*, Treppe hoch, durch den *Stadtgarten.* - **10) Stadtmauerreste**, 14. Jh. - Über die *Hauptstr* zur *Bliggergasse.* - **11) Fachwerkhaus**, 16. Jh. - *Bliggergasse* aufw, Treppe vor der *Evangelischen Kirche* abw, *Kirchenstr* re zurück.

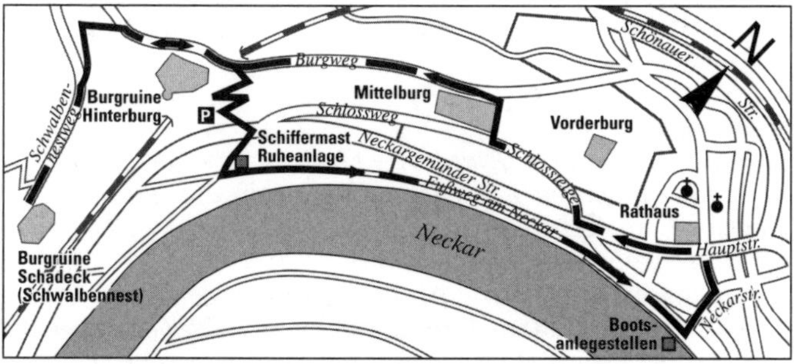

Neckarsteinach - Vier-Burgen-Rundweg

Weg und Zeit - knapp 4 km - gut 1 Std.

Charakteristik - Attraktiver Weg mit vielen schönen Eindrücken.

● **Neckarsteinach** - 1142 erstmals als »*Steinach*« genannt. 1377 Stadtrechte. Heute ein bekannter Ausflugsort, in dem man einen abwechslungsreichen und erholsamen Urlaub verbringen kann. Das alte Schiffer- und Fischerstädtchen liegt im schönsten Teil des *Neckartals*. Umgeben von dichtbewaldeten *Odenwaldbergen* im Kranz von *vier Burgen* und der *Bergfeste Dilsberg* wird der Ort von einem Hauch mittelalterlicher Romantik umweht.

● **Der Rundweg** - *Hauptstr, Neckargemünder Str* stadtauswärts,
Schloßsteige aufw, *[Weißes umgekehrtes T], Ww*. Von der *Mittelburg* *MA*
re, entlang der Mauer aufw. Re drüben die

● **Vorderburg** - Gegründet um 1200 von *Ulrich I. v. Steinach*. 3 parallele Mauerzüge zur Stadt. - Privatbesitz, keine Besichtigung.

● **Mittelburg** - Gegründet um 1165 von *Conrad I. v. Steinach*. 1550 Umbau zum Schloss, 1840 neugotisch verändert. - Privatbesitz, nur Besichtigung von außen möglich. - *Lindenreihe* ger, auch *[Rotes R]*.

● **Hinterburg** - Baubeginn um 1120, Stammburg der *Edelfreien v. Steinach*. 1152-1210 Wohnsitz des begnadeten Minnesängers *Bligger II*. (*Große Heidelberger-/Manessische Liederhandschrift*). Stattliche Teile erhalten. Vom restaurierten *Bergfried* (um 1200) großartige Aussicht. - Re an der Burg vorbei, halb li aufw, *Schutzhütte*, Serpentinen, *Fröhlich-Stein* (1988). Schöner Ausblick! Weiter zur

● **Burg Schadeck, genannt »Schwalbennest«** - Romantisches Kleinod in herrlicher Lage, auf Fels erbaut im 13./15. Jh. Hohe Schildmauer mit Rundtürmen, Hof mit Ringmauer, Palaswand erhalten. Wunderschöne Aussicht. - Durch den Halsgraben wie auf dem Hinweg zurück zur *Hinterburg*. 50 m danach Weg re abw,
[Gelbe 1, 2, 3], in Serpentinen zum *Naturpark-*Ⓟ. Über die B 37, *MW*
[ohne Markierung] abw zum *Schiffermast*, dahinter den Fußweg *OM*
am *Neckar* entlang zurück.

Neckargemünd - Rundgang durch die Altstadt

Dauer - etwa ¾-1 Std.
Anfahrt - An der B 37 *Heidelberg - Eberbach* bzw. B 45 *Sinsheim - Eberbach. - Bahnstation. - Anlegestelle von Fahrgastschiffen.*
Parken - P am *Neckarufer* (Mo-Fr mit Parkschein). - P *Pflughof* in der *Dilsberger Str* (ausgeschildert).

● **Neckargemünd** (127 m) - An der Mündung der *Elsenz* in den *Neckar,* nur etwa 10 km flussaufwärts von *Heidelberg,* liegt die »Schöne Nachbarin Heidelbergs«. Ein Städtchen voller Charme und Romantik, umgeben von grünen Hügeln, das schon *Goethe* als »artig, reinliche Stadt« beschrieb. - 988 erstmals urkundlich als *Gemundi* erwähnt. 1241-1395 als *Freie Reichsstadt* bezeugt. Danach *kurpfälzisch.* 1803 *Amtsstadt. - Ortsteile: Dilsberg* (S. 166), *Mückenloch* in einem Urstromtal des *Neckars* und *Waldhilsbach.*

● **Der Rundgang** - In kurzer Form, analog zur ausführlichen und bebilderten Broschüre der *Tourist-Information* i. An den wichtigsten Gebäuden gelbe *Informationstafeln.* - **1) Hanfmarkt**, Teil des *Katharinenmarkts* (seit 1544), schöne Fachwerkbauten. - **2) Schilderhäuschen**, *Hanfmarkt 4*, fränk. Fachwerk, 1569, benannt nach einer früheren Besitzerin, Frau *Schilder.* - **3) Haus Kessler**, *Hanfmarkt 12,* repräsentatives Wohnhaus von 1605. - **4) Lohplatz**. Hier befanden sich die Lohgruben der weit bekannten Gerbereien. - **5) Schiffermast**, aufgestellt 1934 vom *Schifferverein* und der *Marinekameradschaft Pionier* zur Erinnerung an die Tradition der *Neckargemünder Schifffahrt.* - **6) Hochwassermarken** an einigen Schiffer- und Fischerhäusern von 1767/70, z. B. *Schiffgasse Nr. 11* und *Nr. 17.* - **7) Neckarlauer**, frühere *Überfahrtsstelle* der Fähre, Anlegestelle für Flöße und Transportschiffe, Bootsbauplatz. - **8) Ev. Pfarrkirche**, ehem. *St. Ulrich*, einschiffige spätgotische Chorturmanlage aus dem 13.-16. Jh., 1720-28 restauriert und erweitert. *Grabplatte* an der Außenmauer von 1640. - **9) Ölkrugbrunnen**, *Hauptstr*, 1932. - **10) Prinz Carl**, *Hauptstr 56. »Prinz Carl«* war eines der vielen Gasthäuser der Stadt mit eigener Brauerei. Später Nutzung als Gerberei. - **11) Hotel »Zum Ritter«**, *Neckarstr 40*, besonders prächtiger Renaissance-Fachwerkbau um einen romantischen Innenhof. Torbogen mit der Jahreszahl 1579. - **12) Griechische Weinstube »Zur Stadt Athen«**, *Neckarstr 38*, Traufenhaus, 17./18. Jh., Aufstockung 1886/90. Hier richtete *Julius Menzer* die erste griechische Weinstube des Landes ein. Sie gilt als eines der ältesten Studentenlokale in der Umgebung *Heidelbergs* (s. auch S. 166). - **13) Ehem. Gasthaus »Zum Lamm«**, *Neckarstr 36,* erb. 1507, geschnitztes Fachwerk und Neidköpfe. - **14) Elisenstift**, *Neckarstr 28*, palaisartiges Barockhaus von 1767, hervorragende architektonische Anlage mit dem Hauptgebäude zur Straße und zwei Nebengebäuden zum *Neckar.* - **15) Elisenstraße**, von der *Neckarstr* zum *Marktplatz.* Am Haus Nr. 8 behauener Torbogen mit Ölkrug. - **16) Haus Illenberger**, *Marktplatz 14,*

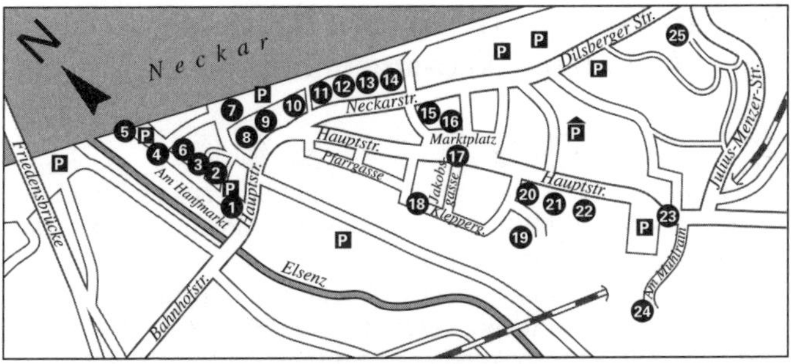

erb. 1588, reiches Renaissance-Fachwerk, Handwerkszeichen, Schmuckelemente. – **Marktplatz**. *Brunnen* mit Wappen der Ortsteile. – **17) Kath. Kirche St. Johannes Nepomuk**, dreischiffig, erbaut 1894/96 in neuromanischem Stil. – **18) Kleppergasse**. Vom *Marktplatz* über die *Pfarr-* oder die *Jakobsgasse* zur *Kleppergasse* (»Kleine Gasse«), sehr eng mit schmalen Traufenhäusern. – **19) Ehem. Spital**, *Spitalgasse 11*, heute Wohnhaus. – **20) Lutherisches Zentrum**, Ecke *Spitalgasse/Hauptstr*, erb. 1770/71. Es war Pfarr- und Schulhaus der *Lutheraner*. – **21) Ehem. lutherische Kirche**, *Hauptstr 25*. Erbaut 1770/71 in klassizistischem Stil, von 1821-1984 als Rathaus genutzt. Heute beherbergt das *Alte Rathaus* das *Museum* mit dem Schwerpunkt *Neckarschifffahrt*, die *Stadtbücherei* und die *Touristik-Information* ℹ. Daneben der *Museumsgarten*. – **22) Ehem. kath. Pfarrhaus**, Barockgebäude aus dem 18. Jh., mit den typischen Ohrengewänden der *Kurpfalz*. – **23) Stadttor**, frühklassizistisch, vollendet 1788. Es wurde von den Bürgern der Stadt zu Ehren des *Kurfürsten Karl Theodor* errichtet. – **24) Burg Reichenstein**, erbaut im 12. Jh., Nordende des *Hollmuthrückens*, aufgegeben im 15. Jh., nur noch Mauerreste vorhanden. Terrassierungen vom Anfang des 20. Jh. Von der Str *Am Mühlrain* führen *Ww* hinauf. Schöne Aussicht! – **25) Villa Menzer**, *Dilsberger Str 2*, Gründerzeitvilla im Neorenaissance-Stil, erbaut 1892 von *Leonhard Schäfer*. Wohnhaus von *Julius Menzer* (1846-1917), Weingroßhändler, griechischer Konsul, Reichtagsabgeordneter (vergl. Ziffer 12). Heute **Rathaus** der Stadt.

Neckargemünd - Herrbach - Dilsberg - Römerbrunnen - Neckargemünd

Weg und Zeit - 17½ km - 4¾ Stdn - Höhendifferenz ca. 250 m.
Charakteristik - Ein Rundweg, der das Herz höher schlagen lässt: einmal wegen der faszinierenden Begegnung mit der Geschichte (*Neckargemünd, Feste Dilsberg, Römerbrunnen*), zum anderen wegen der grandiosen Ausblicke (*Bockfelsen-Pavillon, Feste Dilsberg*) und wegen des steilen Aufstiegs vom *Herrbach* nach *Dilsberg.*
Wanderkarte - *TF 20 – 12 Neckartal – Heidelberg.*
Anfahrt - An der B 37 *Heidelberg - Eberbach.* - B 45 *Sinsheim - Meckesheim - Mauer - Neckargemünd.*
Parken - P am *Neckarufer*, Mo-Fr mit Parkschein (bis 8 Stdn).

● **Neckargemünd - Bockfelsen-Pavillon - Herrbach - Dilsberg** - knapp 2 Stdn - Von der *Weinstube »Stadt Athen«* Treppe abw zum
MA *Neckar.* Mit *[Rotem Kreuz]* am Ufer entlang zur Bahnbrücke. Dahinter re zur *Dilsberger Str.* Diese kurz re, dann Treppe li aufw. Dem *[Rotem Kreuz]* bis zum *Dilsberg* folgen. *Alter Postweg* li aufw, *Am Kastanienberg* ger. Nach Haus Nr. 66 a Treppe li aufw. Oben li, danach re aufw zum wunderbar gelegenen *Bockfelsen-Aussichtspavillon.* Toller Blick ins *Neckartal* und auf *Dilsberg*! Herrlicher Weg hoch über dem *Neckar*! Später aufw **(!)**, Linksbogen, Pfad zu breitem Querweg. *Mühlwaldweg* li abw, Querweg li abw nach *Rainbach.* Str *Am Mühlwald* ger, *Mühlweg* scharf re, *Ww.* Vorbei an der *Lochmühle* am *Herrbach.* Ein Stück am Bach entlang. Kleine Wasserfälle. Dann steil hoch, über die K 4200, *Brunnacker* li, Wegabzweig re aufw. Schöner Blick zurück! Am P re und li durch den *Torturm* von 1684 nach

● **Dilsberg** - Stadtteil von *Neckargemünd.* - **Bergfeste Dilsberg**, 1150-1200 erbaut, 1208 urkundlich genannt. Die *Burgsiedlung* erhielt 1368 die Stadtrechte. Im 16. Jh. Ausbau zur Festung, nach 1803 Gefängnis. Nach 1826 abgebrochen. Erhalten sind u. a. die großartige polygonale *Schildmauer* und der *Treppenturm* sowie interessante unterirdische *Brunnenstollen.* Von oben phantastische Rundsicht. - *Kath. Pfarrkirche* 1737, mit einbezogener *St.-Oswald-Kapelle.* - *Ev. Kirche* um 1870, neugotisch.

● **Dilsberg - Römerbrunnen - Nonnenbrunnen - Neckargemünd** -
MW knapp 3 Stdn - Str *An der Steige* K 4100 abw, *[Rotes Quadrat]. Pulverturm* (li). *Bannholzweg* halb li, *Am Schänzel* halb li, bis zur Waldecke. Str **(!)** ger mit *[Rotem Quadrat]*, zwischen Ortsrand und Wald weiter. Am Waldrand bleiben. *Sportplätze* (re). Rechter Hand bedeutende Obstkulturen. Info-Tafel. Markante Baumreihe abw, Waldrand, Waldeintritt und auf breiten Weg, *Ratsacker-*
MW *weg.* An Wegestern halb re. Große Kreuzung, ger mit *[Weißem Dreieck]*, das nun bis *Neckargemünd* führt, Rechtsbogen. Beim *Lehenwald-Pavillon* (erb. 1964) re. Über die K 4200 zur *Alten Römer-*

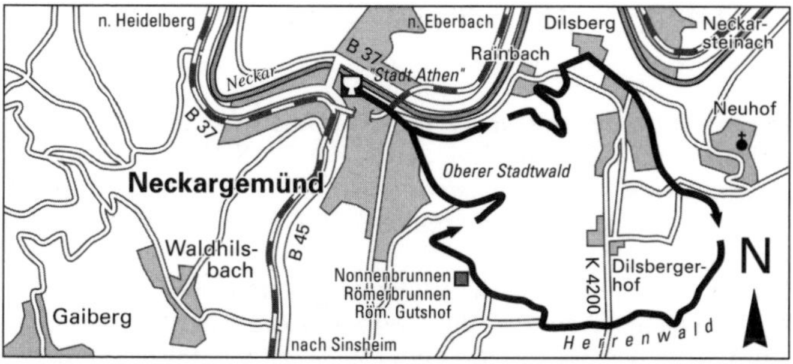

str (Waldweg) ca. 10 Min ger, dann re **(!)** ab, *Ww*, nach 1 Min an Kreuzung ger auf *Dilsbergweg*. Linksbogen, Kreuzung ger, *Ww*, befestigter Querweg re, *Ww*. Nach 2 Min re zum *Römerbrunnen* (um 130 n. Chr.), originalgetreue Nachbildung in Eiche. Dahinter der mittelalterliche *Nonnenbrunnen* (erneuert 1772 und 1970). In der Nähe Reste eines *röm. Gutshofs*. Vom Brunnen ger weiter, etwas aufw, oben Querweg re ab und gut ¼ Std ger, dann Linkskehre, *Ringweg Süd. Oberer Stadtwald*. Leicht abw bis zur *Schutzhütte*, dort halb re abw, *Torlenwaldweg, [Weißes Dreieck]*. Ca. 12 Min. nach der Hütte Andreaskreuzung, ger **(!)** abw mit *Ww*. An den Grundstückszäunen entlang, Treppen li abw und wie auf dem Hinweg zurück zum *Neckarufer* und Treppe aufw zur erholsamen Einkehr in der *Griechischen Weinstube*.

● **Historische Griechische Weinstube »Stadt Athen«** – 1617-21 erb., 1757 kurfürstliche Bestätigung des Back-Feuer-Rechts mit Straußwirtschaft. Ab 1761 »Goldener Karpfen«. Seit 1806 in Familienbesitz. Einkehrziel berühmter Persönlichkeiten und der Heidelberger Studenten. Heute renommiertes Restaurant des Küchenmeisters *Norbert Girnth* in der *»Meistervereinigung Gastronom B.-W.«*. Stilvoll-historische Gasträume. Schöner Innenhof und große herrliche Terrasse über dem *Neckar*. Exzellente Küche, von Maultaschen bis zu kulinarischen Köstlichkeiten. Tagesgerichte. Leckere kalte Speisen. – *ÖZ: ab 17 Uhr, Sa, So, Fei ab 12 Uhr, Ru = Mi.*

Heidelberg - Altstadt und Schloss

Dauer - *Altstadtrundgang* 1-2 Stdn - *Schloss* 1-1½ Stdn.
Anfahrt - A 5, AK *Heidelberg*, A 656. - A 5, AS *Heidelberg/Schwetzingen*, L 600a. - B 3 *Darmstadt-Karlsruhe*. - B 37 von *Eberbach* bzw. von *Mannheim*. - *Bahnstation*: mit ICE-, IC- und InterRegio-Anschluss.
Parken - Mehrere gut ausgeschilderte P und P.

● **Heidelberg** - Altehrwürdige *Universitätsstadt* in herrlicher Lage am Austritt des *Neckars* aus dem *Odenwald*. Uraltes Siedlungsgebiet: Der *»Homo Heidelbergensis«* lebte vor ca. 600 000 Jahren hier. Erste urkundliche Erwähnung 1196. Gründung der *Universität* 1386. Zerstörung von Stadt und Schloss durch französische Truppen 1689 und 1693, ab 1701 Wiederaufbau der Stadt im Barockstil. 1803 zu *Baden*, Neugründung der *Universität*. Seit 1888 wird in der *Universitätsbibliothek* die *Große Heidelberger Liederhandschrift/ Manessische Handschrift* aufbewahrt.

● **Der Rundgang** - In komprimierter Form, analog zum Buch *Schauen • Schlemmen • Schlafen - Die schönsten Stadtrundgänge in Baden-Württemberg*, Drei Brunnen Verlag, Plüderhausen. - **1) Universitätsplatz** mit der **Alten Universität**, erbaut 1711. Auf der Rückseite der *Studentenkarzer* (wechselnde Besichtigungszeiten). - **2) Neue Universität** (1930-33). Im Hof der *Hexen-* oder *Diebesturm*, ein Überrest der ehemaligen Stadtbefestigung. - Re durch die *Grabengasse*. - **3) Universitätsbibliothek** (1903). Herrlicher Bau mit prachtvoller Jugendstilfassade. - Gegenüber die **4) Peterskirche** (1485, verändert 1864-70). Bedeutende Grabdenkmäler. - In die *Seminarstr*, *Schulgasse* li. - **5) Ehem. Jesuitenkolleg mit Kirche** (18. Jh., Turm 19. Jh.). *Pfarrkirche der Kath. Gemeinde Heilig Geist. Museum für Sakrale Kunst und Liturgie mit Schatzkammer.* - Durch die *Merianstr*, *Kettengasse* kurz re, *Ingrimstr* li. Abschnitt mit schöner Atmosphäre und malerischen Seitenstraßen. - **6) Kornmarkt** mit **Kornmarkt-Madonna** von 1718. - An der Ecke *Burg-/Zwingerstr* liegt die Talstation der **Bergbahn** zur Station »Schloss« und weiter zum **Königstuhl** (568 m, *AT* mit traumhaft schönem Rundblick). Zu Fuß mit *Ww* über den *Burgweg*. - **7) Heidelberger Schloss** - Die wohl berühmteste Ruine Deutschlands. Ein imposantes Symbol der deutschen Romantik, überaus malerisch und dabei von starker Ausdruckskraft. 1225 wurde ein »castrum«, eine Burg, erstmals urkundlich genannt. Von dem ursprünglichen Komplex sind allerdings nur noch Turmfundamente und andere Reste erhalten. *Kurfürst Ludwig V. von der Pfalz* (1508-44) erweiterte die Burganlage und baute sie zur Festung aus. Nach 1544 verwandelte sich unter den *Kurfürsten Friedrich II.*, *Ottheinrich*, *Friedrich IV.* und *Friedrich V.* die Wehrburg in ein prunkvolles Residenzschloss. Im 30-jährigen Krieg Einnahme und Beschädigung durch *Tilly* (1622). Wiederaufbau ab 1649 unter *Kurfürst Karl Ludwig*. Im *Pfälzischen Erbfolgekrieg* Niederbrennung und

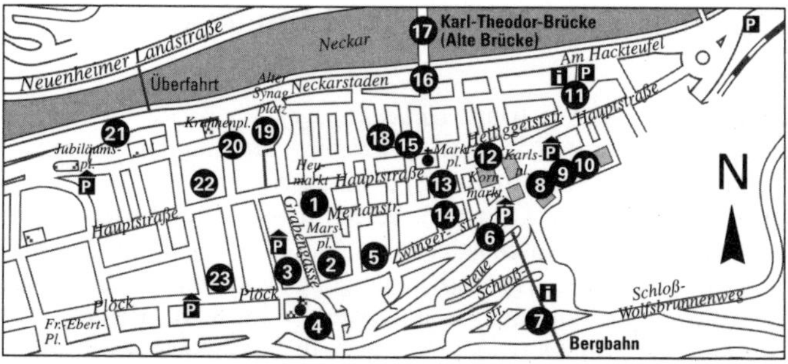

Sprengung 1689 und 1693 durch die Franzosen unter *Mélac.* - Besonders sehenswert: U. a. *Ottheinrichsbau* (1556-66). *Friedrichsbau* (1601-07). *»Hortus Palatinus«*, ein Garten auf 5 Ebenen. *»Heidelberger Fass«* (1751), mit 221 727 l größtes Weinfass der Welt. - Der Blick von der Schlossterrasse bleibt unvergesslich! - Von der Bahn zurück und re durch die *Karlstr*, vorbei am *Karlsplatz.* - **8) Haus des frz. Grafen von Graimberg**. - **9) Großherzogliches Palais**, seit 1921 *Akademie der Wissenschaften.* - **10) Mittermeier-Haus** (1700), heute Studentenwohnheim. - *Karlstr* bis zum Ende, *Plankengasse* li zur *Hauptstr.* - Gleich re, Hs. Nr. 234, **Haus Buhl** (Anfang 18. Jh.), jetzt *Gesellschaftshaus der Universität.* - **11) Palais Weimar** mit dem **Völkerkundemuseum**, Hs. Nr. 235. - *Hauptstr* stadteinwärts, wieder vorbei am **Karlsplatz** mit dem *Sebastian- Münster-Brunnen* (1978). - **12) Rathaus** am **Marktplatz**. Ab 1701 in mehreren Phasen erbaut. *Großer Rathaussaal* mit Glasgemälden des frühen 20. Jh. - **13) Heiliggeistkirche**. Begonnen 1398, vollendet im 16. Jh. 1706-1936 Trennwand zur Nutzung für beide großen Konfessionen. Heute evangelisch. - **14) Haus zum Ritter** (1592). Hs. Nr. 178, mit prächtiger Renaissance-Fassade. - Vom *Fischmarkt* durch die *Haspelgasse.* - **15) Museum Haus Cajeth**. Hs. Nr. 12. *Primitive Malerei im 20. Jh.* - Weiter zum *Neckarufer.* - **16) Brückentor**. Teil der ehem. Stadtbefestigung. - **17) Alte Brücke** (1786-88). In den letzten Kriegstagen 1945 gesprengt, 1946/ 47 wieder aufgebaut. *Tafel mit dem Hochwasserstand von 1784.* Von der Brückenmitte herrlicher Blick! - Zurück zum *Brückentor* und re, dann li in die *Pfaffengasse.* - **18) Friedrich-Ebert-Haus**. *Gedenkstätte des ersten Reichspräsidenten der Weimarer Republik.* - Zurück zum *Neckar*, am Eckgebäude *Hochwassermarken.* Li ab, *Lauerstr* zum *Synagogenplatz.* - **19) Heuscheuer** (18. Jh.). Zehntscheuer, seit 1963 Universitätsgebäude. - **20) Marstall**. Im 16. Jh. *Zeughaus*, heutiger Bau von *F. Weinbrenner* (19. Jh.), jetzt *Mensa der Universität.* In einem Flügel das *Antikenmuseum.* - Am *Neckarufer* weiter. - **21) Kongresshaus mit Stadthalle** (1901-03). - Durch die *Bienenstr* wieder zur *Hauptstr.* Li ab, vorbei an der **Providenzkirche** (17. Jh.). - **22) Palais Morass** mit dem **Kurpfälzischen Museum**. Barockbau von 1712 mit besonders sehenswerten Exponaten. - *Hauptstr* weiter, *Theaterstr* re. - **23) Theater**. (1853, Anbau 1984). - Zurück zur *Hauptstr*, re zum *Universitätsplatz.*

Mosbach - Historischer Altstadtrundgang

Dauer - Etwa ½-¾ Std. (ohne *Gutleutanlage*).
Anfahrt - An der B 27 *Stuttgart-Würzburg. - Bahnstation.*
Parken - City-(P) und mehrere gut ausgeschilderte [P].

● **Mosbach** - *Große Kreisstadt*, Verwaltungssitz des *Neckar-Odenwald-Kreises*, romantisch gelegen im *Neckar-/Elztal* und *Odenwald.* Die wirtschaftlich aktive Stadt ist umgeben von Wäldern und einer Landschaft mit hohem Erholungswert. - Im 8. Jh. *Monasterium Mosbach*, im 9. Jh. Dorfsiedlung, im 13. Jh. Stadtrechte sowie Stadtbefestigung mit Mauern und Türmen. 1997 *Landesgartenschau* in den herrlichen Parks an der *Elz*: *Stadtgarten, Lorettopark, Kleiner* und *Großer Elzpark. - Wanderbahn* nach *Mudau.*

● **Der Rundgang - 1000 Schritte durch die historische Altstadt** - Mit ausführlichen **Informationstafeln** und hilfreichen **Richtungsweisern** (stilisierte Schuhe). - Beginn am **Ludwigsplatz** mit *Übersichtstafel.* - **1) Mosbacher Bier**. Die Stadt hatte im 19. Jh. 13 Brauereien, davon allein 5 im Umkreis des Standortes. - **2) Haus Kickelhain** (1788). Ein hübsches Kleinod, eines der kleinsten deutschen Fachwerkhäuser. Gegenüber *Haus Paschke/Ostdeutsche Heimatstuben.* - **3) Altes Hospital** (spätes 15. Jh.). 1979 zu einem Teil des *Städtischen Kulturzentrums* umgestaltet. - **4) Palm'sches Haus** (1610). Im fränkischen Fachwerkstil, eines der prachtvollsten und sehenswertesten Fach-

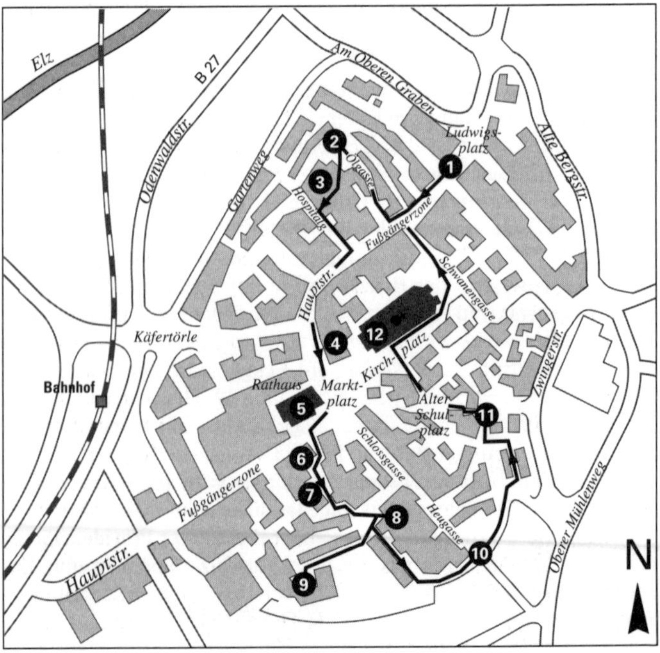

werkhäuser in Deutschland. – **5) Rathaus** (1558, Turm 1566). Im Renaissancestil, als Unterbau dienten Chor und Mauern der *Cäcilienkirche* (um 1300). Der 34 m hohe Turm mit *Lumpenglocke* (1458) kann bestiegen werden. – **6) Ehemaliges Salzhaus** (um 1450). Ältestes alemannisches Fachwerkhaus *Mosbachs.* – **7) Synagogenplatz/Jüdisches Leben in Mosbach**. Erste Belege aus dem 13. Jh. 1860 Bau der *Synagoge*, 1938 zerstört. Berühmte jüdische Bürger: *Dr. Leopold Löwenstein* (1843-1923), *Dr. Dr. h. c. Julius Held.* – **8) Altstadtsanierung** (1975-98). Größtes Projekt: das **Pfalzgrafenstift**, Altenheim, integriertes *Fachwerkhaus* (1589) mit *Galgensäulen* (1585). Sehenswert ist das frei zugängliche *Foyer* mit *Ziehbrunnen*, *Wandmalerei* (15./16. Jh.) und *Stadtgemälde (Merianstich).* – **9) Burg und Schloss**. Ehem. Burg von *Pfalzgraf Otto I.*, im 15. Jh. zum Schloss umgebaut: *Altes Schloss* (hinterer Bau) und *Neues Schloss* (vorderer Bau). – **10) Kandelschussbrunnen** von *R. Scheithauer*, eingeweiht 1987. Der *Kandelbach*, gespeist von der *Hardberg-* und *Michelsrotquelle* diente u. a. der Wasserversorgung und trieb 6 Mühlen an. – **11) Ehem. luth. Pfarrhaus** (um 1700, Barock). Davor der originelle **Kiwwelschisser-Brunnen** von 1987 (Spitzname der *Mosbacher*). – **12) Stiftskirche** (14./15. Jh.), spätgotisch. 1708 Trennmauer: Langhaus für Protestanten (als *Ev. Stadtkirche*), Chor für Katholiken (als *Pfarrkirche St. Juliana*). Sehenswertes Inneres. – **Gutleutanlage** und **Friedhofskapelle** (15. Jh.), spätgotisch. Sehenswert, zu Fuß ca. 15 Min.

Nüstenbach/Mosbach – Henschelberg – Mosbach – Waldstadt – Henschelberg – Nüstenbach

Weg und Zeit – 8½ km – 2¼ Stdn.
Charakteristik – Ein herrlicher kleiner Rundweg, der die Sehenswürdigkeiten der historischen Altstadt von *Mosbach* mit der ländlichen Idylle des *Odenwaldes* verbindet und immer wieder großartige Ausblicke bietet.
Anfahrt – Wie S. 170, dann L 527 nach *Nüstenbach.*
Parken – Beim *Landgasthof zum Ochsen* in *Nüstenbach.*

● **Nüstenbach – Henschelberg – Mosbach** – 1¼ Stdn – 30 m neben
MA dem *»Ochsen«* mit *[Roter Raute]* aus dem Ort, *Im Weiler.* Am Ortsende Linksbogen steil aufw. Es folgt ein herrlicher Panoramaweg durch Streuobstwiesen. Kurz nach Waldeintritt schmaler Pfad halb re und weiter unterhalb der *Waldstadt-Siedlung.* Nach herrlichem *AP* Einmündung in breiten Forstweg halb re. Nach ca. 15 Min an der Gabelung halb li. Oberhalb von *Mosbach* auf schmalem Pfad re an *Schutzhütte* vorbei und mit schöner Aussicht in Serpentinen abw. Im Ort *Am Sommerrain* li bis zum Ende, Querstr kurz scharf re, *Bleichstr* li, *Eisenbahnstr* mit *[Blauer* und *Roter Raute]* kurz re und

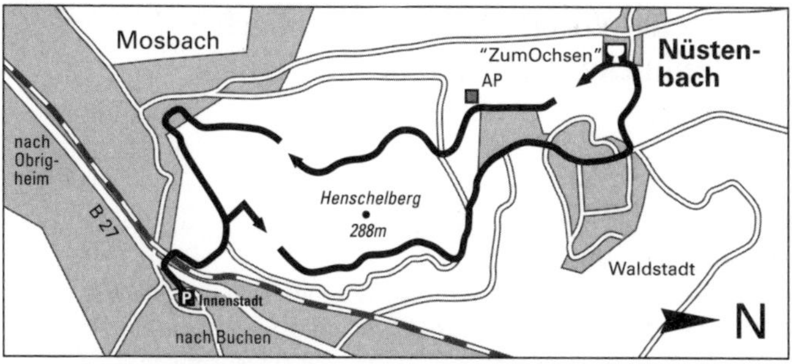

durch die Bahnhofsunterführung in die historische Altstadt von *Mosbach*, die einen Besuch wert ist (s. S. 170).

● **Mosbach - Henschelberg - Waldstadt - Nüstenbach** - 1 Std - Von
der Stadtmitte wie auf dem Hinweg mit *[Roter Raute]* zurück bis zur
Str *Im Sonnenrain*. Nach Haus Nr. 12 re Treppen steil aufw, über Ser-
pentinen *[ohne Markierung]* vorbei an Infotafel *Henschelberg* aufw *OM*
zum *Rundweg Henschelberg*. Oben breiter Forstweg re, später *[4, 1]*. *MW*
Immer wieder schöne Ausblicke auf *Mosbach*! Nach 20 Min mit
[Blauer Raute, 1] Abzweigung li. Nach 250 m Waldweg halb re. Nach *MW*
Waldaustritt re in die Siedlung *Waldstadt*. *Fichtenstr* ger, *Solbergal-
lee* li, Rechtsbogen und immer ger durch die Siedlung. Vor dem
Ortsende dem Linksbogen der *Solbergallee* folgen. Danach nächste
Abzweigung vor Heizanlage auf befestigter, gesperrter Fahrstr *[oh-* *OM*
ne Markierung] li abw durch den Wald nach *Nüstenbach* und zur ge-
pflegten Einkehr im

● **Landgasthof Restaurant zum Ochsen** - Ein Haus mit besonders stilvollem Ambiente: behagliche, nostalgische Atmosphäre, gediegene Einrichtung, geschmackvolle Dekoration, feines Tafelsilber. Herrliche Gartenterrasse, Pavillon. Rustikale Weinstube *»Zum Lumpenglöckle«*. Die gehobene Küche bietet erlesene Feinschmeckergerichte, kunstvoll zubereitet mit frischen Produkten der Region. Was hier angeboten wird, erfüllt alle Ansprüche. Gutes Preis-Leistungsverhältnis. - *ÖZ: ab 18 Uhr, So u. Fei auch mittags. - Ru = Di.*

Limbach - Wanderbahn - Krumbach - Heidenbuckel - Heidersbacher Mühle - Limbach

Weg und Zeit - 9 km - 2¼ Stdn.

Charakteristik - Ein schöner, abwechslungsreicher Rundweg durch diesen beschaulichen Teil des *Odenwaldes.* Glanzpunkte: *Wanderbahn, Lautzenbachtal, Elztal.*

Anfahrt - B 27 *Mosbach - Buchen*, Abzweigung in *Dallau, Rittersbach* oder *Waldhausen.* - Von *Eberbach* über *Waldbrunn.*

Parken - Großer Gäste-Ⓟ beim *Hotel Volk.*

● **Limbach** (260-548 m) - *Staatlich anerkannter Erholungsort* in heilklimatisch begünstigter Lage. 1184 erste urkundliche Erwähnung als *Lympach.* 1426 Errichtung der Pfarrei *Limbach.* 1973/75 Bildung der Gemeinde *Limbach* aus 7 Teilorten. - *Barockkirche St. Valentin.*

● **Limbach - Wanderbahn - Krumbach - Heidenbuckel - Lautzental - Heidersbacher Mühle** - Knapp 1½ Stdn - Vom *Hotel Volk* auf der *Muckentalstr*/L 615 ortsauswärts, nach 150 m Abzweigung re. Der Weg verläuft jetzt auf der *Wanderbahn Neckar-Odenwald* über die ehemalige Trasse der *Schmalspurbahn Mosbach-Mudau*, eröffnet 1905, stillgelegt 1973. Um den Sportplatz herum, dann an der Gabelung halb li. K 3924 überqueren, Waldeintritt. In Sichtweite von *Krumbach* re aus dem Wald heraus und über Felder vor bis zum Ortsrand. Vor den ersten Häusern li, *Alter Kirchenweg. Ortsstr*/L 584
OM scharf li abw. In Rechtskehre *[ohne Markierung]* ger vorbei am Sportplatz, *Ww [Trienz].* Nach dem Sportplatz an der Gabelung halb li. Auf dieser Fahrstr vor bis zur K 3924. Jetzt li an der Str entlang, nach 250 m befestigter Fahrweg am Waldrand entlang re mit
MA *[Li 3].* Nach knapp 3 Min Abzweigung li und auf breitem Forstweg ger durch den *Heidenbuckelwald* bis zur L 615. Hier 50 m li, dann
MW mit *[Li 4]* re, *Ww [Lautzenbachhütte].* Hübscher Waldweg abw durch die *Lautzenklinge.* Unten Querweg bei der *Lautzenbachhütte*
MW mit *[Blauem Dreieck], [Li 5]* re. Nach 3 Min li über die *Elz* zum

● **Landgasthof Heidersbacher Mühle** - Ein gastronomisches Kleinod in idyllisch-romantischer Umgebung mit Wald, Bach, Teichen, Mini-Wasserfällen, Spielwiese und großem Mühlrad. Urgemütliche, stilvoll eingerichtete Gasträume, herrliche Hofterrasse. Exzellent zubereitete, regionale Küche. Besondere Empfehlung: Wildgerichte und Forellenspezialitäten. Sehr gutes Preis-Leistungsverhältnis - *Ru = Mo, Di. Jan. und Febr. geschlossen.*

● **Heidersbacher Mühle - Limbach** - Gut ¾ Std - Zurück zur *Lautzenbachhütte.* Ca. 15 Min danach schmaler Waldpfad halb li **(!)** aufw
MW mit *[Li 4].* Oben an der Einmündung in den Forstweg halb re. Nach 30 m an der Gabelung halb li mit *[Li 4].* Ger vorbei an der *Tauben-*

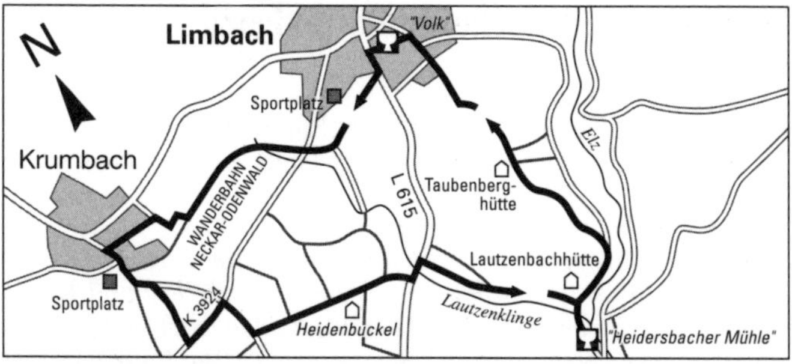

berghütte, später re auf befestigtem Weg nach *Limbach. Industriestr* ger, *Heidersbacher Str* ger, 30 m nach Überquerung der *Wanderbahn* Str *Baumgarten* li zurück zum

● **Hotel Volk** – Ein *Landidyll-Hotel* mit echter Odenwälder Gemütlichkeit und familiärer Atmosphäre. Ruhige Lage, behagliche Zimmer, gepflegte Einrichtung. Hallenbad, Sauna, Kegelbahnen. Kreative, gehobene Küche, regional bis international, u. a. Fisch, Wild, Lamm, Vollwertgerichte, Schonkost, vegetarische Speisen, herzhafte Vesper, saisonale Spezialitäten, alles frisch und phantasievoll zubereitet. Mittleres bis leicht gehobenes Preisniveau. – *Kein Ru.*

Buchen – Historischer Stadtrundgang

Charakteristik – Ein Genussweg voller Romantik und Historie.
Anfahrt – B 27 *Stuttgart – Mosbach – Würzburg. – Bahnstation. – Busbahnhof.*
Parken – Ⓟ *Musterplatz* oder am *Bahnhof.*
● **Buchen/Odenwald** – *Staatlich anerkannter Erholungsort.* Historische Stadt im *Madonnenländchen*, das den *badischen* und *bayerischen* Teil des *Odenwaldes* und Teile des *Baulandes* umfasst. 773 erste urkundliche Nennung. 1280 Stadtrechte. 1309 an *Kurmainz.* 1631 und 1688 große Zerstörungen an der Stadtbefestigung. 1717 Stadtbrand. 1974/75 Stadt mit 14 Ortsteilen. – Wanderparadies.
● **Der Rundgang** – Nach der ausführlichen Informationsschrift des *Verkehrsamtes* ⓘ. – **1) Mariensäule (»Das Bild«)**, Barocksäule von 1753/54. – **2) Stadtturm**, um 1309/1490, barockes Zwiebeldach von 1719, Torbogen mit Buchener Fastnachtssymbol *»Der Blecker«.* – **3) Marktstraße.** – **4) Judengasse.** – **5) Marktplatz.** Brunnen von 1982 mit dem Minnesänger *Pilgrim von Buochein* (in der Nähe von 11 und 12). – **6) Altes Rathaus**, erbaut 1723, Barockfassade, markantestes Wahrzeichen Buchens. Das Untergeschoss diente als Markthalle. – Li davon **7) Stattliches Barockhaus** von 1719 mit herrlichem Torbogen. – **8) Beginenklösterle** von 1489 mit *Heilkräutergarten.* – **9) Kath. Stadtkirche St. Oswald**, 1320 als *Peterskirche* erwähnt, 1503-07 zur spätgotischen Hallenkirche umgebaut. Barocke Turmhaube aus dem 18. Jh. 1958 Anbau von Chor und Querschiff. – **10) Neues Rathaus**, begonnen 1978. – **11) »Zum Riesen«**, stattliches Fachwerkhaus. – **12) »Zum Roß«**, ehemaliger Versammlungsort der Buchener Zünfte. – **13) Kellereistraße** mit vielen Fachwerkhäusern. – **14) Ehem. Kurmainzische Kellerei,** Sitz der kurmainzischen Amtsverwaltung. Im Hof versammelte sich 1525 im Bauernkrieg der *»Helle Haufen«* der Odenwälder Bauern unter *Götz von Berlichingen.* – **15) Steinerner Bau** von 1493, Sommerresidenz der Mainzer Kurfürsten. Heute **Bezirksmuseum** mit der bedeutendsten volkskundlichen Sammlung der Region. – **16) Trunzer Haus,** Fachwerkbau, 1. Hälfte 17. Jh., ehemaliges Amtshaus des Mainzer »Kellers«. – Nördlich davon **17) Zehntscheune**, erbaut 1627, heute u. a. *Stadtarchiv.* – Quer zum *»Kellereihof«* das **18) Belz'sche Haus**, ehem. Marstall, heute kath. Behörde. – Daneben **19) Altenwohnstift,** Neubau. – Am Eingang zur *Kellereistr* stand das **20) Würzburger Tor**, im 19. Jh. abgebrochen. Davor *Fachwerkhäuser* vom Anfang des 19. Jh. – **21) Joseph-Martin-Kraus-Platz.** Gedenkbrunnen des deutsch-schwedischen Komponisten. – **22) Am Graben**, Weg am ehemaligen Stadtgraben (vor der Stadtmauer). – **23) »Rüdt'scher Hof«**, 1573, er musste einer Apotheke weichen. Im Stadtgraben der *»Bleckerbrunnen«.* – **24) Wehrturm (»Storchennest«).** – **25) Lohplatz**, ehemaliges Lohgerber-Viertel. – **26) Röhrenbrunnen.**
● **Stadtmauerrundweg** – Gut beschildert und empfehlenswert.

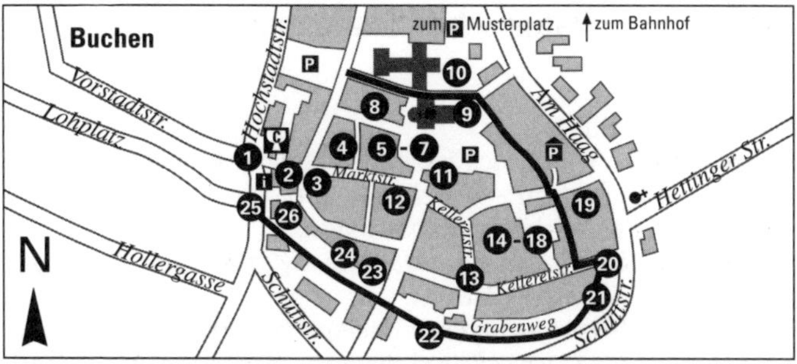

- **Wanderwege** – Vorschläge (z. B. *Nr. 8*) beim *Verkehrsamt* i.
- **Eberstadter Tropfsteinhöhle** – Beeindruckende Tropfstein- und Sinterbildungen. *ÖZ:* 1.3.-31.10.: 10-16 Uhr; 1.11.-28.2. sowie Sa, So, Fei: 13-16 Uhr. Gruppen nach Vereinbarung.
- **Prinz Carl Hotel und Restaurant** – (Skizze = C) – Traditionsreiches Haus (seit 1610) in malerischer Lage. Anbau 1965 von *Prof. E. Eiermann.* In den Kellergewölben die beliebte Weinstube *»Zur Goldenen Kanne«.* Großzügige Komfortzimmer. Stilvolle Gasträume. Hervorragende, kreative, leichte Küche. Regionale Gerichte und internationale Köstlichkeiten. Feinschmecker-Menüs und leckere Kleinigkeiten. Mittlere und gehobene Preise. – *Kein Ru.*

Walldürn - Historischer Stadtrundgang

Dauer - etwa 1 Std.
Charakteristik - Wunderschöne mittelalterliche Impressionen.
Anfahrt - B27 *Stuttgart - Würzburg.* - B47 *Worms - Michelstadt - Amorbach.* - Zahlreiche *Zugverbindungen.*
Parken - P *Innenstadt/Bettendorfring.* - P *Schloss.* - Viele gebührenfreie P im Stadtzentrum.

● **Walldürn** (409 m) - *Staatlich anerkannter Erholungsort* an der Grenze zwischen *Odenwald* und *Bauland.* 795 urkundlich genannt, Stadtrechte im 13. Jh., Stadtbefestigung 13./14. Jh. Vielbesuchter Wallfahrtsort, *Wallfahrt zum Heiligen Blut.* Vom Dreifaltigkeitssonntag bis zum 5. Sonntag nach Pfingsten kommen jährlich etwa 200 000 Pilger.

● **Der Rundgang** - Nummerierung gemäß der ausführlichen Broschüre der *Stadt Walldürn.* - **1) Ecke Haupt-/Seestr**. Gegenüber vom *»Riesen«* (12). Moderne Skulptur. Bei der heutigen *Metzgerei Mohr* stand bis 1844 der *Südturm* der Stadtbefestigung mit dem *Vorderen Tor.* - *Seestr* abw, *Marsbachstr* li. *Untergasse* li ins Altstadtviertel. - **2) »Klein-Frankreich«**. Die engen Gassen und hohen, steilgiebeligen Häuser vermitteln eine mittelalterliche Atmosphäre. - *Mittelgasse, Zunftgasse* aufw. - **3) Jüdischer Betsaal**, sog. »Synagoge« (Hs. Nr. 3), Gedenktafel. - *Hauptstr* re zum **4) Rathaus** von 1448. Die früher offene Markthalle im Untergeschoss wurde 1858 durch einen Sandsteinunterbau ersetzt. Daneben der *Schalkbrunnen* mit sehr amüsanten Figuren. - *Hauptstr* weiter, viele Fachwerkbauten. Hinter einer *Marienstatue* das besuchenswerte **5) Stadt- und Wallfahrtsmuseum**, ehem. *»Güldener Engel«,* Renaissancebau von 1588. - Bei Hs. Nr. 72 stand früher der *Nordturm* mit dem *Hinteren Tor.* - Aufw zur **6) Wallfahrtsbasilika zum Heiligen Blut**, erbaut 1698-1714 im barocken Stil unter Verwendung älterer Teile. 1962 erhob sie *Papst Johannes XXIII.* zur päpstlichen *»Basilika minor«.* Der großartige Innenraum wurde 1728 vollendet. *Heiligblut-Altar* (1622-26) mit *Wunderkorporale* (um 1330), auf dem sich verschütteter Messwein in Blut mit dem Bild des Gekreuzigten wandelte. *Orgel* von 1723/1975. - **7) Wallfahrtsplatz** von 1950, überragt von einem hohen Kreuz. - *Burgstr* aufw - li das *Elfenbeinmuseum* - zum früheren Platz eines **8) Kapuzinerklosters** (1658-1830). - Gegenüber die **9) Burg**, um 1168 begonnen, 1492 zum Schloss umgebaut. Sitz der »Mainzer Kellerei«, heute Nutzung durch städtische Ämter. - *Schlossplatz* mit rustikalen Brunnenfiguren. - **10) Ehem. Zwinger**. - Schräg gegenüber der *Burg* der **11) Mollenhof** (Hs. Nr. 4-16), großes Eingangstor. Häuser aus dem 16./17. Jh. - *Burgstr* weiter zum *Platz am Plan. Obere Vorstadtstr* li, *Hauptstr* li zum **12) Hotel Riesen - Bettendorf'sches Haus**. Profanbarock 1756, heutiger Zustand von 1985. Schon vor 500 Jahren war es ein Rittergut, das später in den Besitz der *Freiherrn v. Bettendorf*

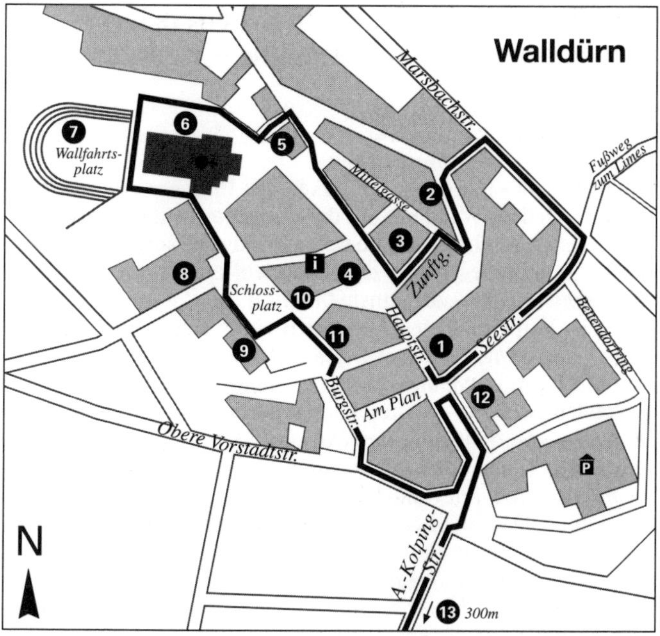

überging. – *Hauptstr* zurück, *A.-Kolping-Str*, *Bonnstr* li. – **13) Steinbau in Walldürn**. Mehrere Sandsteinbauten aus dem 19. Jh.

● **Walldürn – Die Umgebung** – Die Ortsteile: *Altheim*, *Gerolzahn*, *Glashofen*, *Gottersdorf*, *Klein-* und *Großhornbach*, *Kaltenbrunn*, *Neusaß*, *Reinhardsachsen*, *Rippberg*, *Wettersdorf*.

● **Limeslehrpfad** mit vielen *Infotafeln* im *Lindig* (Teil des *Großen Waldes*), nordöstlich der Stadt.

● **Odenwälder Freilandmuseum Gottersdorf** mit sehenswerten originalen Bauernhäusern und Nebengebäuden aus dem *Odenwald* und dem *Bauland*.

● **Wanderwege** – Eine Vielzahl verlockender und gut markierter Wege. – Siehe *Wanderkarte der Stadt*. – S. auch Seite 180-183.

Walldürn-Reinhardsachsen - Wettersdorf - Eichelbachtal - Schulzenmühle - W.-R.

Weg und Zeit - 10½ km - 2½ Stdn.
Charakteristik - Die ganze Heiterkeit des *Madonnenländchens* offenbart sich dem Wanderer auf diesem bequemen Rundweg. Die Weite der Landschaft und die guten Waldwege sorgen für fröhliche Wanderlaune. Dazu die Gaumenfreuden im *Landhotel »Frankenbrunnen«* - der reinste Genuss!
Anfahrt - Von *Walldürn.* - Von der B 47 bei *Rippberg* über *Gerolzahn.* - Von *Miltenberg* über *Geisenhof.*
Parken - Beim *Landhotel »Frankenbrunnen«.*

● **Reinhardsachsen** - Ortsteil von *Walldürn. Staatlich anerkannter Erholungsort* am Ostrand des *Odenwaldes* und inmitten des wegen seiner vielen Madonnenstatuen so genannten *Madonnenländchens.* Eine reizvolle Landschaft mit gesundem Mittelgebirgsklima. Das idyllische Dorf wurde 1978 als schönste, rein bäuerliche Siedlung *Baden-Württembergs* ausgezeichnet. Idealer Ausgangspunkt für Wanderungen mit vielen gut markierten Rundwegen, u. a. *Historischer Waldlehrpfad, Limes-Wanderpfad,* siehe Infotafel bei der Ortsbrücke.

● **Der Rundweg** - Vom *Landhotel »Frankenbrunnen«* durch die Anlage gegenüber. Statue von 1712, *Kaltenbachbrücke*, Stufen aufw zur *Barockkirche.* Dahinter *Schwarzbauerstr* re, *Haselburgstr*
MA li, *Bergstr* re. Nach 30 m befestigter Weg li aufw, *[H 1, WoG = Wandern ohne Gepäck].* Am *Friedhof* entlang und mit *[H 1, H 2]* ger (!) aufw, weite Aussicht zurück! Waldrand, hinter dem Wald halb li. Li vorbei am *Erholungspark Madonnenländchen*, jetzt nur noch *[H 1].* Eben über freies Feld mit prächtigem Rundblick. Linksbogen vor Waldstück. Quersträßchen re, *Ww [Wettersdorf],* später *[Schwarzer Stern]* und *[H 2].* Vor **Wettersdorf** *Geisbergstr* li abw, *Ei-*
MW *chelbachstr* scharf li, *[Schwarzer Stern], [H 2].* Waldbeginn, auf dem Forstweg vorbei an Blockhütte. Weiter ger, bei Dreiwegegabelung mittleren Weg beibehalten, er führt leicht abw auf halber Höhe durch das **Eichelbachtal**. Nach gut ½ Std führt er nach li. Einmündung in die K 3914, re abw. Unten im Tal über die *Kalten-*
OM *bachbrücke*, dahinter *[ohne Markierung]* li aufw zur **Schulzenmühle**. Ger zwischen den Gebäuden hindurch, am Waldrand Bach
MW überqueren und hinter der kleinen *Kapelle* mit *[H 3]* im Wald li
OM steil aufw. Nach 200 m an der Gabelung im Wald *[ohne Markierung]* re, weiter aufw. Bei der Futterkrippe an der Kreuzung li und aus dem Wald hinaus. An der Gabelung nach dem Waldende ger am Wiesenrain entlang auf zeitweilig etwas verwachsenem Grasweg. Nach 5 Min macht der Feldweg einen Linksbogen: Schöner Blick auf *Kaltenbrunn*! Danach an der Gabelung halb re aufw, Grasweg bis zu befestigtem Querweg. Li abw, *Storchhof*, Str wei-

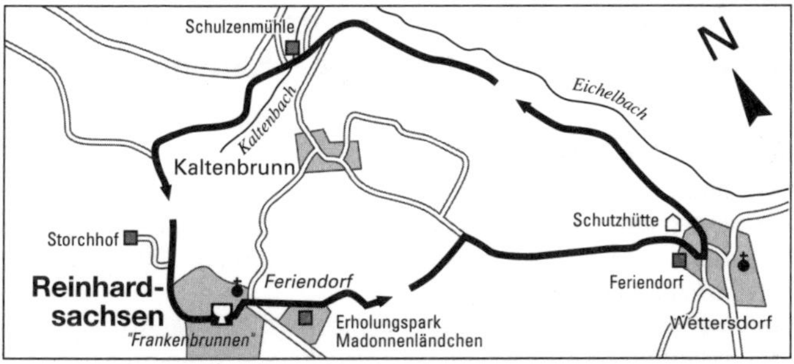

ter nach **Reinhardsachsen**. Querstr *Am Kaltenbach* li abw zur stilvollen Einkehr im

● **Landhotel-Restaurant-Café Frankenbrunnen** – Ökologisch ausgerichtetes Haus. Ruhige, großzügige Gästezimmer. Gemütlich-komfortable Gasträume. Kaminzimmer. Weinstube. Rustikale Tenne. Gutbürgerliche und gehobene Küche, u. a. Fisch, Wild, Diät, Vollwertkost. Fein komponierte Gerichte mit variationsreichen Beilagen. Fangfrische Forellen. Reichhaltige Vesper. Hausspezialitäten für den Feinschmecker oder für den Liebhaber der deftigen Odenwälder Hausmannskost. Erlesene offene Weine. Mittlere Preise. – *Ru = Mo.*

Walldürn-Kaltenbrunn - Spritzenmühle - Heppdiel - Erftal - Pfohlbach - Kaltenbrunn

Weg und Zeit - 11 km - 2¾ Stdn.
Charakteristik - Abwechslungsreiche Wanderung auf z. T. wenig begangenen Wegen zu den hübschen Tälern der *Erf (Erfa)* und des *Kaltenbachs (Rödeltal).*
Anfahrt - Von *Walldürn* über *Wettersdorf.* - B 47, Abzweig bei *Rippberg* über *Gerolzahn - Reinhardsachsen.* - Aus dem *Erftal* von *Miltenberg, Hardheim* bzw. *Wertheim.*
Parken - Großer Gäste-P beim *Restaurant Jägerhof.*

● **Walldürn - Die Umgebung** - Die Ortsteile: *Altheim, Gerolzahn, Glashofen, Gottersdorf, Klein- und Großhornbach, Kaltenbrunn, Neusaß, Teingardsachsen, Rippberg, Wettersdorf.* - *Odenwälder Freilichtmuseum Gottersdorf* mit sehenswerten Original-Bauernhäusern und Nebengebäuden aus dem *Odenwald* und dem *Bauland.* Ein lohnendes Ziel für geschichtlich interessierte Besucher ist der

● **Limes-Lehrpfad im Lindig** - Teil des *Großen Waldes*, nordöstlich von *Walldürn.* Der *Odenwaldlimes* entlang der Linie *Wörth am Main - Bad Wimpfen am Neckar* wurde in 3 Bauabschnitten errichtet: 90-100 n. Chr. wurde ein Patrouillenweg mit Holztürmen angelegt. 117-130 n. Chr. kam eine Palisadenfront hinzu. 140-150 n. Chr. wurden die baufälligen Holztürme durch Steintürme ersetzt. 155-160 n. Chr. wurde die Grenzlinie 30 km nach Osten verlegt auf die Linie *Miltenberg - Walldürn - Osterburken.* Im Bereich *Walldürn* wurden seit 1968 die vorhandenen Denkmale freigelegt, z. B. die Kleinkastelle *Hönehaus* und *Haselburg*, das *Römerbad*, ein *römisches Militärbad* und sieben Wachttürme. Ausführliche Informationen erhält der Besucher auf den über 30 Text- und Kartentafeln entlang des *Lehrpfades.*

● **Der Rundweg** - Vom *»Jägerhof«* die K 3914 *(Mühlenstr)* abw Ri
MA *Pfohlbach, [H 2].* Schöner Blick! Bei der Markierung *[Schwarzer*
OM *Stern]* breiter grasiger Weg halb li abw, *[ohne Markierung].* Li unten die *Schulzenmühle.* Fahrstr 10 m li, dann Anliegersträßchen re weiter abw in das sehr hübsche *Kaltenbachtal* und zur **Spritzenmühle**. Am Teich vorbei, dann *[ohne Markierung]* Linksbogen zwischen den Gebäuden hindurch und vor bis zur Str. Hier re ab, nach 150 m Grasweg neben felsigem Bachbett li aufw. Rechtsbogen, ger, wenig begangener Abschnitt. Li oben imposante Felsen. Nach 300 m 1. Abzweigung halb li aufw. Oben flacher Hohlweg, weiter ger. Zunächst Grasweg, dann schließlich durch dichten Nadelwald und hinüber in die kleine Ortschaft **Heppdiel**. *Steinstr* ger, *Höhenstr* re (beide Namen später sichtbar). Bei großer Kreu-
MW zung *Im Tannenschlag* halb re bis zum Ortsende. Jetzt mit *[Rotem Strich auf Weiß]* ger am Waldrand entlang, später auf Forstweg ger

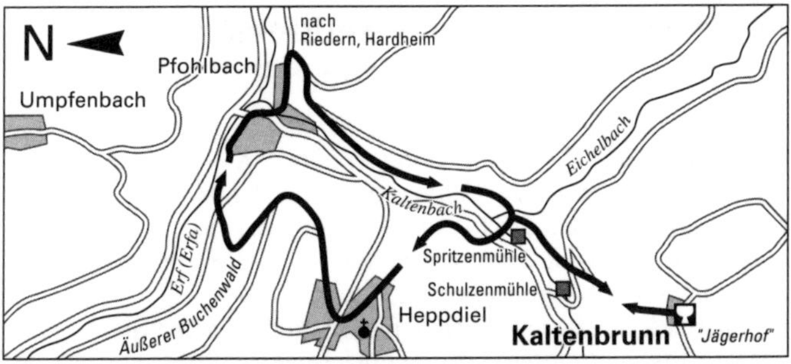

in den Wald. Langgezogener Linksbogen. Nach Schranke schmaler Waldweg halb re abw. Jetzt geht es gut ausgeschildert steil abw in das tief eingeschnittene **Tal der Erf (Erfa)**. Unten vor dem Fluss re, jetzt auch mit *[3]*, nach **Pfohlbach**. Am Ortsrand entlang, Querstr re, li über die *Kaltenbachbrücke* und danach halb li aufw bis zum Ortsende (*Riedener Str*). Hier mit *[1, 9], Ww [Guggenberg]*, *MW*
scharf re am Waldrand aufw. Schöner Blick ins *Erftal*. An der Gabelung vor Fahrverbotsschild re, Forstweg, *[1]*. Schranke, Waldeintritt, Linksbogen, Waldöffnung. Danach Abzweigung *[ohne* *OM*
Markierung] halb re. Jetzt am Hang des *Rödeltales* oberhalb des *Kaltenbachs* entlang, auf und ab durch den Wald. Nach der Überquerung eines felsigen Bachbetts noch einmal aufw. Nach ca. 150 m auf halber Höhe halb re ab. Über den *Eichelbach* (li Felswände) zur *Spritzenmühle*. Halb li weiter. Nun wie auf den Hinweg zurück zum

● **Restaurant Jägerhof** - Schöne Lage. Ländlich-idyllische Atmosphäre. Dem Haus angegliedert ist ein Trödelmarkt und ein kleiner Geschenkladen. Gemütlicher, großer Gastraum mit ehemaligen bäuerlichen Gerätschaften. Großer, idyllischer Biergarten. Ausgezeichnete Küche mit wohlschmeckenden Leckerbissen aus der Region. Wild aus eigener Jagd. Hausschlachtung. Günstige Preise. - *Ru = Do*.

Amorbach - Historischer Stadtrundgang

Anfahrt - B 47/*Nibelungenstraße* von *Bensheim - Michelstadt.* - B 47 von *Walldürn.* - B 469 von *Aschaffenburg - Kleinheubach.* - Von *Eberbach - Mudau.* - *Von Miltenberg.* - *Bahnstation.*
Parken - Mehrere ausgeschilderte P, s. Skizze. - Günstig: *»Altstadtparkplatz«,* nordöstlich der Bahnlinie. - Gäste-P beim *Hotel-Restaurant »Badischer Hof«* und beim *Hotel »Post«.*
● **Amorbach** - *»Die liebenswerte Barockstadt im Odenwald«. Staatlich anerkannter Luftkurort* in einer prächtigen Kulturlandschaft, im Dreiländereck von *Baden-Württemberg, Bayern* und *Hessen.* Die malerische, romantische Stadt mit ihrer schönen, waldreichen Umgebung ist ein idealer Ort für alle Freunde von Kultur und Natur. Als Schnittpunkt vieler gut *markierter Wege* (170 km) bietet sie eine schier unerschöpfliche Fülle von attraktiven Wandermöglichkeiten für jeden Geschmack.
● **Aus der Geschichte** - 734 Klostergründung durch *Benediktinermönche.* - 1253 Stadtrechte von *Konrad von Durne.* - Im 18. Jh. Entstehung hervorragender Schöpfungen der Barock- und Rokokokunst. - Ab 1803 Residenz der *Fürsten von Leiningen.* - 1806 zu *Baden.* - 1810 zu *Hessen.* - 1816 zu *Bayern.* - Seit 1857 erfolgreicher Auf- und Ausbau des Fremdenverkehrs.
● **Der Rundgang - 1) Ehem. Benediktinerabteikirche St. Maria.** Vom romanischen Vorgängerbau sind nur die imposanten *Westtürme* (12. Jh.) erhalten. Der Rest der alten Basilika wurde 1742 abgebrochen. Der Mainzer Baumeister *Maximilian v. Welsch* schuf bis 1747 die bedeutendste Barockkirche des *Odenwaldes.* Heute ev. Pfarrkirche im Besitz des *Fürsten zu Leiningen.* Eindrucksvoll die repräsentative *Freitreppe* zur vorgeblendeten, ausdrucksstarken Barockfassade. Die erstklassige *Rokokoausstattung* im lichten Inneren stammt von den beiden hochgeschätzten Wessobrunner Stuckateuren *Joh. Michael Feuchtmayer* und *Joh. Georg Übelhör (Übelherr)*, die auch an den *Altären* mitarbeiteten. Großzügige *Deckenfresken* von *Matthäus Günther.* Reich verzierte *Kanzel* von *Joh. Wolfgang v. d. Auvera.* Dekoratives schmiedeeisernes *Gitter.* - Das Glanzstück jedoch ist die berühmte *Stumm-Orgel*, eine der größten und klangschönsten Barockorgeln in Europa, an der jährlich Konzerte mit hohem künstlerischem Niveau stattfinden. Um die Orgel einem noch größeren Hörerkreis zu erschließen, werden Orgelvorspiele mit kurzer Erklärung von Instrument und Kirche angeboten. *Vorspielzeiten: 15. März bis 8. November, werktags 11 und 15 Uhr, sonntags 12 und 15 Uhr. Ansonsten auf Anfrage.* **2) Bibliothek** im ebenfalls reich ausgestatteten *ehem. Konventbau* (18. Jh.). Klassizistischer Stil mit reicher Ornamentik an Treppengeländern und Balustraden. 35 000 Bände verschiedener Wissensgebiete. - **3) Grüner Saal.** Prunkvoller Festsaal des Konventbaus, geschmückt mit klassizistischen Stuckaturen. *Führungszeiten: 15. März bis 8. November, werktags 9.30 bis*

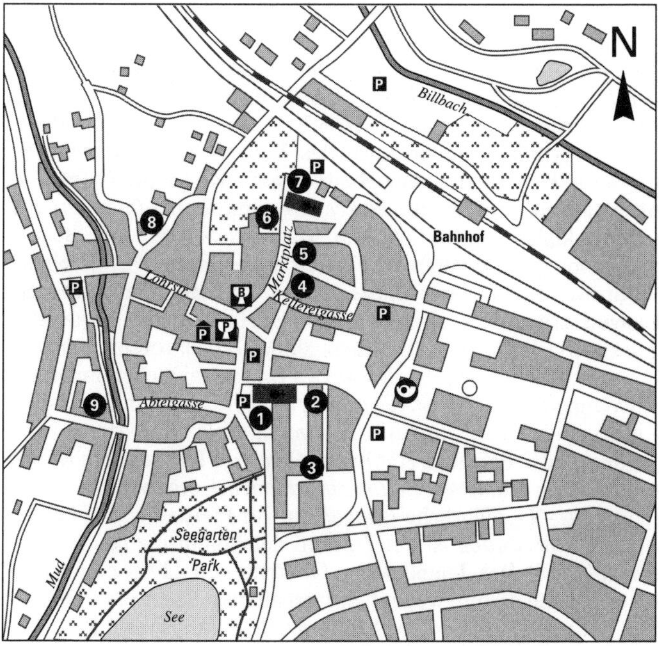
N
Billbach
Bahnhof
Markplatz
Kellereigasse
Lohrstr.
Abteigasse
Seegarten
Park
See
Mud

17.45 Uhr, sonntags 11 bis 17.45 Uhr, 9. November bis 26. Dezember, werktags und sonntags, 10.30 bis 12.30 Uhr und 13.30 bis 16 Uhr. 27. Dezember bis 14. März, samstags und sonntags 10.30 bis 12.30 Uhr und 13.30 bis 16 Uhr. Auskunft: Fürstlich Leiningensche Verwaltung-VBG, 63916 Amorbach, Tel. 09373/971545, Fax 09373/971560, eMail: flv.kultur@t-online.de. Westlich des Konventbaus die *ehemalige Klostermühle*, ein Treppengiebelbau von 1448 (heute Café). - **4) Altes Rathaus**, Ende 15. Jh., *Verkehrsamt* und *Tourist-Information* i - **5) Marktplatz** mit Mariensäule. Malerisches Ambiente. Beliebtes Fotomotiv. - **6) Palais der Fürsten zu Leiningen**, 1724-27, ehem. Wohnsitz des *Mainzer Amtmanns.* - **7) Kath. Pfarrkirche St. Gangolf**, erbaut 1751-53 als dreischiffige Hallenkirche. Eindrucksvolle große, lichte Halle. Herausragende *Fresken* von *Johann Zick.* Die vorzüglichen *Marmorfiguren* des *Hochaltars* stellen innen die Kirchenpatrone dar (li *St. Sebastian,* re *St. Gangolf,* ein fränkischer Ritter), außen zwei Bischöfe. 2 *Kanzeln* (eine ohne Treppe) von *Antonio Bossi.* Prächtige *Hoffmann-Orgel* von 1717 aus dem *Kloster Neustadt am Main,* von *Balthasar Schlimbach* erneuert, mehrfach renoviert. - Der jährliche *Gangolfsritt* zur Pferdesegnung bei der *Kapelle Amorsbrunn* ist ein Zeichen der Verehrung des *Heiligen Gangolf.* - **8) Das Templerhaus**, Oberbau von 1291, spätromanischer Turmbau mit weitgehend erhaltener Fachwerkkonstruktion. Ältestes Fachwerkhaus *Bayerns.* Bemerkenswerte Raumdekorationen des 16. Jh. Das sog. *»Templerhaus«* war ursprünglich Teil eines befestigten Adelshofes. Es kam 1981 in den Besitz der Stadt *Amorbach* und wurde bis 1987 behutsam saniert. 1992 wurde es mit der *Europa-Nostra-Ehrenmedaille* ausgezeichnet. *ÖZ: Mai-*

● **B) Badischer Hof** - Hotel und Restaurant - Traditionsreiches Haus seit 1805. Ruhige, großzügige Komfortzimmer. Gästehaus. Stilvolle Gasträume. Gartenterrasse. Angenehme Atmosphäre. Kreative Küche mit regionalen und saisonalen Akzenten. Nur marktfrische Produkte. Günstige Mittagskarte. Auch Fisch, Wild, Lamm, Geflügel. »Klingenberger« Weine aus eigenem Anbau. Mittlere Preise. - *Ru = Mo (nur Nov.-Febr.).*

Okt., Mi 16.30-17.30, Sa 11-12 Uhr. - **9) Sammlung Berger**, *Wolkmannstr 2.* Die größte *Teekannensammlung* Deutschlands mit über 2500 originellen Exponaten. Dazu über 350 *Puppen,* eine große *Pepsi-Sammlung* und Werke bekannter Künstler wie *Chagall, Zille* u. v. a.

● **Sehenswerte Umgebung - Amorsbrunn**. Gemäß der Inschrift auf einem Wandstein der *Kapelle* war *Amorsbrunn* eine frühere Quellen-Kultstätte, die 734 vom *Hl. Amor* verchristlicht und zur Wiege der *Abtei Amorbach* wurde. Neuere Erkenntnisse verweisen das Wirken eines *Hl. Amor* allerdings ins Reich der Legende. Die Kapelle selbst wurde über einer Quelle (Schüttung 4 l/Sek.) erbaut. Die ältesten Gebäudeteile stammen aus dem 12. Jh. Erweiterung in Verbindung mit der zunehmenden Wallfahrt nach 1500. Bemerkenswerte Ausstattung. Bedeutender *Flügelaltar* (um 1500). *Statue des Hl. Amor* (um 1446). *ÖZ: Mai-Okt., tägl. 10-17* Uhr. - **Gotthard (ehem. Frankenberg)**, 304 m. Bis zum 12. Jh. stand hier das *»Castrum Frankenberg«*, in der *»Goldenen Bulle«* (1168) von *Kaiser Barbarossa* als Raubritterburg bezeichnet und zerstört. Die 1138 erbaute *Gotthard-Kapelle* wurde Bestandteil eines Benediktinerinnenklosters bis 1439. Die stattliche Ruine der dreischiffigen Pfeilerbasilika ist immer noch sehr eindrucksvoll. 7-Täler-Blick! - **Burgruine Wildenberg**, erbaut um 1200 durch die *Herren v. Durne,* eine der bedeutendsten Burgen ihrer Zeit, auf der *Wolfram von Eschenbach* angeblich einen Teil seines berühmten Epos *Parzival* geschrieben hat. Deswegen wird sie auch die *»Gralsburg«* genannt. Im *Bauernkrieg* 1525 wurde sie zerstört. Die Ruine ist gut restauriert. Zutritt jederzeit.

● **P) Hotel Post** - Traditionsreiches Hotel-Restaurant, seit 1742 in Familienbesitz, im letzten Jh. neu erbaut. Lange Prominenten-Gästeliste. Attraktive Komfortzimmer. Ruhiges Gästehaus. Stilvolle Gasträume. Freiterrasse. Die kreative Küche bietet eine exzellente Auswahl kulinarischer Köstlichkeiten. Große Fischkarte, Lamm, Ente. Maultaschen, Nudelgerichte. Mittl. Preise. - *Ru = Mo.*

Amorbach - Der große Rundwanderweg

Weg und Zeit - 16 km - gut 4 Stdn.
Charakteristik - Großer Rundweg, der die wunderschöne Umgebung *Amorbachs* erschließt und den malerischen Ort selbst von allen Seiten zeigt. Höhepunkt in doppelter Hinsicht ist der *Gotthardsberg* mit seinem faszinierenden *7-Täler-Blick.* - Gesamte Höhendifferenz ca. 270 m. - Vorbildliche Markierung, durchgehend mit *[A 1].* - Der Weg kann an jedem beliebigen Punkt begonnen werden. - Abkürzungen werden genannt.
Wanderkarte - *TF 20 - 11 Fränkischer Odenwald.*
Anfahrt - Wie S. 184, dann Ri *Altstadtparkplatz.* Daran vorbei, über den *Billbach*, *Gotthardsweg* aufw.
● **Parken** - Gäste-Ⓟ beim *Hotel Frankenberg.*
● **Der Rundweg** - Vom *Hotel Frankenberg Gotthardsweg* abw mit
MA *[Blauer Raute].* An der Kreuzung ger, *Philosophenweg* li. Nach
MW dem Park re, *[A 1]*, über die *Billbachbrücke*, vorbei am Schwimmbad, über die Bahngleise, dann re, am Lagerhaus vorbei. Beim *Bahnhof* durch die Unterführung, ger über die Kreuzung. *Debonstr* ger, *Beuchener Str* halb li, *Panoramastr* halb li aufw zur Waldecke. Prächtiger Blick! Re ab, oben am Wander-Ⓟ *Beucher Berg* vorbei. Schranke, ger zum herrlich gelegenen Spielplatz mit Schutzhütte. Einzigartiger Ausblick! Weg beibehalten, später auf dem Panoramaweg am Waldrand entlang. - Rechtskehre abw, Schranke, über die (neue) *Beuchener Str*, dahinter li abw ins Tal der *Mud (Mudau).* Etwas aufw, im Linksbogen Pfad (!) ger und in Serpentinen abw. Unten Querweg li, Grasweg re abw zum *Gasthaus »Zur Pulvermühle«.*
Fahrstr li, *Mudbrücke*, nach Haus Nr. 3 breiter Weg halb re aufw bis zur Schranke und in den Wald hinein. Aufw, Rechtskehre, weiter aufw. Diesen Weg Ri *Botzenstübchen* beibehalten. Später an der Gabelung halb re auf ebenem Weg, der nach einiger Zeit wieder an die Stadt heran führt. Beim Sendemast schöne Durchblicke! (Abkürzung = hier re und durch die Stadtmitte zurück).
Weg weiter mit *Ww [Schafhof 2 km]* bis zum Wegedreieck (ein paar Min vor dem *»Schafhof«*, siehe S. 187). Vor der *mächtigen Eiche* scharf re und aus dem Wald heraus. Eindrucksvoller Panoramaweg ger. Fast auf Höhe der *Kapelle* Wiesenweg li abw. Unten befestigter Querweg vor dem *Otterbach* re. Bei der *Kreuzigungsgruppe* li. Vorbei an Rastplatz mit schönen alten Bildstöcken zur **Kapelle Amorsbrunn** (siehe S. 187).
Hinter der *Kapelle* Treppen und Serpentinen aufw. B 47 überqueren, auf dem Grasstreifen entlang der B 47 re. An der Kreuzung Fußweg li, dann parallel zur B 47, ger über die *Mudbrücke.* Dahinter Wiesenpfad parallel zur B 469 li. Der Weg wird breiter. Schließlich am Schenkel der Brücke entlang, danach auf ihr über

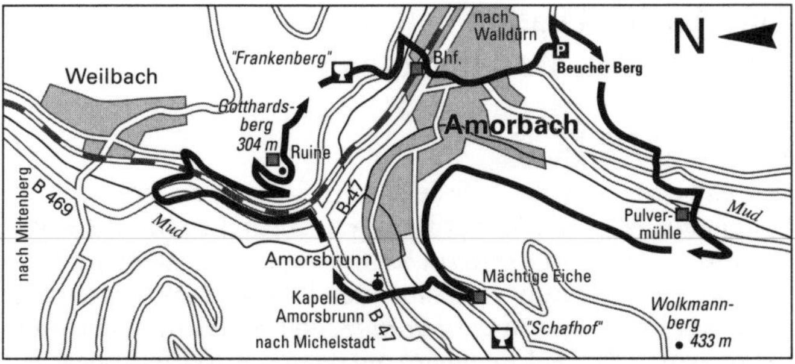

die B 469 zur Querstr. Re ab, Ri *Amorbach,* jetzt auch mit *[Blauer Raute].* Am Waldbeginn Weg halb li aufw, *Ww [Gotthardsruine].* Auf halber Höhe Abzweigung ger **(!)**, parallel zum Hang weiter, danach scharf **(!)** li aufw **(!)** und in Serpentinen zur **Gotthardsruine** (siehe S. 187). Phantastischer Blick von der Plattform des Türmchens über den *Amorbacher* Talkessel bis hin zum *Spessart* - ein Blick, der nicht nur über sieben Täler reicht, sondern der auch einen Großteil des *Rundwanderweges* nacherleben lässt. Innen informative Geschichtstafel!

Von der Ruine re abw in den Bergsattel. Hier mit *[Blauer Raute]* *MW*
(!) re **(!)** abw. Waldaustritt und über den *Gotthardsweg* zurück zur wohlverdienten Einkehr im

● **Hotel Frankenberg** - Gepflegtes Haus in ruhiger, sonniger Südhanglage des *Sommerbergs* mit herrlichem Panoramablick über *Amorbach.* Behagliche Komfortzimmer. Stilvolle, gemütliche Gasträume. Schöne Aussichtsterrasse und Liegewiese. Gutbürgerliche bis gehobene, kreative Küche. Umfangreiches Speisenangebot, auch für den verwöhnten Gaumen. Leckere Kleinigkeiten für den Abend. Mittlere bis leicht gehobene Preise. - *Ru (Restaurant) = Di.*

● **Weiterer Wanderweg** - Wie oben zum *Philosophenweg,* li zur *Albertanlage.* Hier *[Rundwanderweg]* li, vorbei am *Fliegenpilz, Sattelhütte, Gotthardsruine.* Zurück wie oben - Knapp 1½ Stdn.

Amorbach/Schafhof
Rund um den Wolkmannberg

Weg und Zeit - 9½ km - 2½ Stdn.

Charakteristik - Waldreicher Rundweg durch die reizvolle Landschaft des *Naturparks Bayerischer Odenwald.* Gut ausgeschildert verläuft die Wanderung hoch über den Tälern von *Otterbach, Billbach, Mud (Mudau)* und *Gabelbach* und bietet herrliche Ausblicke in die Täler, auf *Amorbach* mit der *Ruine Gotthardsberg,* auf *Buch* mit der *Burgruine Wildenberg* und auf *Kirchzell.*

Wanderkarte - *TF 20 - 11 Fränkischer Odenwald.*

Anfahrt - Wie S. 184, dann *Ww [Schafhof]* folgen. Oder B 47/*Nibelungenstraße,* Abzweigung *Amorbach-West,* danach 1. Str re, *Ww [Schafhof].* Das letzte Stück ist eine Privatstraße.

● **Parken** - Großer Gäste-Ⓟ beim *Landhotel und Restaurant »Der Schafhof«.*

OM ● **Der Rundweg** - Vom *Schafhof [ohne Markierung]* breiter Weg
oberhalb des *Tennisplatzes.* Bei der Gabelung Privatweg halb re
aufw. Waldeintritt. Einmündung in breiten Querweg li. Weiter
bis zum *Wegedreieck Mächtige Eiche.* Hier auf schmalem **(!)** Weg li
MA **(!)** abw, Markierung *[A 1].* Am Waldrand entlang mit herrlichem
Blick auf *Weilbach* und den *Gotthardsberg* mit Ruine. An der Ga-
MW belung mit *[A 4]* weiter auf schönem Panoramaweg hoch über
dem *Otterbachtal* mit der **Kapelle Amorsbrunn.** In **Amorbach** *Klo-*
OM *stersteige* ca. 200 m ger abw. Vor dem *Fachwerkhaus [ohne Markie-*
rung] re, vorbei an *Wbh.* Herrlicher Panoramaweg mit großarti-
gem Blick auf *Amorbach*! An der Gabelung von Graswegen halb
li, oberhalb der Jugendherberge zu Serpentinenweg und auf die-
sem aufw. Vorbei am *Botzenstübchen/Schutzhütte,* weiter in Ser-
MA pentinen aufw. Beim *Sendemast* breiter Weg li, *[A 1, A 4].* An die-
ser Stelle schöne Durchblicke auf *Amorbach*! Ebener Weg an der
Längsseite des Hanges, hoch über dem Tal der *Mud.* Bei starker
Linkskehre weiter ger, jetzt nur noch mit *[A 4].* Leicht aufw, mit
Blick auf *Buch, Kirchzell* und die *Wildenburg.* Auf fast ebenem
Weg immer mit *[A 4]* rund um den **Wolkmannberg.** Blick ins *Ot-*
terbachtal! Leicht abw, an der Wegegabelung li abw bis zum *We-*
gedreieck Mächtige Eiche. Von hier wie auf dem Hinweg in weni-
gen Minuten zurück zum Ausgangsort.

● **Der historische Schafhof** - Das ehemalige Klostergut der *Benediktinerabtei Amorbach* wurde 1446 urkundlich erwähnt und diente als Sommersitz der *Amorbacher* Äbte. Das Anwesen wurde 1721 renoviert und ab 1974 - nach Übernahme durch *Dr. Lothar* und *Dr. Charlotte Winkler* - liebevoll saniert.

● **Der Schafhof - Landhotel und Restaurants** - Herrliche, ruhige Aussichts- und Waldrandlage. Forellenteiche, Freiterrassen. Schlafen in komfortablen alten Gemächern, Speisen in edlen

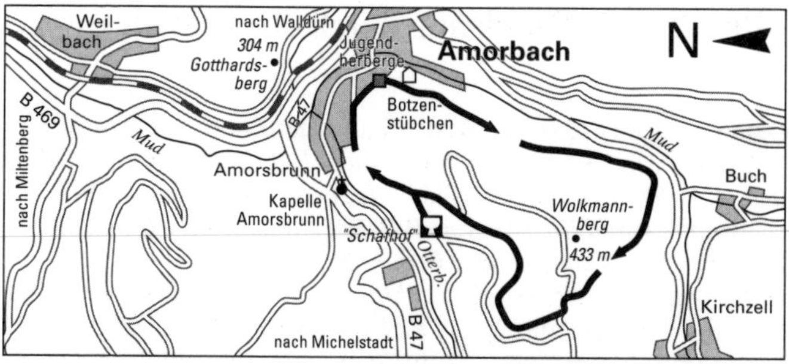

Räumen mit historischem Ambiente: *Abtstube, Schäferstube, Pilgerstube, Benediktiner-Stube, Schafscheuer.* Die kreative, gehobene Küche lädt mit ihren Köstlichkeiten zum Schlemmen ein. In den *Benediktiner-Stuben* genießt der Gast fränkische Spezialitäten und deftige Vesper. Im *Gourmet-Restaurant* gehobene, sonst mittlere Preise. - *Ru = Mo, Di (Gourmet), Mi, Do (Benediktiner).*

● **Weiterer Wanderweg** - Oberhalb vom *»Schafhof«* führt der *Otterbach-Weg* vorbei, markiert mit *[Gelber 3].* Er führt zum idyllisch gelegenen *Forsthaus Otterbach* und zur *Wallfahrtskapelle Amorsbrunn* (s. S. 187) und wieder zurück. - 5½ km - 1½ Stdn.

Miltenberg – Rundgang durch die Altstadt

Dauer – etwa 1 Std (ohne Besichtigung der *Laurentiuskapelle).*
Anfahrt – A 3, Ausfahrten *Stockstadt, Rohrbrunn, Marktheidenfeld, Wertheim.* – A 81, Ausfahrt *Tauberbischofsheim.* – B 47 *Michelstadt – Walldürn,* Abzweig B 469 bei *Amorbach.* – *Bahnstation.*
Parken – Am *Mainufer* oder Ⓟ *Burgweg.*

● **Miltenberg** – Kreisstadt im *Maintal* zwischen *Odenwald* und *Spessart.* – Burgsiedlung des *Erzbischofs von Mainz,* 1226 (Burg) bzw. 1237 (Ort am Fuße der Burg) erstmals urkundlich genannt, 1237 (Ort am Burgfuß). Erste Ummauerung im 13. Jh., Stadtbefestigung im 14./15. Jh. Erbaut am Standort röm. *Kohortenkastelle* entlang des *Vorderen Limes.* Schon lange vorher hatten die *Kelten* auf dem *Greinberg* einen *Ringwall* angelegt (wie auch auf dem *Bürgstadter Berg,* S. 194). – Bereits 1354 Münzrecht. – 1367 *Michaelismesse.* – 1816 zu *Bayern.*

● **Der Rundgang** – Vom Ⓟ am *Mainufer* die *Mainstr* bis zur *Adamsgasse,* diese ortseinwärts. *Hauptstr*/Fußgängerzone re. – **1) Alte Domkellerei**, spätgotisch (1489, Anlage älter), schöner Treppengiebel. – **2) Franziskaner-Klosterkirche** am *Engelplatz,* begonnen 1667, beachtenswertes Hauptportal, barocke Innenausstattung, z. T. aus späterer Zeit. – **3) Ehemaliges Gasthaus »Zum Engel«**, Namensgeber des Platzes, heute *Rathaus* und *Tourist-Information.* – **K) Hotel-Restaurant Brauerei Keller.** – **4) Zum Riesen**, Fachwerkbau von 1590, ehemalige Herberge und Trinkstube geistlicher und weltlicher Fürsten, von Adelsträgern und berühmten Generälen. – Im weiteren Verlauf der *Hauptstr* reiht sich eine fachwerkbauliche Kostbarkeit an die andere, meist um 1600 oder älter. – Dazwischen **5) Altes Rathaus**, wuchtiger Sandsteinbau, 1379 als Stadtwaage erwähnt, gleichzeitig Stapelhaus (»Stapelrecht«), 1979/83 saniert. – Man kommt zum **6) Marktplatz mit Marktbrunnen**, von dem *Elly Heuss-Knapp* schreibt: »Er ist für mich das deutsche Mittelalter schlechthin.« Er bildet eine geschlossene Einheit baulicher Romantik und vermittelt einen intensiven Eindruck des Mittelalters. Der *Renaissance-Brunnen* von 1583 aus rotem Sandstein bildet den Mittelpunkt. Ganz li das *ehemalige Gasthaus Gülden Cron,* 1623. – Li aufw steht die **7) Alte Amtskellerei**, Spätgotik/Renaissance, 1541/1611, ein wunderschöner Fachwerkbau, heute *Stadtmuseum* (auch im Gebäude der *Alten Lateinschule).* Gegenüber das prächtige *Gackstättische Haus* oder *Centgrafenhaus* aus dem 15./16. Jh. Li daneben ein *Renaissance-Torbogen,* 1610 an dem der Aufgang zur Burg beginnt. Re daneben ein Fachwerkhaus von etwa 1550, das Eckhaus ist aus dem 16./17. Jh. Den oberen Platzabschluss bildet der *Schnatterlochturm.* – **8) Rokokohaus** am Markt, erbaut 1750 aus rotem Sandstein. – **9) Kath. Stadtpfarrkirche St. Jakobus**, 14./18./19. Jh., *Türme* (ein Wahrzeichen der Stadt) um 1830. Im Inneren: *Dreikö-*

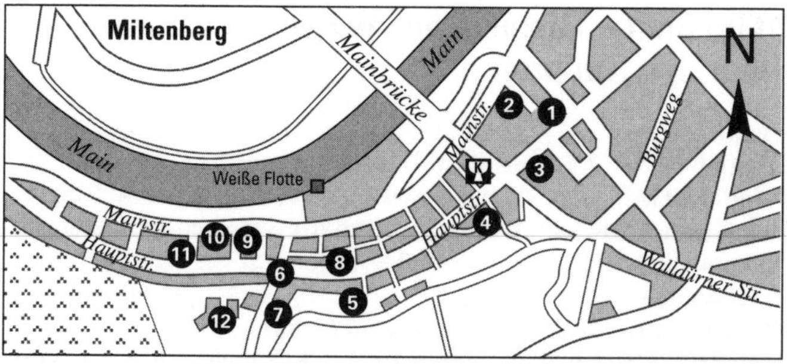

nigsgruppe, um 1400, *Sandsteinkruzifix*, 1527, *Sandsteinkanzel*, 1635. – **10) Jugendherberge**, ehemaliger *Adelshof* von 1679. – **11) Judenbad**, schmales Fachwerkhaus im *Löwengässchen*. – **12) Mildenburg**, erb. um 1200 von *Kurmainz*, danach mehrfach erweitert. 1552 teilweise Zerstörung, 1555-82 Wiederaufbau im Renaissancestil. U. a. erhalten: *Bergfried* (27 m) 13. Jh., *Palas* (13. und 14. Jh.), Zwingeranlagen (14. und 15. Jh.), Wohnbauten (15. und 16. Jh.). Im Burghof der sog. *Toutonenstein*. – Seit 1979 im Besitz der *Stadt Miltenberg*. – Herrliche Aussicht! – Außerdem sehenswert: *Laurentiuskapelle* (Friedhof), 15./16. Jh., spätgot. *Flügelaltar, Epitaphe*. – *Mainzer Tor (Spitzer Turm), Würzburger Tor, Zuckmantelturm*, alle aus dem 14./15. Jh.

● **Hotel-Restaurant Brauerei Keller** – Das Gebäude stammt ursprünglich von 1788, die Brauerei von 1881-1915. Zentrale Lage. Ruhige Komfortzimmer. Lift. Gemütlich-rustikale und stilvoll-elegante Gasträume. Persönlicher Service. Ideenreiche Küche. Vielseitige Speisekarte mit einem umfangreichen Angebot an heimischen und internationalen Gerichten. Spezialität: Fisch- und Wildgerichte. Schöne Vesper. Kleine Karte. Erlesene Weine. Biere vom Fass. Mittlere bis leicht gehobene Preise. – *Ru = Mo.*

● **Römerweg** – *[Gelbes R]* – 19 km – Vom *Museum am Marktplatz* aufw zur *Fundstelle Toutonenstein*, zu den *Ringwällen* auf dem *Greinsberg*, zur *Haagaussicht* und wieder zurück ins *Maintal*. – *Gesamtsteigung* des Rundwegs 330 m.

Bürgstadt – Historischer Wanderweg über den Ringwall

Weg und Zeit – 9 km – 3 Stdn – Höhendifferenz ca. 330 m.
Charakteristik – Herrlicher Rundweg, bei dem nicht nur die Geschichte im Mittelpunkt steht, sondern der auch landschaftlich Großartiges bietet und den Wanderer mit einzigartigen Ausblicken belohnt.
Wanderkarte – *TF 20 – 7 Maintal – Odenwald.*
Anfahrt – A 3, AS *Stockstadt*, B 469 bis *Kleinheubach*, *Nibelungenstr* über *Miltenberg.* – A 3, AS *Wertheim, Nibelungenstr* – Von *Hardheim* durch das *Erftal.*
Parken – Gäste-🅿 *Gasthof-Landhaus Zum Adler* mit neuem *Gästehaus.* Sonst *Streckfuß* oder großer 🅿 am *Main.*

● **Markt Bürgstadt** – Idyllischer Wein- und Erholungsort zwischen *Odenwald* und *Spessart.* – *Martinskapelle*, erbaut um 1200, umgestaltet und mit 40 Wandbildern ausgemalt 1590-93. *Alte Pfarrkirche*, 13. Jh./1437/1607. *Altes Rathaus* von 1592, schöner Renaissancebau mit sechseckigem Treppenturm.

● **Der Ringwall** – Vorgeschichtlicher Ringwall auf dem *Bürgstadter Berg. Staatlich geschütztes Kulturdenkmal.* Besiedlung bereits in der *Jungsteinzeit* (ca. 3300-3000 v. Chr. = *Michelsberger Kultur*). Rekonstruktion der damaligen palisadenbewehrten Randbefestigung. Erneute Besiedlung während der *Urnenfelderzeit* (1200-700 v. Chr.). Wiederhergestellte *Toranlage* gem. der urnenfelderzeitlichen Randbefestigung. Erneute Besiedlung in *frühkeltischer Zeit.* Die *Kelten* kamen um 500 v. Chr. aus *Frankreich* und bauten den *Ringwall* als Fliehburg. Gegen Ende des 2. Jh. v Chr. verließen sie nach dem Ansturm *germanischer Stämme* den *Main.*

MA ● **Der Rundweg** – Vom *»Adler«* mit *[Blauem M]*, später auch mit *[Gelbem Viereck]* bis zum Ortsende und weiter durch den Wald aufw zum 🅿 *Am Stutz.* Herrlicher Blick über *Bürgstadt* mit den Weinhängen und *Miltenberg* mit der *Mildenburg*! Str li aufw. Ab
MW hier mit *LM [3]*, vorbei an *Wbh.* Aufw zur *Stutzkapelle* mit wunderschönem Ausblick ins *Maintal*! Aufw, Rechtskehre, *Ewaldweg, Ww [Centgrafenkapelle]*, immer mit der *[3].* Linkskehre aufw, *Ww.* Rechtskehre, *Kirchenweg, Ww. Gedenkstein Friedrich Ebert*, erster deutscher Reichspräsident. *Centgrafenkapelle (Tafel I)*, begonnen 1629 vom *Bürgstadter Centgrafen Leonhard Gackstadt*, aber durch den Schwedeneinfall 1630 nicht vollendet. Gegenüber die *Wilhelmshütte,* erbaut 1972 von der *Wanderabteilung des TV Bürgstadt.* Grandioser Blick über das Tal hinüber zum *Greinberg* (ebenfalls mit *Keltenwall*). Hinter der Kapelle li mit *[3], Ww [Zur Ausgrabung].* Die folgenden *Infotafeln* erläutern ausführlich den *Keltenwall* und die meist mittelalterlichen *Fundstücke.* Die Wegführung verläuft entgegengesetzt zur Tafelnummerierung: *XVI Mühlsteinrohling – XV Kleine Heunesäule – XIV Mühlsteinrohling – XIII Sar-*

kophagrohling - *XII Die Heunefässer* - (Heune = Hüne = Riese). Weiter mit *[3]* und *[Ww]*. Linksbogen aufw, prächtiger Blick ins *Erftal*! - *XI Die Kelten* - *X Der Ringwall*. Von hier aus ist der Damm aus Erde und Steinen des Felssandsteins wohl noch am besten zu erkennen. 1987 begannen die archäologischen Ausgrabungen. - Nach ca. 300 m scharf (!) li, *[3]*. - *IX Mühlsteinrohling*. - Weg abw. - *VIII Heune* - *VII Heunestein*. - An der Wegekreuzung li (!), aufw, 1. Abzweig wieder li und steil aufw. Oben Querweg re, Linksbogen. Herrlicher Ausblick! Später breiter Querweg li. - *IV Die »Drei Felsen«*, dahinter *V* und *VI Mühlsteinrohlinge*. Breiter Weg 100 m weiter, scharf (!) re, Stufen, *Ww*. - *III Säulenrohlinge*. - Über Stufen abw, Querweg re, *Ww*. Hinter der *Centgrafenkapelle* re mit *LM [3]* und *[6]*. Waldweg abw. Unten Querweg re, *Ewaldweg* li und wie auf dem Hinweg zurück zum

● **Gasthof-Landhaus Zum Adler** - Mit neuem, ruhigem Gästehaus. Behagliche Komfortzimmer. Stilvolle Gasträume. Schöne Gartenterrasse und herrliches Gartenrestaurant. Kreative, feine Küche: von Rostbratwürsten und Hausmacher Sülze bis hin zu leckeren Gerichten von Steinbutt, Lamm und Ente. Köstliche Steaks. Vegetarische Speisen. Raffinierte Desserts. Im Hotel Sauna und Solarium, Wochenendpauschalen und Aktionen zu verschiedenen Jahreszeiten. Mittlere Preise. - *Ru = Mo und Fr ab 17 Uhr.*

Rüdenau - Rundweg Engelberg - Miltenberg

Weg und Zeit - 17 km - 4½ Stdn.
Charakteristik - Herrliche Tagestour, die ländliche Idylle, sonnige Rebhänge und die eindrucksvolle Altstadt von *Miltenberg* harmonisch verbindet. Höhepunkt ist der Aufenthalt beim *Kloster Engelberg* mit seiner atemberaubenden Aussicht. Der Rundweg entspricht in großen Teilen der *Markierung [W = Rundwanderweg Odenwald-Main-Spessart].*
Wanderkarte - *TF 20 - 7 Maintal - Odenwald.*
Anfahrt - Wie S. 192. - Zwischen *Miltenberg* und *Kleinheubach* Abzweigung nach *Rüdenau.*
Parken - Beim *Gasthof »Zum Stern«* in *Rüdenau.*

● **Rüdenau - Kleinheubach - Großheubach - Kloster Engelberg** -
MA 2 Stdn - Vom *»Stern« Hauptstr* mit *[Gelbem Quadrat]* in östlicher Ri aus dem Ort. Nach dem Ortsende Abzweigung halb re leicht aufw zum Waldrand. Dort Einmündung in Forstweg halb li. Im
MW Wald bei großer Kreuzung Forststr scharf li abw mit *[Blauer Raute].* Fahrstr ger überqueren und weiter nach *Kleinheubach.* Leicht abw, unter der B 469 hindurch. Weiter ger *Rüdenauer Str* bis zum Ende. Bei großer Kreuzung ger über die Bahngleise. *Friedenstr* ger, jetzt auch mit *[Blauem Andreaskreuz]. Hauptstr* re, vorbei am *Schloss Kleinheubach.* Fußweg li, auf der großen *Mainbrücke* über den *Main.* Am Ortsrand von *Großheubach* Fußweg li, *In den Seegärten, [Blaue Raute].* Rechtsbogen. *Miltenberger Str* ger überqueren, *Schafgasse* ger, nach 10 m Fußweg re aufw, *Ww [Kloster Engelberg].* Nach dem Ortsende geht es über 612 steile Stufen, die sog. *Engelsstaffeln*, aufw zum

● **Kloster Engelberg** - Das Baumaterial für die *Engelsstaffeln* sollen der Legende nach Engel hinaufgetragen haben. Der *Kreuzweg* führt an sechs Kapellen aus dem 17. Jahrhundert vorbei. Anfangs stand auf dem *Engelberg* um 1300 die *Michaelskapelle*, ein einfacher Holzbau. Um 1310 wurde dort eine *Marienstatue* aufgestellt, die heute als Gnadenbild in der *Marienkapelle* verehrt wird. Als die Zahl der Wallfahrer immer größer wurde, bauten die *Kapuziner* dort im Jahre 1630 ein Kloster. Die *Kapuziner* übergaben das Kloster 1828 an die *Franziskaner.* In der *Klosterschenke* werden das dunkle Klosterbier und Wein aus eigenem Anbau ausgeschenkt. Dazu gibt es deftige Brotzeiten, u. a. selbst hergestellten Käse.

● **Kloster Engelberg - Miltenberg - Rüdenau** - 2½ Stdn - Vom Kloster geht es wieder abw über die *Engelsstaffeln.* Kurz vor
MW *Großheubach* nach der Station IV breiter Querweg li, *[M].* Nach kurzer Zeit mit schöner Aussicht auf herrlichem Panoramaweg weiter oberhalb der Weinberge. Bei der kleinen *Kapelle Mariahilf* stößt die *Markierung [Roter Punkt]* hinzu. Hier an der Kreuzung

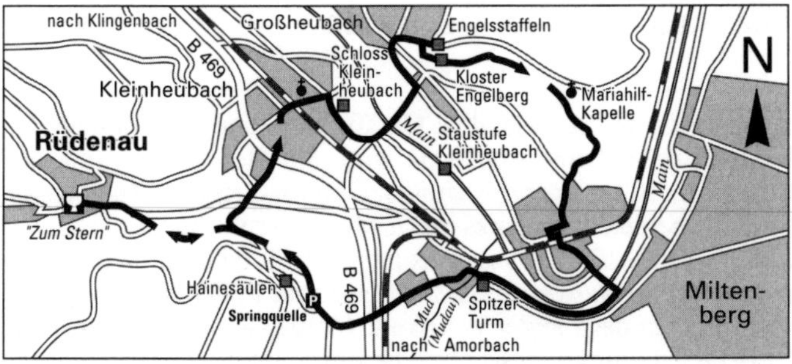

ger und mit *[M]* und *[Rotem Punkt]* gut ausgeschildert nach *Miltenberg. Engelbergstr* ger, Linksbogen, immer der Str folgen. Querstr li Ri *Bahnhof*, Stadtmitte. *Martin-Vierengel-Str* re, um den *Sportplatz* herum. Nächste Str *(Nikolaus-Fasel-Str)* li, nach 200 m re durch die Bahnhofsunterführung. *Brückenstr* halb li. Jetzt ger über die *Mainbrücke*, danach re am *Mainufer* entlang. Mit *[Blauem Andreaskreuz] Mainstr* ger, *Mainzer Str* ger. Gleich nach dem *Spitzen Turm* li, *Laurentiusstr, [Gelbes Quadrat]*. Vorbei an kleiner *Kapelle*, über die *Mudbrücke (Mudau)*, danach *Breitendieler Str* li. Auf dieser immer ger, B 469 überqueren. Nach der Straßenbrücke Fußweg halb li parallel zur Str aufw. Beim Ⓟ *Springquelle* mündet der Weg wieder in die Str. 100 m nach dem Ⓟ Forstweg mit *[3]* und *[Gelbem Quadrat]* halb re und parallel zur Str. Nach 10 Min breite Forststr ger überqueren und wie auf dem Hinweg zurück zum

MW

MW

● **Gasthof-Metzgerei Zum Stern** – In einem idyllischen Seitental liegt dieser traditionsreiche Gasthof (seit 1898), der für seine gute Küche mehrmals ausgezeichnet wurde. Fleisch- und Wurstspezialitäten aus eigener Landmetzgerei, vielseitige Küche mit köstlichen saisonalen Spezialitäten der Region. Einfallsreiche vegetarische Gerichte. Behagliche Gästezimmer. Mittlere Preislage. – *Ru = Mi.*

Die Naturparks im Odenwald

Angesichts der wachsenden Gefährdung und Bedrohung der natürlichen Lebensgrundlagen wird die Bewahrung und der Schutz der Natur immer wichtiger. Diesem Gedanken fühlen sich auch die beiden Naturparks im *Odenwald* verpflichtet.
Die Maßstäbe für die Ausweisung und Einrichtung von Naturparks sind im *Bundesnaturschutzgesetz* und in den jeweiligen Bestimmungen der Länder verankert. Große Gebiete sollen als naturnahe Erholungslandschaften bewahrt, entwickelt und gepflegt werden. Dabei sollen zum einen zu starke Eingriffe in die natürliche Landschaft und ihre Zerstörung verhindert werden, zum anderen sollen diese Räume und ihre Schönheit den Menschen zugänglich gemacht werden. Gleichzeitig wollen die Naturparks ein umfassendes Wissen über ökologische Abläufe und Zusammenhänge auf anschauliche Weise vermitteln. Das Gleichgewicht zwischen einem natürlichen Lebensraum für die reichhaltige Flora und Fauna und einem Gebiet mit Freizeitwert für den Menschen ist also das Ziel, das heute in insgesamt 63 Naturparks in der *Bundesrepublik* verfolgt wird.

Der Naturpark Bergstraße-Odenwald

Der *Naturpark Bergstraße-Odenwald* ist einer von insgesamt neun *hessischen* Naturparks und erstreckt sich über eine Fläche von 1628 km^2 bis nach *Bayern*. Die Landschaft des Naturparks bezaubert mit der südländisch anmutenden *Bergstraße*, den idyllischen Wäldern und Wiesen des zentralen *Odenwaldes* und dem weiten *Maintal* im Nachbarland *Bayern*.
Neben der Erhaltung der vielfältigen Lebensräume für Flora und Fauna soll gleichzeitig die Region gefördert werden und neue Impulse erhalten.
Die gründliche Markierung und Instandhaltung des insgesamt 6000 km langen Wegenetzes macht den Naturpark besonders für Wanderer zu einem attraktiven Gebiet. Auch andere Einrichtungen wie Schutzhütten, Grillplätze und Sitzbänke werden von den Mitarbeitern des Naturparks gepflegt.
Um neue Ziele auf zeitgemäße Art und Weise erreichen zu können, arbeitet der Naturpark seit dem Jahr 2000 mit einem neuen Konzept. Dazu gehört vor allem die persönliche Beratung und Betreuung der Besucher, denen damit die Kultur und Geschichte der Region näher gebracht werden soll.
Einen Teil dieser Betreuung übernehmen »Ranger«, die den Besuchern die Idee der Naturparks direkt vermitteln. Darüber hinaus erfährt man auf den vom Naturpark betreuten Lehrpfaden allerhand Wissenswertes.

Besondere Programmangebote sollen die Landschaft des Naturparks auf verschiedene Arten erfahrbar machen. Von Kräuterkutschfahrten bis zu Mondscheinwanderungen reicht die breite Palette. Am Naturparktag, der einmal im Jahr an jeweils verschiedenen Orten statt findet, wird ebenfalls für die Idee der Naturparks geworben. *Informationen, Jahresprogramm und Wanderkarten: Tel. 06251/586253, Fax 06251/586255.*

Der Naturpark Neckartal-Odenwald

Der 1980 gegründete *Naturpark Neckartal-Odenwald* ist mit 130 000 ha der größte der fünf *baden-württembergischen* Naturparks.
Die landschaftliche Vielfalt stellt den besonderen Reiz des *Naturparks Neckartal-Odenwald* dar: Von der *Bergstraße* mit ihrem milden Klima geht es über das schroffere Relief des *Vorderen Odenwaldes* zum *Buntsandstein-Odenwald* mit seinen weiten Hochflächen und herrlichen Ausblicken in tief eingeschnittene Täler. Auf das von großen Raps- und Kornfeldern durchzogene *Bauland* folgt südlich des *Neckars* der *Kleine Odenwald* mit seiner wohltuenden Stille und Abgeschiedenheit. Der *Kraichgau* ist mit seinen fruchtbaren Lössböden ebenfalls landwirtschaftlich geprägt. Im *Neckartal* entdeckt man hoch über dem Fluss imposante Burgen der Staufer wie das sog. »Schwalbennest« bei *Neckarsteinach.*
Eine Besonderheit ist das im September 1996 eingeweihte *Naturpark-Informationszentrum* im *Thalheimschen Haus* in *Eberbach.* Eine professionell gestaltete Multivisionsschau stimmt die Besucher auf die verschiedenen Themen ein. Danach werden die natürlichen Lebensgrundlagen der Region erläutert und die Kultur- und Landschaftsgeschichte dargestellt. An Hand von Einzelbeispielen geht es dann um verschiedene Lebensräume innerhalb des Naturparks. In einer Streuobstwiese sollen über 50 Tierarten erkannt und ihrem jeweils typischen Lebensraum in den verschiedenen Jahreszeiten zugeordnet werden. Von der Bedeutung des Waldes als dominierende Landschaftsform des Naturparks erzählt ein einzelner Baum stellvertretend für alle Wälder. Unter Stereo-Mikroskopen, den sog. »Binos«, eröffnen sich faszinierende Einblicke in den Aufbau kleinster biologischer Strukturen. Schulklassen können im *Informationszentrum* fächerübergreifend die Natur erleben: Die Palette reicht von Themen wie Heimatkunde, Geographie, Biologie und Geschichte bis zu Anregungen für den Kunst- oder Werkunterricht.
Das Zentrum soll also allen Alters- und Interessensgruppen ökologische Zusammenhänge erklären und sie in die Wissensvermittlung aktiv mit einbeziehen. - *Öffnungszeiten: Mai-Okt.: Di bis Fr, 10-12 und 14-17 Uhr, So 14-17 Uhr. Nov.-April: Di bis Fr, 10-12 und 14-17 Uhr. Für Gruppen auch nach Vereinbarung unter Tel. 06271/ 72985, Fax 06271/942274.*

Ortsregister

Register der Gasthöfe, Hotels und Restaurants

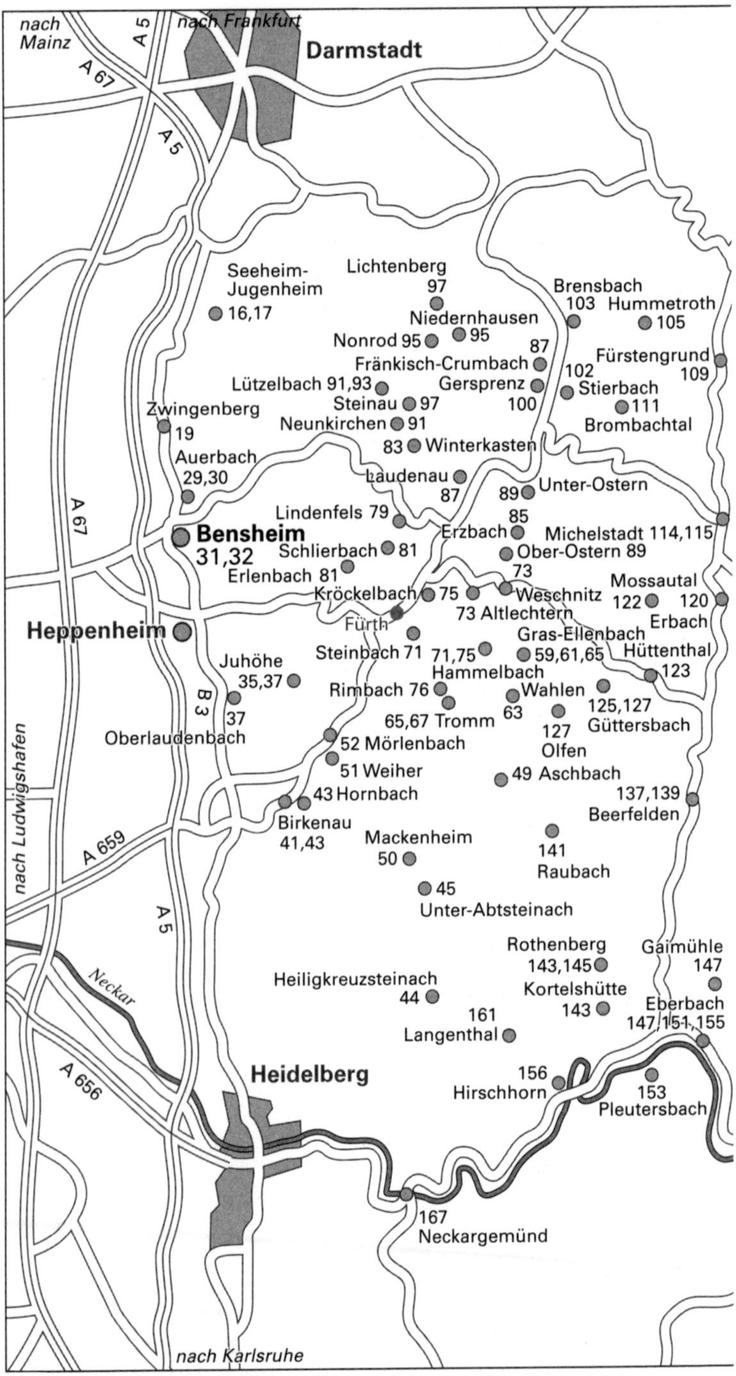
nach Mainz
A 5
nach Frankfurt
Darmstadt
A 67
A 5
Seeheim-Jugenheim
16,17
Lichtenberg
97
Niedernhausen
95
Nonrod 95
Brensbach
103
Hummetroth
105
87
Fränkisch-Crumbach
Fürstengrund
109
102
Stierbach
Lützelbach 91,93
Gersprenz
100
Steinau 97
111
Zwingenberg
19
Neunkirchen 91
Brombachtal
83 Winterkasten
Auerbach
29,30
Laudenau
87
89 Unter-Ostern
Lindenfels 79
85
Erzbach
Bensheim
31,32
Schlierbach 81
Michelstadt 114,115
Ober-Ostern 89
Erlenbach 81
73
Mossautal
Kröckelbach 75
Weschnitz
122
120
73 Altlechtern
Fürth
Erbach
Heppenheim
Gras-Ellenbach
Steinbach 71
71,75
59,61,65
Hüttenthal
123
Juhöhe
35,37
Hammelbach
Rimbach 76
Wahlen
125,127
B 3
37
63
65,67 Tromm
127
Güttersbach
Oberlaudenbach
52 Mörlenbach
Olfen
nach Ludwigshafen
51 Weiher
49 Aschbach
43 Hornbach
137,139
Beerfelden
Birkenau
41,43
Mackenheim
50
141
Raubach
A 659
45
Unter-Abtsteinach
A 5
Rothenberg
143,145
Gaimühle
147
Neckar
Heiligkreuzsteinach
44
Kortelshütte
143
161
Langenthal
Eberbach
147,151,155
A 656
Heidelberg
156
Hirschhorn
153
Pleutersbach
167
Neckargemünd
nach Karlsruhe

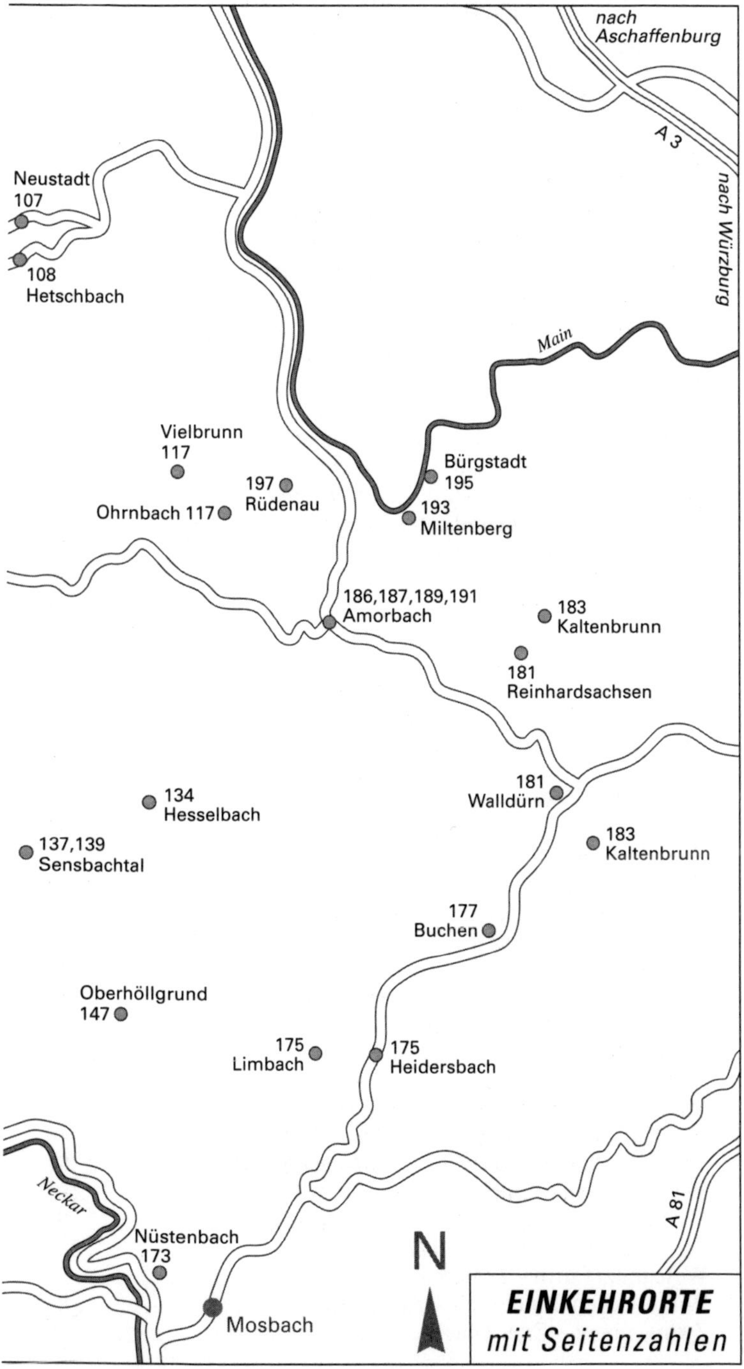
nach Aschaffenburg
A 3
nach Würzburg
Main
Neustadt 107
108 Hetschbach
Vielbrunn 117
197 Rüdenau
Ohrnbach 117
Bürgstadt 195
193 Miltenberg
186,187,189,191 Amorbach
183 Kaltenbrunn
181 Reinhardsachsen
181 Walldürn
183 Kaltenbrunn
134 Hesselbach
137,139 Sensbachtal
177 Buchen
Oberhöllgrund 147
175 Limbach
175 Heidersbach
Neckar
A 81
Nüstenbach 173
Mosbach
N
EINKEHRORTE
mit Seitenzahlen